달라이 라마, 수행을 말하다

KB193705

ㅣ일러두기

- 이 책에 나오는 표기법은 국립국어원의 맞춤법 규정에 기초합니다. 다만 티베트 인명이나 지명, 불교 용어 등은 옮긴이가 추천한 방식을 따랐습니다.
- 본문에 인용된 까말라쉴라의 《수행의 단계》 게송의 ( ) 표시는 원문에 없는 부분을 옮긴이가 독자의 이해를 돕기 위해 한국어로 부연한 것입니다. 그 외 모든 괄호와 각주는 옮긴이가 한국어로 붙인 것입니다.
- 표지 사진: ©연합뉴스

STAGES OF MEDITATION

by The Dalai Lama, Root text by Kamalashila

Translated by Venerable Geshe Lobsang Jordhen,

Losang Choephel Ganchenpa, and Jeremy Russell

© 2001 by His Holiness the Dalai Lama

Korean translation copyright © Dam & Books, 2021

Published by arrangement with Shambhala Publications, Inc.,

Boulder through Sibylle Books Literary Agency, Seoul

STAGES OF MEDITATION

The Buddhist Classic on Training the Mind

깨달음으로 이끄는 영원한 고전 《수행의 단계》

달라이 라마, 수행을 말하다

달라이 라마 가르침 | 게쉐 롭상 졸땐 · 로쌍 최펠 간첸빠 · 제러미 러셀 편역 | 이종복 옮김

담앤북스

...

서
문

달라이 라마 성하께서 주석하신《수행의 단계修習次第(Bhavānākrama)·중
편》을 번역 출간할 수 있어 기쁘다. 성하께서 1989년 마날리에서 주
해하시는 것을 듣고 이 책을 번역해야겠다는 서원을 세웠고, 그때부터
번역에 매달린 결과 이 책이 나오게 된 것이다.

아사리◆ 까말라쉴라(Kamalaśīla, 연화계蓮花戒)는 8세기의 위대한 학승
이자 성인이며, 티베트에 인도불교를 전하고 계맥을 전수한 대수도원
장 샨따락쉬따(Śāntarakṣita, 적호寂護)의 제자이기도 하다. 샨따락쉬따와
까말라쉴라는 위대한 스승들께서 자비심을 일으키셨기 때문에 부
처님의 올바른 가르침이 티베트에 들어오게 되었다. 까말라쉴라는 정
법이 티베트에 들어오는 데 결정적인 역할을 하신 분이다. 티베트인들
에게 무엇이 필요할지를 보고, 그 당시 티베트에 만연하던 잘못된 견

◆   제자의 행위를 바르게 교육할 만한 덕이 높은 승려.

해를 바로잡고자 이 중요한 책을 쓴 첫 번째 인도 스승이기 때문이다. 불행하게도 우리 시대의 혼란과 중국의 티베트 침략으로 말미암아, 진지하게 공부하는 스님들과 수행자들은 오랫동안 이 중요한 논서를 접하고 읽고 생각하며 명상할 기회를 박탈당했다. 이를 보신 달라이 라마 성하께서는 신경 쓰셔야 할 일이 산적해 있음에도 이 수행 전통을 살리고자 노력하시어 이러한 희귀하고도 중요한 논서의 의미를 되새기고 수행하도록 북돋아 주셨다. 이러한 노력의 일환으로 성하께서는 《수행의 단계·중편》을 몇 번에 걸쳐서 가르치셨다.

우리는 성하께서 강의하신 이 논서의 주석을 책으로 옮길 수 있게 된 기쁨을 감출 수 없다. 성하께서 강의하신 마날리는 티베트와 인도의 기나긴 국경에 있는 히마찰프라데시주에 있는 꿀루 계곡의 상단에 있는 작은 마을이다. 우리의 작지만 소중한 바람은 이 보잘것없는 작은 일을 통해 아사리 까말라쉴라의 흠 없는 가르침이 온전히 보전되었으면 하는 것이다. 이 책에 감명받은 독자들이 얻는 모든 것이 이 세상 모든 중생의 성불이라는 지고의 행복을 얻는 데 이바지될 수 있기를 바란다.

이 책을 통해 일어나는 모든 공덕을 불법(佛法)의 융창, 이 세상의 평화, 달라이 라마 성하와 모든 위대한 스승님들과 수행자들의 건강과 장수에 회향하고자 한다. 또한 이 책이 만들어지기까지 너무나도 소중한 조언을 해 준 스노우 라이온즈 출판사의 편집장인 수잔 카이저와 이 책의 완성을 위해 직간접적으로 힘써 주신 모든 분께 감사드린다.

이 책은 다음의 팀이 번역하고 편집했다.

게쉐 롭상 졸땐 스님은 다람살라 승가대학Institute of Buddhist Dialectics의 졸업생으로 1989년부터 달라이 라마 성하의 종교적 조언자이며 개인 통역관이었다. 로쌍 최펠 간첸빠 스님 역시 다람살라 승가대학에서 훈련받았고, 다람살라의 티베트문서도서관Library of Tibetan Works and Archives 에서 시작해 지금은 오스트레일리아에서 10년 넘게 불교 관련 번역에 종사하고 있다. 제러미 러셀은 다람살라의 노르부링까 재단에서 출판하는 〈티베트 종교와 문화의 목소리Chö-Yang, the Voice of Tibetan Religion & Culture〉의 편집장을 맡고 있다.

• • •

프
롤
로
그

인도말로는 파와나끄라마^{Bhavānākrama}, 티베트말로는 곰뻬림빠^{Goms pa'i rims pa}. 문수

동자께 귀의한다. 대승경전의 체계를 따르는 이들을 위해 수행의 단계를 간

략하게 설명하고자 한다. 일체지^{一切智}를 가장 빨리 성취하고자 하는 지혜로운

이는 일체지의 모든 인^因과 연^緣을 성취하는 데 모든 노력을 쏟아야 한다.

위대한 스승 까말라쉴라께서는 《수행의 단계》라는 제목으로 상편,
중편, 하편 세 권의 책을 지으셨다. 나는 이 가운데 두 번째 권인 중편
을 설명하고자 한다. 이 논서의 중심 주제는 보리심과 진실견^{眞實見}의 각
성이다. 불성^{佛性}이라는 최고의 목적을 향하는 길은 반야와 방편의 두
가지로 이루어져 있다. 이 두 가지, 즉 반야와 방편은 물질적인 몸인 색
신^{色身}과 지혜의 몸인 법신^{法身}이 일어나도록 한다. 색신은 중생들을 위한
이타행^{利他行}의 완성을 나타내고, 법신은 자기 자신의 목적의 완성을 의
미한다. 보리심을 일으키는 방편과 공성^{空性}(śūnyatā)을 깨닫는 지혜는
모두 붓다의 가르침에 근간을 형성하며, 이 《수행의 단계·중편》은 깨

달음을 향해 나아가는 불교 수행의 두 가지 특징을 명확하게 보여 주고 있다.

좀 더 자세히 이 가르침들을 살펴보면 연민의 마음이 보리심菩提心 또는 깨달은 마음(각심覺心)의 뿌리라는 것을 이해할 수 있다. 보리심은 반드시 모든 현상의 진면목인 공성에 대한 깨달음을 뜻하는 반야지般若智와 함께 실천에 옮겨야만 한다. 이 반야지는 오직 공성만을 오롯한 대상으로 삼아 정신을 집중하는 사마타(śamatha, 지止) 수행과 마음속에 현현하는 대상들의 실재를 논리를 통해 분석하는 위빠사나(vipaśyanā, 관觀) 수행의 합일이어야만 한다.

내 설법을 듣기 위해 인도의 라하울, 킨나우르 그리고 스피띠 지역에서 많은 분이 오셨을 것이고, 또한 그 대부분이 자기 종교에 대한 교육을 어느 정도 받은 분들일 것이다. 그러나 나는 종교를 믿지 않는 분들이 이해할 수 있도록 설법하고자 한다. 이 설법을 통해서 종교를 믿지 않는 사람들이 어떻게 해서 종교 일반에 관심을 갖게 되는지, 특히 어떻게 불교에 관심을 갖게 되는지를 보여 주고자 한다. 종교에 대한 관심을 북돋우고 계발하도록 도움을 주는 많은 논의가 있다. 이러한 논의들을 통해서 어쩌면 우리는 종교가 맹목적인 신앙만을 기반으로 하는 것이 아니며, 신앙 역시 논증과 논리의 결합을 통해서 발생할 수도 있음을 이해할 수도 있다. 나는 기본적으로는 두 종류의 믿음이 있다고 생각한다. 첫 번째는 특별한 이유나 논리가 뒷받침하지 않는 무조건적인 믿음이다. 두 번째는 신앙의 대상을 검토하고 그것이 바라는 바를 충족시켜 줄 수 있는지 분석한 다음의 믿음이다. 이러한 두 번째 종류의 믿음은 해당 종교가 자신에게 도움이 될 수 있는지를 따지고 납득한 다음에 일어난다.

넓게는 불교 전반에서, 좁게는 대승불교에서 논리적이고 이해할 수 있는 것은 받아들이되 논리적으로 타당하지 않은 것은 거부하라는 요지의 가르침을 볼 수 있다. 어떤 경우에는 붓다의 가르침을 문자 그대로는 이해할 수가 없어서 해석을 통해서 받아들여야 하는 경우가 있다(불요의법不了義法). 타당한 논리적 분석을 정립할 수 없는 경전의 가르침은 쓰여 있는 대로 이해해서는 안 되고, 반드시 해석의 과정을 거쳐서 받아들여야 한다. 반면에 경전의 가르침이 논리적 사고에 근거한 것이라면 쓰여 있는 그대로를 받아들여도 된다(요의법了義法). 그렇지만 경전들을 쓰인 말 그대로 받아들일지, 아니면 해석을 통해 받아들일지를 구분할 제3의 기준을 찾는다면 무한퇴행의 오류에 빠지고 말 것이다. 그러므로 우리는 위에서 말한 두 종류의 가르침 모두 논리에 근거하여 검토해야 한다. 따라서 경전 연구에 있어 논리는 매우 중요한 위치를 차지하고 있다.

이에 대한 조사를 시작하기 전에 반드시 명상 중에 집중하고 분석할 대상을 검증하는 방법을 습득해야 한다. 붓다의 수행 방법을 따르고자 하는 사람들은 붓다의 가르침을 믿는 것에만 만족해서는 안 된다. 반드시 이성으로 신앙을 받쳐 줘야만 한다. 명상 방법을 공부할 때에도 논리적 과정을 밟아서 해야 한다. 설법을 듣는 동안에는 그 내용에 집중해야 한다. 설법을 메모하거나 그 외의 다른 방법을 사용해서 기억할 수 있도록 노력해야 한다.

불교의 맥락 안에서 다르마의 가피加被(adhiṣṭhāna) 또는 라마(스승)의 가피에 대해 말할 때, 그것이 어떤 의미인지를 설명하는 것으로 설법을 시작하겠다. 우리가 라마의 가피나 삼보에 귀의함에 대해서 말하고 있기는 하지만, 그 가피란 자신의 마음에서 발생하는 것이지 밖으로부터 오는 무언가가 아니다. 마음속에서 선함이 늘어나고 그릇됨이 줄어드는 것, 바로 이것이 가피이다. 가피의 티베트어 진랍byin brlab은 뛰어난 잠재력을 뜻하는 진byin과 변화시키는 힘을 뜻하는 랍brlab이라는 두 단어로 나눌 수 있다. 그래서 '진랍'은 뛰어난 잠재력으로 변화시키는 것을 의미한다. 가피는 또한 마음의 번뇌를 줄이고 복덕을 일으키는 것을 의미하기도 한다. 그러므로 가피는 예전에 닦지 않았던 공덕을 계발하는 것이며, 지금까지 닦아 온 공덕을 증폭시킨다는 뜻이다. 마음의 선함이 힘을 얻고 악한 마음이 약해져서 결국에는 없어질 때, 비로소 진정한 가피를 받을 수 있다.

아사리 까말라쉴라께서는 "일체지一切智를 가장 빨리 성취하고자 하는 지혜로운 이는 일체지의 모든 인因과 연緣을 성취하는 데 모든 노력을 쏟아야 한다."고 하시며 이 책을 저술한 의도를 말하고 있다. 이《수행의 단계·중편》에서는 다른 철학적인 논서들처럼 부정할 대상을 정교하게 분석한다거나 논파하는 대신에 수행의 과정과 실천을 중점적으로 다룬다고 말씀하신다. 그러나 불교 논서들을 철학적 분석만을 다루는 것과 수행 안내서 역할만을 하는 것으로 뚜렷하게 구분할 수 있는 것은 아니다. 모든 경전과 논서는 마음을 길들이고 다스리는 것을 도와준다. 그렇지만 강조하고자 하는 분야가 다르다는 점 역시 분명하다.

어떤 수행과 경론은 탐구하고 사색하는 데 적합하고, 또 어떤 책들은 수행의 단계를 설명하고 가르치는 일에 특별히 더 방점을 찍기도 한다. 까말라쉴라의 《수행의 단계·중편》은 후자에 속하기에 제목 '수행의 단계'와 내용이 부합한다. 제목에서 알 수 있듯이, 이 책은 단편적인 방법들을 산만하게 제시하는 것이 아니라 수행자의 마음의 흐름을 올바른 단계에 따라 체계적으로 개발할 수 있는 방법을 설명한다.

내가 강의할 이 책을 아사리 까말라쉴라께서는 산스크리트어로 저술하셨다. 그런 이 책이 산스크리트어 제목을 소개하는 것으로 시작되는 것은 읽는 이가 신성한 언어인* 산스크리트어에 대하여 마음의 준비를 할 수 있도록 돕기 위해서다. 인도 언어 그대로를 제목으로 인용

◆　티베트에서는 인도 언어를 네 가지로 나눈다. 산스크리트어와 쁘라끄리띠어는 주로 경전을 기록하는 데 사용했다. 삐샤찌, 아와브랑사는 주로 딴뜨라를 기록하는 데 사용했다. 이 가운데 산스크리트어를 '훌륭한 언어' 혹은 '신성한 언어'라고 부른다.

하는 데에는 역사적인 측면도 있다. 눈의 나라 티베트에 문명의 여명이 시작되고 국가가 점차 발전하면서 티베트는 자연스럽게 이웃 나라들과 교류했다. 돌이켜 보면 티베트인들은 이웃 나라들로부터 여러 좋은 사회문화적 요소들을 받아들여 왔다.

예를 들어 티베트 남쪽에 인접해 있는 인도는 종교와 문화, 그리고 마음을 풍요롭게 하는 많은 주제의 고향이다. 마찬가지로 다른 고전 문화들과 의학 등의 과학, 불교학, 산스크리트어 등이 인도에서 유입되었다. 또한 인도는 많은 위대한 학자의 고향이기도 하다. 그래서 티베트인들은 인도를 성지^{聖地}로 우러르는 관습이 있다. 중국은 좋은 음식과 다양한 채소들로 유명하다. 티베트는 다양한 채소 용어를 중국어에서 차용했다. 심지어 오늘날까지도 여러 식물의 이름을 중국식 발음으로 부른다. 이것이 중국으로부터 받아들인 것이다. 마찬가지로 몽골 의상들은 추운 날씨에 매우 적합하기 때문에 티베트인들은 몽골 양식의 옷을 본떠서 입었다. 그러므로 수 세기에 걸쳐서 티베트인들은 주변 국가들과 교류하면서 좋은 문물들을 많이 받아들였고 동시에 고유한 사회문화적 특징들을 발전시켰다. 그래서 "인도말로는" 하고 시작하는 것은 이 책이 인도에서 오신 스승께서 쓰신 책이라는 것을 밝히기 위함이다.

그다음으로 "티베트말로는" 하고 티베트어 제목을 써 놓았다. 이것은 이 글이 다른 나라의 언어를 티베트어로 번역한 것이라는 사실을 알려 준다. 티베트어는 외국어 경전과 논서를 정확하게 번역할 수 있는 충분한 어휘를 가지고 있다. 수 세기에 걸쳐 티베트어는 불교의 수행적 측면과 이론적인 측면에 있어 중요한 전달자 역할을 했다. 오늘날까지도 티베트어는 대승 경전과 상좌부 경전, 그리고 딴뜨라를 포함한 불교의 모든 가르침을 완벽하게 소통시킬 수 있는 거의 유일한 언어다. 그래서 티베트어는 매우 중요하며, 특히 불교에서는 더욱 중요한 언어이다.

다음으로 "문수사리동자께 귀의합니다."라는 것은 역경사譯經士가 하는 귀의와 찬탄의 구절이다. 역경사는 귀경게를 지으면서 역경 작업을 시작하는데, 그들은 이러한 귀의 의식이 일을 원만하게 마칠 수 있게 한다고 생각한다. 또한 자기 자신과 다른 이들이 좋은 곳으로 환생하기를 바라는 한시적인 목적과 일체지의 성취라는 궁극적인 목적을 성취하려는 그들의 서원을 보여 주기도 한다. 문수사리보살을 찬탄하는 것은 과거 티베트의 역대 왕들이 공표한 형식을 따른 것이다. 번역하려는 경 또는 논서가 경經, 율律, 논論의 삼장三藏 가운데 어디에 속하는지를 분명하게 알려 주기 위해서이기도 하다. 만일 귀경게가 모든 불보살에 대한 찬탄이라면, 그 귀경게가 있는 문헌은 경장에 속한다. 어떤 문헌이 논장에 속한다면, 문수사리보살을 찬탄하게 된다. 율장에 속함을 알려 주기 위해서는 일체지자一切智者를 찬탄한다. 그래서 찬탄 대상에 대한 전통적인 관습을 알고 있으면 이 논서가 삼장 중 어디에 속하는

지를 알 수 있다.《수행의 단계·중편》의 중심 주제는 선정禪定 수행을 통해 무아無我를 성취하는 것이며, 이 선정은 사마타와 위빠사나의 합일을 통한 공성에의 오롯한 집중에 의지한다. 이를 논술하는 논장에 속하기 때문에 문수사리동자에게 귀의하는 것이다.

"대승경전의 체계를 따르는 이들을 위해"라는 구절에서 저자인 아사리 까말라쉴라께서는 이 논서를 공부하는 사람을 위한 명상의 단계를 간략하게 보여 주려고 하신다. 이러한 질문들이 있을 수 있다. "대승의 가르침을 따르는 사람들에게 최고의 목적이란 무엇일까?" 대답은 불성이다. "불성이란 무엇인가?"라고 묻는다면, 일체를 아는 지혜, 일체지를 지니신 분이 붓다이며, 그 일체지를 성취한 붓다의 상태를 일컬어 불성이라고 할 수 있다. 그러므로 대승불교의 궁극적인 목적은 이 일체지의 상태를 성취하는 것이다. 수행자들은 이 일체지의 깨달음으로 이끌어 주는 방법들과 수단들을 면밀히 궁리해야만 한다. 이러한 궁리를 통해서 일체지의 상태를 깨닫기 위한 완전하고 올바른 과정을 추구하도록 애써야 한다. 여기까지가 《수행의 단계·중편》 중심 주제를 간략하게 설명한 것이다.

스승 나가르주나^{Nāgārjuna}께서는 이렇게 말씀하셨다.

> 그대와 이 세상의 (중생들을) 위해
>
> 최상의 견줄 데 없는 보리심을 얻고자 한다면,
>
> 그 (보리심의) 뿌리는
>
> 산들의 제왕 (수미산)처럼 굳센 (중생을 위한) 보리심의 발원과
>
> 모든 곳으로 뻗는 연민의 마음과
>
> 이원성에 의지하지 않는 지혜이다.◆

잠시 동안 혹은, 긴 세월을 거쳐 자기 자신과 다른 이의 행복을 바라

◆ 《보행왕정론實行王正論》175cd와 176번째 게송. 참조: Jeffrey Hopkins, *Nāgārjuna's Precious Garland: Buddhist Advice for Living and Liberation* (Ithaca, N.Y.: Snow Lion Publications, 2007), 175, 190.

는 사람들은 일체지를 이루고자 하는 마음을 일으켜야 한다. 연민, 보리
심 그리고 진리에 대한 올바른 견해는 최상의 깨달음♦의 기반이며 생명
력이다. 이 지점에서 우리는 붓다의 가르침을 믿으며 그 가르침을 배울
수 있다. 우리는 커다란 장애들로부터 자유로우며, 심오하고 광대한 붓
다의 가르침을 공부하고, 그 내용을 깊이 생각하며, 그 의미에 대해 명
상할 수 있도록 받쳐 주는 좋은 환경을 만났다.♦♦ 그러므로 우리는 이
좋은 기회를 잘 활용하여 나중에 후회하는 일이 없게 해야 할 것이며,
자기 자신에게 최선을 다하지 못했다는 말을 듣게 해서는 안 될 것이다.
티베트 까담빠♦♦♦ 최고 학승인 게쉐 상뿌와Sangpuwa는 이러한 핵심을 간

◆ 　무상정등각無上正等覺 또는 무상정등보리심無上正等菩提心(anuttarā-samyak-sambodhi).
◆◆ 　육도 세계에서 불법을 배우는 인간의 몸으로 태어난 소중함을 설명하는 여덟 가지 여
　　 유(八有暇)와 열 가지 원만(十圓滿)에 대한 설명이다. 여덟 가지 여유란 지옥, 아귀, 축생,
　　 수라, 천상의 다섯 세계에 태어나지 않고 적당한 괴로움과 적당한 기쁨이 있는 인간계
　　 에 태어났다는 다섯 가지에 그릇된 견해를 가지지 않고, 불법이 없는 시대에 태어나지
　　 않고, 불법을 이해할 수 있는 지적인 장애로부터 여유로운 것 세 가지를 더한다. 열 가
　　 지 원만은 인간으로 태어남, 불법이 있는 곳에 태어남, 몸이 온전함, 다섯 가지 무간지
　　 옥에 떨어질 악업을 짓지 않음, 불법에 대한 마음이 있음, 부처님이 오심, 불법을 펴심,
　　 불법이 세상에 아직 남아 있음, 불법을 따르는 이들이 있음, 그리고 그들을 가르칠 스
　　 승들이 있음을 말한다.
◆◆◆ 　인도 승려 아티샤의 직계 종파로 엄격한 계율의 준수를 주장한 아티샤의 제자 돔뙨이
　　 창립한 종파이다. 주요 수행 방법은 마음을 정화하고 지적이고 도덕적인 결함들을 제
　　 거하여 공성에 대한 명확한 견해를 획득하는 것이다. 《반야경》을 소의경전으로 하고,
　　 반야경류의 경전과 논서들에 의지하였다. 15세기에 쫑카빠 대사가 창립한 겔룩빠에
　　 의해 계승된다. 출처: ThinkQuest Internet Challenge Library.

파하셨는데, 그분의 게송에 나는 아주 깊은 감동을 받았다.

　법을 가르치고 법을 듣는 것의 두 가지는 내 마음에 이로울 때야 적절한
것이다. 절제하며 단련한 행동은 가르침을 들었다는 징표이며, 고통이
줄었다는 것은 수행의 징표이다. 요가 수행자는 실체(진리)를 파악한 사
람이다.

　한 가지 분명한 사실은, 불법을 닦는 유일한 목적은 마음의 수양이
라는 것이다. 스승들은 그들의 가르침이 제자들의 마음에 이로운지를
항상 주의하여 살펴보아야 한다. 그리고 가르침은 그들이 몸소 체험한
사실에 바탕을 두고 있어야 한다. 제자들도 역시 '이 가르침으로 나의
마음을 이롭게 할 것이다.'라는 생각으로 들어야 하며, 제대로 길들여
지지 않은 마음을 다스릴 수 있도록 최선의 노력을 기울여야 한다. 이
러한 이유로 나는 위대한 까담빠의 스승들의 말을 열심히 따라야 한다
고 독려한다.
　까담빠 스승들은 불법과 수행자의 마음을 하나로 만들어야 한다고
조언한다. 만일 앎과 수행을 별개의 것이라고 여긴다면, 그 수행은 큰
효과를 거둘 수 없을 것이다. 수행 과정에서 자신을 낱낱이 살펴보고
불법을 거울로 삼아 자신의 몸, 말, 생각의 잘잘못◆을 반성하고 고쳐야
한다. 스승과 제자는 모두 이 가르침을 통해 그들 자신과 타인들을 이

롭게 하려는 마음을 내어야 한다. 이것은 쫑카빠Tsong-kha-pa 대사의《보리도차제론菩提道大第論》회향문에도 잘 나타나 있다.

> 수승하고 고귀한 (붓다의) 가르침이 (아직) 퍼지지 않은 곳이나,
>
> (붓다의 가르침이) 있지만 쇠락하고 있는 곳들에,
>
> 큰 연민(대비심大悲心)의 마음을 가지고 나아가,
>
> 이 안락의 보배를 밝힐 수 있기를 기원합니다.

붓다의 가르침은 물질적인 것이 아니다. 그러니 불법을 심고 퍼뜨리는 것은 내면인 영혼 또는 마음에서 가능한 것이다. 마음의 오점을 줄이면, 마음의 선함이 늘어난다. 마음을 선하게 바꾸는 것이 붓다의 가르침을 올바르게 보존하고 선양하는 길이다. 불교의 가르침이 손으로 만져볼 수 있는 것이 아니라는 점은 자명하다. 불법은 저잣거리에서 사거나 팔 수 있는 물건이 아니고 형체를 만들 수 있는 것도 아니다. 우리는 불법의 기초가 되는 세 가지 수행인 염리심厭離心 혹은 출리심出離心, 보리심의 발현 그리고 공성을 깨닫는 반야지 수행에 관심을 기울여야 한다.

불교의 교리를 보존하고 발전시키는 일은 붓다의 가르침을 따르는

◆ 몸과 말과 생각으로 짓는 업인 신구의身口意 삼업三業을 말한다.

우리의 몫이다. 다시 말해 이 일은 우리가 붓다를 얼마나 따르고 존경하는지에 달려 있다. 만일 스스로 어떠한 발전적인 노력을 하지 않으면서 남들이 해 주기만 바란다면, 이루어지는 것은 아무것도 없을 것이다. 그러므로 먼저 우리는 우리 마음 안에서 이러한 긍정적인 공덕의 자질들을 붓다의 가르침에 따라 키워야 한다. 우리의 마음을 올바르게 길들인다면, 그다음으로 다른 사람들 역시 그들의 마음을 다스릴 수 있도록 돕고 싶다고 바라게 된다.

위대한 쫑카빠 대사께서는 자기를 수련하지 않는 자는 타인을 수련시킬 기회를 가질 수 없다고 단호하게 말씀하셨다. 아사리 다르마끼르띠(Dharmakīrti, 법칭法稱)께서도 이 원리를 분명하게 말씀하셨다.

그대가 방법을 제대로 알지 못한다면,
설명은 자연히 어려울 것이다.

돕고자 하는 의지를 가진 보살들은 궁극적으로 깨달음의 경지에 도달하는 것을 목표로 삼는다. 깨달음이라는 최고의 목적을 위해 보살들은 마음을 더럽히는 번뇌들을 제거하는 수행을 한다. 이와 동시에 반야의 지혜를 발전시키기 위해 노력한다. 이처럼 자신의 악한 양상들을 없애고 덕스러운 자질들을 계발하는 수행 과정을 따라서 보살들은 다른 중생들을 도울 수 있게 된다.

불교 논리학자 디그나가(Dignāga, 진나陳那)의 《집량론集量論(Pramāṇasa-muccaya)》의 주석서인 《올바른 인식의 수단에 대한 설명(Pramāṇavārttika, 양평석量評釋)》*에서 아사리 다르마끼르띠는 이렇게 말하고 있다.

자비로운 분(붓다)께서는 중생의 괴로움을 덜어 주고자
모든 방편을 사용한다.

그러므로 붓다의 가르침에 귀의한 우리는 최선을 다해서 공덕을 일으켜야만 한다. 특히 오늘날처럼 불법이 쇠퇴해 가는 상황에서는 더욱 그러하다. 우리 티베트인들은 모국에서 중국인들이 일으킨 파괴 행위를 널리 알리며 비판하고 있다. 그렇지만 이러한 행동을 할 때, 불교도인 우리에게 있어서 그보다 더 중요한 것은 붓다의 가르침을 따르며 벗어나지 않는 것이다. 우리가 수행의 이익을 이해하고, 계를 지키고, 마음속에 긍정적인 변화를 일으킬 때에만 가르침들의 깊은 뜻을 이해할 수 있다. 불법이 아닌 다른 주제들에 대한 강의를 듣는 것은 다른 목표들, 즉 새로운 지식과 정보를 얻기 위한 것이다.

진정한 다르마(불법)의 수행자는 어떤 특징들을 가지고 있을까? 수

—

◆   양量(pramāṇa)은 '헤아리다'의 의미로 올바른 인식 방법, 인식 수단을 일컫는 말이다.

행은 악행을 삼가는 윤리적 행동, 즉 열 가지 악한 행위*를 하지 않는 것에서부터 시작한다. 이것은 몸과 말, 생각의 모든 나쁜 행위들을 제대로 알고 그 해소법을 완전하게 이해하는 것이다. 처음 수행에 임하는 이들은 이러한 기본적인 앎을 토대로 해서 도둑질, 거짓말 등의 나쁜 행동을 없애야 한다. 그리고 정직함, 친절함 등의 이로운 행위들을 고양해야 한다. 또 계를 받은 비구와 비구니는 계율을 따라야 한다. 이 계율에는 스님들이 승복을 입는 법, 다른 사람과 대화하는 법 등이 있다. 심지어 다른 사람을 어떻게 쳐다보아야 할지부터 다른 사람에 대해 말하는 올바른 방법까지 들어 있다. 이것이 스님들이 지켜야 할 좋은 행위이다.

다르마 수행자들이 넘어야 할 중요한 관문 가운데 하나는 우리가 가진 번뇌를 극복하고 번뇌로부터 자유로워지는 것이다. 이것이 어려운 이유는 태어나기 이전, 시작 없는 때부터 이미 우리가 갖가지 고통을 겪는 데 번뇌가 아주 깊숙이 관여하고 있기 때문이다. 만일 어떤 사람이나 적이 우리를 괴롭히거나 학대한다면 우리는 그것을 심하게 비난할 것이다. 그러나 외부의 적은 그들이 아무리 거칠고 야만스러워도 오직 우리의 지금 생만을 괴롭힐 뿐이다. 그들은 다음 삶들까지 우리

◆ 십악업十惡業: 살생, 도둑질, 삿된 음욕, 거짓말, 아첨하는 말, 욕설, 한 입으로 두말하는 것, 탐욕, 성냄, 어리석음.

를 괴롭힐 어떠한 힘도 가지고 있지 않다. 반면 번뇌는 우리 내부의 적이며, 세세생생 따라다니면서 우리를 괴롭힐 수 있다. 따라서 이 번뇌가 사실상 우리에게 있어서 가장 큰 적이다.

번뇌가 줄어듦에 따라 수행은 점점 더 좋은 결과를 얻을 수 있다. 그러므로 수행자의 수행 성과를 평가하는 척도는 바로 이것이 되어야 한다. 밖에서 보기에 이 사람이 얼마나 성스럽게 보이는가가 수행의 기준이 되어서는 안 된다. 수행의 궁극적인 목표는 왜곡된 마음이 일으킨 번뇌에서 기인한 괴로움을 점차 줄여 나아가서 마침내 그것의 뿌리까지 뽑아 버리는 것이다. 불교의 심오하고 광대한 가르침을 배우고 수행함으로써 수행자는 아주 오랜 시간에 걸쳐 무아에 익숙해지고, 무아를 명상함으로써 끝내 진리를 깨달을 수 있게 된다.

우리는 다르마를 전수하고 배우는 자리에 함께 있다. 여기서 중요한 것은 법문을 듣는 효과적이면서 올바른 방법을 아는 것이다. 법문은 배우는 이의 세 가지 결함을 제거하고, 여섯 가지 올바른 의도◆를 고양한다. 세 가지 결함 가운데 첫 번째는 비유해서 말하자면 엎어 놓은 그릇과 같은 모양으로 듣는 것이다. 몸은 여기에 앉아서 가르침을

◆ 이 여섯 가지는 1) 자신을 병이 있는 사람으로 인식. 2) 불법을 가르치는 스승이 의사라는 인식. 3) 불법이 약이라는 인식. 4) 그 병을 치료하는 방법이 정진이라는 생각. 5) 여래께서는 성인聖人이시라는 생각. 6) 정법의 길에 오래 머무르라는 생각을 일으킴이다.

듣고 있는지는 모르지만, 마음은 멀리 다른 곳을 떠돌고 있다. 그래서 가르치는 이가 아무리 잘 가르친다 하더라도 배우는 이가 그 가르침을 제대로 듣고 있지 않은 경우이다. 이러한 경우 배우는 이가 가르침에 아무런 관심도 없기 때문에, 사실 아무것도 배운 것이 없다고도 할 수 있다. 이것은 배움에 있어 커다란 장애이다. 우리는 반드시 이 결함을 제거하고, 정신을 바짝 차려 가르침에 집중해야 한다.

두 번째 결함은 바닥에 구멍 난 그릇처럼 법문을 듣는 것이다. 설령 가르침을 듣고 있다 하더라도, 그 내용을 제대로 마음에 담지 못하는 것을 말한다. 이 경우에 부족한 것은 집중력과 기억력이다. '다르마의 실천'은 들은 것으로부터 반드시 좋은 결과를 이룰 수 있다는 것을 의미한다. 법문을 듣는 것은 옛날이야기를 듣는 것과는 다르다. 법문은 우리가 어떻게 하면 의미 있는 삶을 살 수 있을 것인지, 어떻게 올바른 마음가짐을 가질 것인지를 가르쳐 준다. 그러므로 이 가르침을 우리에게 이롭도록 하기 위해서는 정신을 바짝 차리고 마음에 담아야 한다. 읽고 듣는 등, 모든 종류의 배우는 과정에 있어서 반드시 온 힘을 쏟아 집중하고 그 내용들을 기억하도록 노력해야 한다. 미적지근하게 공부한다면 배울 수 있는 것은 절반도 안 될 것이며 설사 기억했다 해도 금새 사라질 것이다. 또 우리가 들은 것에 대해서 곰곰이 성찰하고 반성해 보아야 한다. 이렇게 한다면 그 가르침은 우리 마음속에 오랫동안 머무를 것이다. 가르침을 기억하는 또 다른 하나의 방식은 논쟁을 하는 것으로, 이것은 티베트 사원과 같은 전통적인 논쟁법을 가르치는 곳에서 배울 수 있다.

세 번째 결함은 법문을 듣는 마음가짐에 대한 것으로, 비유하자면 독*을 담고 있는 그릇이다. 가르침을 들을 때는 나쁜 마음을 가져서는 안 된다. 모든 행동, 특히 경전이나 논서를 읽거나 배운 다르마를 실천할 때는 반드시 건전한 마음가짐에서 출발해야 한다. 그렇게 우리는 날뛰는 마음을 다스려, 점차로 모든 중생을 이롭게 할 수 있는 붓다의 지위를 달성하는 것을 목표로 삼아야 한다. 그래서 나는 단지 생계를 유지하는 수단으로 다르마의 지혜를 보지 말아 주기를 당부하고 싶다.

이제 중심 주제로 돌아가 보자. 앞서 말했듯 내가 강의할 교재는 스승 까말라쉴라께서 쓰신 《수행의 단계·중편》이다. 저자인 까말라쉴라는 티베트의 불교 역사와 아주 깊은 관계를 맺고 있다. 그래서 위대한 스승 쫑카빠께서는 그를 일컬어 존경받을 만한 분이며, 책의 제목도 그 내용과 일치한다고 평하셨다. 까말라쉴라는 여러 가지 저작을 남기셨는데, 그 가운데 《중관명中觀明(Madhyamakāloka)》과 《수행의 단계》가 제일 뛰어난 것으로 평가받고 있다.

총 세 권으로 구성된 《수행의 단계》를 전수하는 전통은 많지 않다. 티베트의 중앙과 남서부 지방에서도 이 《수행의 단계》 전수는 널리 알려진 것이 아니었다. 아마도 멀리 떨어진 지방이나 고립된 지역에는 아직 이 저작의 가르침을 전하는 전승 전통이 남아 있을지도 모르겠다. 쿤누 라마께서는 이 계통을 캄Kham 지방에서 받으셨고, 세르꽁 린뽀체께서 이어받았다. 그 당시에 나도 전수받고 싶었지만 받을 수 없었다. 아마도 책이 그다지 길지 않아서 이후에 전수받아도 큰 무리가 없을 것으로 여겨졌기 때문이었던 것 같다. 대신에 나는 부뙨 린첸 둡◆의 《깔라챠크라에 대한 대주Great Commentary on Kalachakra》, 그리고 여섯 권의 《티 없는 빛이라고 불리는 대주에 대한 주석Annotations of the Great Commentary Called Stainless Light》을 전수받는 데 집중했다.

내가 스위스에 있을 때 세르꽁 린뽀체께서 돌아가셨고 용진 링 린뽀체께서도 건강이 좋지 않다는 전보를 받았다. 그 전보를 받고 나는 《수행의 단계》에 대한 가르침을 전수받지 못한 것이 내 게으름의 과보라고 생각했다. 내 마음은 상실감과 슬픔으로 가득 차 있었다. 그 후 나는 게쉐나 라마들을 만날 때마다 아사리 까말라쉴라의 전통을 전수해 줄 수 있는지 물었다. 그러다 보드가야에서 사꺄파Sakya의 대수도원장이신 셍게 뗀진 린뽀체를 만났다. 그분께서는 티베트에서 탈출할 당시 라싸에 계셨던 캄 지방 출신의 나이 많은 라마로부터 《수행의 단계》를 전수받았다고 말씀하셨다. 쿤누 라마 린뽀체께서도 캄 지방에 계신 분

◆   14세기 티베트의 저명한 학승. 티베트 대장경의 편찬자.

으로부터 전수받으셨으니 그 계통은 같을 것으로 생각되었고, 비로소 그 가르침을 전수받을 적절한 시기가 온 것이라고 생각되었다.

전에는 새로운 글들을 접할 때마다 용진 링 린뽀체께 상의드리곤 했지만, 당시에는 그분도 이 세상에 계시지 않았다. 그때 마침 니마 스님께서 보드가야에 계셨는데, 이 상황을 말씀드리고 조언을 구했더니 좋은 생각이라고 말씀하셨다. 이렇게 해서 나는 이 가르침을 생게 뗀진 스님께 전수받았다. 나는 이 가르침을 받는 것이 아주 행복한 일이며 좋은 기회라고 생각했고, 이전의 잘못에 대한 후회도 씻을 수 있었다. 이 사꺄파의 대수도원장님은 매우 저명하시고 사꺄파 안에서도 존경받는 스승이다. 지금 그분은 80세가 되셨다.◆ 내가 아는 한《수행의 단계》에 대해서는 남아 있는 주석서가 없다. 쫑카빠 대사가 그의《보리도차제론》에서 상당한 양을 인용하고 있기 때문에, 내가 설법하는 것을 쫑카빠 대사의 가르침을 보완하는 것이라고 이해하면 좋을 것이다.

아사리 까말라쉴라는 붓다의 가르침을 전파하는 데 큰 역할을 했다. 굳세고 자비로운 마음을 가지고 티베트에 계시는 동안 붓다의 가르침에 확고한 기반을 세우셨다. 먼저 티베트의 왕인 티송데첸이 아사

◆　1989년 주해할 당시의 일로, 생게 뗀진 스님은 다음 해인 1990년에 원적하셨다.

리 샨따락쉬따와 구루 빠드마삼바바(Padmasambhava, 연화생蓮華生) 린뽀체를 티베트로 초대했고 이들 위대한 스승들께서 눈의 나라 티베트에 크디큰 자비를 베푸셨다. 이분들의 노력 덕에 티베트에는 딴뜨라를 포함한 붓다의 가르침이 완벽한 형태로 건립될 수 있었다. 특히 샨따락쉬따께서 티베트에 불교 전통과 교리에 대한 오해가 있을 수 있음을 예견하시고, 그러한 일이 일어난다면 까말라쉴라를 초청하라고 당부하셨다. 사서史書에 따르면 까말라쉴라는 이러한 연유로 티베트에 왔다고 기록하고 있으며,《수행의 단계》상편 끝의 간기刊記에 티송데첸 왕의 요청에 따라 저술했다는 저작의 연유가 기록되어 있다.

이렇게 위대한 아사리 까말라쉴라는 티베트인들을 위해서 올바른 붓다의 가르침을 확립하기 위하여 큰 자비심으로 티베트에 오셨다.《수행의 단계》전 3권은 티베트에서 쓴 것이고, 중국의 마하연摩訶衍 화상이 촉매제 역할을 했다. 마하연 화상이 주장하는 일반적인 교리 내용은 차치하고라도, 불교에 대한 그의 해석은 전적으로 잘못된 것이었다. 까말라쉴라는 책을 저술하여 잘못된 해석이 티베트에 들어오는 것을 막았다. 여기에 적을 수 있는 사실은 그 당시의 위대한 스승들께서는 대단히 지적이면서도 예의를 갖춰 논쟁했다는 것이다. 그분들은 매우 정교한 언어를 사용해서 잘못된 견해를 논파했을 뿐, 대론자의 사적인 면을 공격하지는 않았다. 까말라쉴라는 붓다께서 가르쳤던 것과 같이 철학적 근거, 수행, 행동을 명확하게 서술해서 잘못된 견해를 물리쳤다. 이러한 방법을 통해, 붓다의 가르침은 상대의 저열하고 잘못된 견해를 더 분명하게 드러내어 스스로 무너지도록 한다. 이리하여 이 까말라쉴라의 소중한 가르침은 눈의 나라 티베트와 깊은 관계를 갖게 되었다.

이처럼 아사리 까말라쉴라께서 티베트에 커다란 자비를 베푼 것은 명백한 사실이다. 그러나 티베트의 역사는 티베트인들이 그분에게 마땅한 존경의 예를 표하지 않고 잘못을 저질렀다고 기록하고 있다. 불미한 사건이 일어난 것이다.♦ 또 다른 한편으로는 "불법이 번성하는 곳에 악도 역시 번성한다."라는 티베트 속담과 통하는 바가 있다. 구루 빠드마삼바바 린뽀체께서는 잘 다져진 현세적이고 정신적인 승가가 오랫동안 지속되도록 불법이 지속할 수 있는 좋은 조건과 축복받은 환경을 만들어 놓았다. 그러나 그런 좋은 시기에도 역행하는 사람이 있었다. 때때로 티베트의 왕들조차도 빠드마삼바바 린뽀체의 바람을 모두 실현할 수는 없었다.♦♦

♦ 〈옮긴이의 말〉 중 '까말라쉴라와 라싸 종의회의 인도-중국불교의 대론' 참조.
♦♦ 티송데첸을 이은 티축데첸이 836년 승하하고, 랑다르마가 왕위를 계승했다. 랑다르마는 뵌교의 영향하에 사원을 불태우고, 많은 승려를 죽이거나 억지로 환속시켰다고 한다. 842년 랑다르마가 승려 하룽 뺄도르제Lhalung Palgyi Dorje의 화살에 암살당한 뒤, 티베트의 얄룽 왕조는 무너지고, 여러 지역이 할거 시대에 들어갔다. 랑다르마가 불교를 거의 전멸시켰기 때문에 그 후 100년 넘게 불교의 맥이 메마르다시피 했고 이 시기를 무불無佛 시대라고 부른다. 이후 988년부터 뗄로빠, 마르빠, 밀라레빠와 아티샤 등이 다시 불교를 인도로부터 흡수, 부활시켰다.

이러한 사실을 말해야 한다는 것은 슬픈 일이다. 물론 다르게 볼 수도 있다. 붓다들과 보살들이 모든 중생의 이익을 위해 행한 것이 하나도 없다는 말도 있다. 관세음보살님은 티베트와 특별한 관계를 맺고 있고, 수많은 화현을 나투시어 티베트인들에게 크디큰 자비를 베푸셨다. 그러나 우리 티베트인들은 지금까지도 해결되지 않은 중국의 티베트 강점이라는 현안을 안고 있다. 그렇다고 해서 정신까지 빼앗겨서는 안 된다. 국제적 상황은 끊임없이 변하고 있다. 우리에게는 진실을 지지하는 분들이 함께 있다. 진실은 소중한 것이다. 우리는 지금까지 미래를 위한 올바른 기틀들을 다져 놓았다. 우리는 모두 이번 생과 다음 생에서 개개인의 이익을 이루기 위해 부지런히 일해야 한다. 동시에 개인의 이익에 갖는 관심과 동등한 관심을 공공의 이익에도 주어야 한다. 우리는 모두 이 훌륭한 논서를 배울 수 있을 만큼 좋은 인연, 선연善緣을 가지고 있다. 이 가르침의 안내를 따르고, 이를 통해 우리의 삶을 변화시킬 수 있도록 노력하는 것이 현명한 것이다.

붓다의 가르침이라는 맥락 안에서 볼 때, 올바른 마음가짐을 일으키는 것이 매우 중요하다. 나는 이 법문을 듣고 배우는 분들이 올바른 발원, 즉 "내가 위대한 까말라쉴라의《수행의 단계·중편》을 배우는 것은 허공만큼이나 많은 중생을 위해 궁극의 불성을 성취하기 위해서이다."라고 생각할 것을 당부하고 싶다. 몸과 말 그리고 생각의 가치를 결정하는 가장 중요한 요소는 마음가짐, 즉 서원誓願이다. 그래서 올바른 결심을 품고 하는 모든 행동은 복덕과 행복을 부르고 먼 장래에 붓다가 될 수 있는 씨앗이 된다. 반면에 이러한 선하고 건전한 동기가 없다면 아무리 좋은 수행을 하더라도 복덕을 쌓는 대신 악업을 쌓게 된다는 것은 매우 확실하다. 그 선과 악 사이의 경계선이 때때로 무척 얇을 수 있기 때문에, 우리 각자는 여법한 관점을 유지할 수 있도록 계속 경계해야 한다.

《수행의 단계》에서 저자 아사리 까말라쉴라는 소승과 대승 불교 양쪽 수행의 핵심을 설명하고 있다. 그는 세속적인 보리심을 수련하는 방법과 사마타와 위빠사나에 무게를 두고 육바라밀六波羅蜜◆을 상세하게 설명한다. 불교를 처음 접하시는 분들이나 이 책에서 가르치는 수행의 방법과 과정이 낯선 분들은 반드시 이 책을 명료하게 이해하도록 노력해야 한다. 이 책의 지식과 지혜를 바탕으로 한다면, 다른 논서들을 접한다 하더라도 큰 어려움을 느끼지는 않을 것이다. 이 책은 불교의 모든 경전과 논서로 들어가는 문을 여는 열쇠이다.

◆ 보살 수행의 기초를 형성하는 여섯 개의 수행법으로 보시布施, 지계持戒, 인욕忍辱, 정진精進, 선정禪定, 반야바라밀般若波羅蜜이다.

차
례

제1장

마음이란?

• • •

일체지는 원인 없이 일어날 수 없다. 만일 (원인 없이 일체지가 일어날 수 있다면,) 모든 중생은 항상 이미 일체지를 성취하고 있어야 한다는 불합리한 결론으로 귀결되기 때문이다. 만일 (현상이) 어떠한 것에도 의존하지 않고 발생하는 것이라면, 그 현상이 일어나는 것을 방해할 수 있는 것은 아무것도 없을 것이다. 그렇다면 모든 것들이 일체지자가 되어야 하지 않겠는가? 모든 현상은 특정한 시간과 공간의 몇몇에게 일어나니, (결과로서 일어나는) 모든 현상은 반드시 그들의 원인에 의존한다. 일체지 역시 특정한 시간과 특정한 공간에서 일어난다. 언제나, 어디서나 일어나는 것이 아니며, 모든 (현상) 역시 (일체지자)가 아니니, 일체지는 반드시 (특정한) 원인들과 조건들에 의지하여 일어난다.

아사리 까말라쉴라께서는 존재하는 현상은 반드시 두 가지 범주 가운데 하나에 속한다고 말씀하신다. 영원히 존재하거나 한시적으로 존재하는 것이다. 두 번째 범주, 즉 한시적으로 존재한다는 것은 무엇일까 하는 의문이 자연스레 일어난다. 이것은 일시적인 존재는 원인에 의존한다는 뜻이다. 특정한 현상이 특정한 시간 동안만 발생하고 다른 때는 발생하지 않는다면, 그 현상이 원인 없이 독립적으로 발생한 것이 아니라, 다른 조건들, 연緣에 의지해서 존재한다는 것을 뜻한다. 그러므로 특정한 시간과 장소에 발생하는 모든 현상은 원인(因)과 조건(緣)에 의해 발생한다. 이 원인과 조건에는 다양한 종류가 있는데 능작인能作因, 구유인俱有因, 상응인相應因, 동류인同類因, 변행인遍行因, 이숙인異熟因의 여섯 가지이다.* 마찬가지로 다양한 종류의 조건이 있는데, 인연因緣, 등무간연等無間緣, 소연연所緣緣, 증상연增上緣의 네 가지 연이다.** 원인과 조건에 의해 발생하는 현상들은 변하고 소멸하는 것을 그 특징으로 한다. 다시 말하자면 한 장소에 머물 수도 없고, 영원히 존재할 수도 없는 것이다.

다음으로 조건에 의지해서 일어나는 현상은 물질(색법色法), 정신(심법心法), 물질도 정신도 아닌 것(비색비심법非色非心法) 세 가지로 분류할 수 있다.*** 물질에는 형상, 색깔 등의 요소들이 들어 있다. 물질은 눈으로 볼 수 있고 손으로 만질 수 있다. 의식은 형상이나 색으로 만들어진 것이 아니라서 어떠한 물리적 도구로도 측정할 수 없으나, 성질로 존재하며 느끼고 감각하는 능력 등을 지니고 있다. 반면에 시간은 앞에서 말한 두 가지 가운데 어느 곳에도 속하지 않는다. 그래서 제3의 범주에 속한다.

　일체지는 모든 것을 알고 있는 의식 상태를 말한다. 흙이나 돌, 바위 또는 산에서 찾을 수 있는 것이 아니다. 일체지는 대상의 인식을 기능으로 하는 어떤 것에 의해 발생하기에 의식이라

◆　1) 능작인: 다른 다섯 원인을 포함한 가장 포괄적인 원인으로, 그 자신을 제외한 모든 다른 현상을 발생시키는 직접적인 원인이 되거나 어떤 현상의 발생을 방해하지 않는 형태의 원인으로 작용한다. 이로 인한 결과를 증상과增上果라고 한다. 2) 구유인: 물, 불, 흙, 공기의 4대 요소와 그로 인한 결과처럼 공존하는 현상이 동시에 서로 인이 되고 과가 되는 관계를 말한다. 구유인의 결과는 사용과士用果라고 한다. 3) 상응인: 서로 원인이 되고 결과가 되는 마음과 마음의 요소들(심心과 심소心所)의 관계로 양자는 서로 돕는다. 상응인의 결과는 사용과士用果라고 한다. 4) 동류인: 결과와 동일 성질의 인을 말한다. 특히 선한 행위가 선한 결과를 부를 때를 말하며, 결과는 등류과等流果라고 한다. 5) 변행인: 특히 잠재적인 번뇌가 같은 번뇌를 일으킬 뿐만 아니라, 다른 모든 번뇌의 뿌리가 되어 현상의 본질을 깨닫지 못하게 하는 원인을 일컫는다. 변행인의 결과는 등류과等流果라고 한다. 6) 이숙인異熟因: 무명을 바탕으로 일어난 선한 원인이나 악한 원인이 어느 시점에 이르러 내생의 오온으로서 과보가 일어나는 몸을 형성하는 원인을 일컫는다. 그 결과인 과보를 이숙과異熟果라고 한다.

◆◆　1) 인연: 결과를 일으키는 직접적인 원인. 2) 등무간연: 이전 찰나의 마음이 이후 찰나의 마음을 생하게 하기 위하여 자리를 비워 주는 연. 3) 소연연: 외부의 대상이 마음에 대하여 연이 되는 것. 4) 증상연: 이상의 세 연 이외의 일체의 간접적인 원인으로, 결과를 생하는 힘을 가지고 있는 것은 아니지만, 그 결과의 발생을 방해하지 않는 것.

◆◆◆　이 세 가지를 일컬어 삼유위법三有爲法이라고 한다.

는 자질이 없는 것들은 일체지를 일으킬 수 없다. 물론 일체지라는 깨달음의 상태는 모든 바라밀을 완성한, 불교 수행에 있어 최고의 목표이다. 일체지는 조건에 의지하는 현상의 세 가지 범주 가운데 정신(심법)에 속한다. 의식의 기능은 '명료함'과 '알아차림'이다. 예를 들어 "나는 이해한다." 또는 "나는 본다."라고 말할 때, 어떤 것을 경험하거나 느낄 때, 의식이 그 경험을 활성화시키고 행위자가 행동을 하도록 만든다. 안식眼識(cakṣurvijñāna) 또는 시각 의식이 어떤 물질을 보면 우리는 "나는 그 사물을 본다."라고 말할 것이고, 마음의 의식意識(manasvijñāna)이 즐거움 또는 고통을 느낀다면, "나는 즐겁다." 혹은 "나는 아프다."라고 할 것이다.

"나는 경험한다." 또는 "나는 본다.", "나는 듣는다." 등을 말할 때, 그러한 행위를 수행하는 것은 의식이다. 이처럼 의식은 앎의 기능을 담당한다. 앎의 범위와 느낌의 강도, 혹은 민감함에는 차이가 있다. 인간의 의식과 동물의 의식을 예로 들어 보자. 인간은 동물보다 더 다양한 대상을 훨씬 넓게 이해할 수 있다. 인간의 의식은 교육의 정도와 경험의 양에 비례해서 넓어진다. 배우면 배울수록, 경험이 많으면 많을수록 의식 세계는 넓어진다. 앎과 이해는 대상의 지각에 기반해서 발달한다. 합당한 조건을 만나면 지각 능력이 발달하고, 지식 대상의 범위 역시 넓어지며 이해는 더욱 깊어질 것이다. 이러한 방법을 통해 우리의 마음은 자신이 가진 잠재력을 완전히 발현할 수 있다.

일체지는 대상을 파악하는 마음 능력의 최상의 성취, 혹은 완성이다. 일체지는 시간과 공간의 차이에 구애받지 않고 모든 현상을, 그리고 개별적인 현상을 명철하게 아는 능력이다. 모든 것을 아는 지혜는 의식으로부터 발생하며, 당연히 일체지는 원인과 조건에 의지해서 발생한다. 이것은 아무리 일체지라 하더라도 올바른 원인이 없다면 일어날 수 없다는 것을 뜻한다. 만일 모든 것을 아는 마음이 아무런 원인 없이 발생한다면, 모든 중생의 의식 역시 이미 일체지였을 것이다. 어떤 현상이 원인과 조건 없이 발생한다면, 그 현상은 반드시 영원히 존재하거나 혹은 절대 존재할 수 없는 것이기 때문이다.

아사리 까말라쉴라께서는 "만일 (현상이) 어떠한 것에도 의존하지 않고 발생하는 것이라면, 그 현상이 일어나는 것을 방해할 수 있는 것은 아무것도 없을 것이다."라고 말씀하신다. 만일 어떤 현상이 원인과 조건에 의존하지 않고 일어날 수 있다면, 그 발생에 시간과 장소가 문제되지 않는다는 주장에 반론을 제기할 수 없다는 뜻이다. 그러나 이런 현상이 일어나는 경우는 없으며, 따라서 모든 것들이 일체지가 되는 일은 있을 수 없다. 현상은 특정한 시간과 장소에서 발생하고 소멸하기 때문에 영원하지 않다. 특정한 시간과 장소에서 일체지가 발현하는 데 합당한 조건들이 일어나고, 또한 일체지의 발생을 가로막는 조건들이 사라진다면, 중생의 의식은 모든 현상에 대한 앎인 일체지로 변화할 수 있다.

시간과 장소에 구애받지 않고 발생하는 현상은 절대 없기 때문에, 모든 현상이 원인과 조건에 의존하여 발생한다고 할 수 있다. 현상은 반드시 원인과 조건에 의지해서 발생한다는 이 원칙 안에서, 일체지라는 최고의 결과를 얻고자 하는 사람들은 반드시 일체지의 발현에 합당한 완벽하고 올바른 원인과 조건을 생성해 내야 한다. 더불어 일체지를 증득하겠다는 큰 뜻을 품은 수행자들은 반드시 자신의 수행에 대해 세심한 주의를 기울여야 한다. 그래서 일체지는 원인과 조건에 의해 발생한다고 배우는 것이다.

아상가(Asaṅga, 무착無着)께서는 《섭대승론攝大乘論(Mahāyānasaṁgraha)》에서 다양한 원인과 조건에 의해 발생하는 다양한 결과에 대해서 언급한다. 아상가께서 언급하시듯이 조건들은 부동인不動因, 무상인無常因, 그리고 잠재인潛在因으로 나눌 수 있다. 앞서 언급한 것은 무상인無常因에 대한 것이다. 일체지가 어떻게 의식으로부터 발생할 수 있는가에 대해서 묻는다면, 우리는 일체지의 잠재인이 무엇인지를 논의해야 한다. 대상을 인식하는 능력은 본래 의식이 지닌 자질이다. 의식의 성질은 '명료함'과 '알아차림'인데,♦ 인식하는 대상의 형상 안에서 일어난다. 따라서 인식할 때 일어나는 의식의 자질은 다른 요소들에 의해서 새롭게 만들어진 것이 아니다.

이러한 의식이 어떻게 발전하고, 또 인식의 범위를 무한대로 확장할 수 있는지 논의해 보자. 대상을 인식하는 능력은 의식의 고유 기능이지만, 완전한 반야지로 의식이 열리는 것을 가로막는 장애들이 있다. 이어서 이 장애들이 어떻게 발생하는가에 대한 질문이 생긴다. 이 질문을 통해 우리는 그 장애들을 어떻게 제거할 것인지를 고심해 봐야 한다. 대상에 대한 올바른 인식을 방해하는 것은 존재의 참모습에 대한 오해인 무명無明과 존재하지 않는 참나 또는 자성自性을 마치 실재처럼 잘못 인식하는, 극단(상견常見)을 붙들고 있는 무지함, 혹은 무명이다.

♦ 불교에서는 이 두 가지를 의식이 가지고 있는 특성이라고 한다. 의식은 항상 인식 작용을 하고 있으므로, 항상 깨어 있으며 또한 그 인식한 내용이 명확하기 때문에 분명하다고 한다.

여기에서 말하는 무명이라고 하는 것은 올바르게 인식할 수 있도록 돕는 조건이 결여되어 있거나 혹은 올바른 인식을 방해하는 조건들이 대상을 제대로 볼 수 없도록 가로막는다는 뜻이다. 존재의 진면목(공성)을 착각하는 무지無知, 또는 무명이 다양한 무지의 뿌리이며 그 힘의 근원이다. 이 무지가 가장 큰 장애이다. 우리는 논리적 분석을 통해서 이 무지가 제거될 수 있다는 결론을 도출해야 한다.

마음의 오점들은 주로 무지와 무지의 잠재적인 힘 때문에 발생한다. 우리는 무지를 마음에서 떼어 놓을 수 있는지 없는지, 이 무지는 끝낼 수 있는 것인지 아닌지를 검토하고 결론을 내려야 한다. 우리가 지금 논의하고 있는 맥락에서의 무지는 단순히 무식함이 아니라 참나 혹은 자성에 대한 잘못된 인식이다. 대상을 왜곡하거나 잘못 인식하는 것은 바로 이런 마음이다. 그러므로 무지에 대한 치료제로 올바른 이해를 얻는다면, 우리는 무지를 제거할 수 있다.

참나 혹은 자성에 대한 잘못된 인식인 무지와 이 무지를 치료할 약은 모두 다 원인과 조건에 있다. 이 둘은 합당하지 않은 조건을 만나면 사라지고, 합당한 조건을 만나면 발생한다는 면에서 비슷하다고 할 수 있다. 그렇다면 그 둘 사이의 차이점은 무엇인지를 질문해 볼 수 있을 것이다.

현상에 참나 혹은 자성이 있다는 잘못된 인식은 마음이 그 대상에 대해 착각하고 있는 것이기 때문에 마음을 무한하게 계발할 수 없다. 왜냐하면 무지한 마음은 올바른 인식量(pramāṇa)이 받쳐 주지 않기 때문이다. 이 마음은 대상이 실제로 존재하는 방식과 정반대로 그 실존을 상상한다는 면에서 착각, 혹은 전도顚倒된 마음이다.

현상의 무자성無自性을 인식하는 마음은 이 전도된 마음의 치료제 혹은 반대편이며, 그 대상의 존재 방식에 대한 인식에 오류가 없다. 즉, 그 대상을 올바르게 지각한 것이다. 이 마음이 인식한 대상의 존재 방식은 그 대상이 실제로 존재하는 방식과 합치한다. 따라서 이 마음은 전도망상을 일으키지 않기 때문에, 일체지의 성취를 뒷받침해 줄 올바른 기반이 된다.

앞서 자성, 혹은 참나라는 전도망상이 무지이며, 이 무지를 종식할 방법이 있다고 말했다. 무지한 마음은 올바른 인식의 지원을 받을 수 없다. 뒤집어 말하자면 대상의 무아를 인식하는 마음은 올바른 인식의 지지를 받을 수 있다. 옳고 그른 두 가지 서로 다른 마음처럼, 대상을 인식하는 방법 역시 상반되는 방식을 취하고 있다. 대상의 무아를 인식하는 마음은 무지한 마음을 고칠 강력한 치료제이며 이를 통해 무지한 마음을 없앨 수 있다. 이것은 인간이 지닌 어떠한 괴로움이라도 그것을 대치할 올바른 수단만 있다면, 그 괴로움을 없앨 수 있다는 것과 같은 말이다. 현상 역시 대치하는 정반대의 현상이 나타나면 발현 가능성이 줄어드는 특징을 가지고 있다.

존재의 실상(공성, 무자성성)을 인식하는 마음은 궁극적인 인식(출세간지出世間智)이라고 불리며, 이는 마음의 좋은 자질이다. 올바른 인식만이 이것을 가능하게 한다. 이 궁극적인 자질에 익숙해질 때, 우리의 마음은 무한하게 발전할 수 있다. 좋은 요소들을 무한히 발전시켜 나갈 수 있는 마음과는 달리 몸의 좋은 특질들은 발전시키기에 한계가 있다. 이것은 몸이 거친 요소들로* 이루어져 있기 때문이다. 그리고 물질적인 요소는 그 특성상 발전한다 하더라도 그 한계가 명확하다.

우리가 이 무지한 마음이 전도된 것이라거나 또는 틀린 것이라고 여긴다면, 이는 우리의 마음이 존재의 본모습을 제대로 보지 못했다는 뜻이다. 이럴 때 생겨날 수 있는 의문은 "무엇이 존재의 실상인가?", "어떻게 마음은 존재의 실상을 파악하는 데 있어 오류를 범하는 것인가?", "마음은 어떠한 과정을 거쳐서 잘못된 인식을 얻는가?" 등등일 것이다. 진실 혹은 자성의 공空함은 논리적으로도 설명이 가능하다. 자성이 공하다는 것을 증명하는 타당하고 완벽한 논증이 있기에 우리는 이 논증을 믿을 수 있다. 반대로 자성의 존재를 증명할 수 있는 논증은 없다. 수행을 하지 않은 일상적인 마음이 존재의 자성을 인식할 수 있다. 그렇지만 이를 논리적으로 면밀히 검토해 보면 결국 자성은 찾아볼 수 없다. 심지어 우리의 일상사 속에서도 특정한 현상에 대한 일상적인 인식과 그 현상의 참다운 존재 방식에 종종 모순이 있음을 발견한다. 다시 말하자면, 현상이 실제로 존재하는 방식은 우리가 인식하는 그 현상들의 존재 방식과는 다르다. 간단한 예를 들어 설명해 보자. 세상에서 일어나는 일들 때문에 현실에 실망하거나 환멸을 느끼는 사람들에 대한 이야기다. 환멸은 그들이 인식한 상황과 실제 상황 사이의 간극 때문에 일어난다.**

인간으로서 우리의 상황을 살펴보자. 동물들과 비교해서 우

◆ 거침(麁)은 수행 가운데 쉽게 관찰할 수 있는 거칠고 조잡한 것으로, 여기서는 육체를 가리킨다. 반면 미세한 것(細)이란 수행의 깊은 단계에서 관찰 가능한 것들로, 마음과 정신 작용을 가리킨다.

◆◆ 앞에서 달라이 라마께서는 인식 방식과 존재 방식이 동일해야 진정한 존재라고 할 수 있다고 하셨다. 현실의 존재 방식과 인식 사이에 괴리가 있다는 것은 우리가 현실이라고 인식하고 있는 세상이 참이 아니라는 것을 말씀하시는 것이다.

리의 마음은 훨씬 더 강력하다. 우리는 피상적인 존재의 차원을 뛰어넘어 그것이 실재하는 것인지 아닌지를 분석할 능력이 있다. 그러나 동물들은 오로지 그들이 인식하는 것만을 다룰 뿐이다. 이처럼 사람과 동물 사이의 정신 능력에 차이가 있다는 것은 서로 다른 사람들이 서로 다른 정신 능력을 가지고 있는 것과 마찬가지로 매우 분명하다.

우리가 현상의 본모습을 면밀히 검토한다면, 일반적으로는 올바른 인식이라고 믿는 마음의 많은 부분이 보다 깊은 의미에서 역시 오류를 가지고 있다는 것을 알 수 있다. 현상이 실존하는 방식은 그처럼 올바르게 인식한다고 착각하는, 마음이 인식하는 것과는 다르다. 우리는 공함 또는 실재를 그것이 진정 존재하는 방식으로는 존재하지 않는 것처럼 인지한다. 산맥이나 집들에 대한 지각이 그들이 실제로 존재하는 방식과 일치하지 않는 것과 같다. 산맥이나 건축물들 가운데 몇몇은 수 세기에 걸쳐, 심지어는 수천 년에 걸쳐 존재해 왔다. 이에 우리는 이처럼 오랫동안 존재해 온 대상을 영원불멸하다고 여긴다. 찰나찰나의 변화에 영향을 받지 않는다고 믿는다. 그러나 이러한 대상들을 원자 단위까지 검토해 본다면, 그들 역시 매 순간 무너져 가고 있음을 알 수 있다. 그것들 역시 찰나찰나 소멸하고 있는 것이다. 과학 역시 변화, 즉 찰나멸刹那滅을 유사한 방식으로 설명한다. 산과 같은 대상들은 고정되어 있으며 안정적이고 영원히 있는 것처럼 보이지만, 그들의 실재를 들여다보면 그 대상들 역시 끊임없이 변하여 단 한 순간도 멈추어 있을 수 없는 존재이다.

제2장

마음닦기

공부하고 배우는 것은 극히 중요한 일이다. 마음 길들이는 것은 습관을 길들이는, 즉 닦아 익히는 수습修習의 과정이다. 불교적 맥락에서 수습 또는 명상은 마음을 올바른 방향으로 변환시키는 일이다. 다시 말해, 마음의 오점들을 제거하고 좋은 점을 북돋우는 것이 명상 수행이고, 이 명상을 통해 우리는 마음의 좋지 않은 점들을 없애고 좋은 점들을 일으키고 강화하는 방향으로 마음을 길들일 수 있다.

불교의 명상 수행에는 일반적으로는 분석적인 수행인 위빠사나와 마음을 한 대상에 집중하는 사마타 두 가지가 있다. 먼저 명상의 대상을 분석하여 확립한다. 이 과정에서 수행자는 그 명상 대상에 익숙해지도록 반복적으로 노력한다. 명상 대상에 대해 충분한 확신이 생겼다면, 그 대상에 대한 분석을 멈추고 오롯이 집중한다. 위빠사나와 사마타 명상을 겸하는 것이 명상의 대상에 익숙해지는 데 효과적이며 마음을 올바르게 길들이는 데 도움을 준다.

마음을 길들이는 것의 중요함을 잘 알고 있어야 한다. 우리는 모두 근본적으로 행복을 원하며, 불행은 바라지 않는다. 이것은 인간에게 내재된 자연스러운 특징이며, 이런 욕구는 잘못된 것이 아니다. 문제는 행복을 구현하고 불행을 멀리하고자 하는 두 가지 목적을 우리가 어떻게 달성할 수 있는지다. 예를 들어, 교육의 목표는 행복을 성취하고, 불행은 피하는 것이다. 개개인은 이 교육 과정을 힘들게 통과함으로써 성공적이고 뜻깊은 삶을 영위할 수 있다. 교육은 다양한 형식을 취한다. 그렇지만 모든 교육 방법이 본질적으로 마음을 길들이고 제대로 모양을 갖추려는 의도를 가진 것은 아니다.

마음은 행동과 말하는 능력을 지배하므로 행동과 말하기 수련은 반드시 마음에서부터 출발해야 한다. 바꾸어 말하면 육체적, 언어적 수행은 반드시 마음가짐에서부터 시작해야 한다는 것이다. 마음은 이러한 수련들의 이익을 알고, 그 수행에 대한 관심을 일으킨다. 마음을 길들이는 과정을 통해 우리는 많은 새로운 것들을 배우며, 제거할 수 있고 고칠 수 있는 수많은 결점 혹은 현상들을 찾아내고 확인할 수 있다. 이제 우리가 직면한 과

제는 마음을 바꿀 수 있는 좋은 조건들을 모으고, 나쁜 조건들을 제거하도록 돕는 수단과 방법을 발견하는 것이다. 이 과정이 매우 중요하다. 일상사 속에서 교육은 우리가 행복할 수 있는 필수적이고 도움이 되는 요소들을 발견하도록 돕는다. 또한 이 과정을 통해 우리를 불행하게 만드는 요소들을 버릴 수 있다. 따라서 교육을 통해 우리의 삶을 행복하고 가치 있는 방향으로 나아가게 할 수 있다.

사회적인 맥락에서 삶을 바라본다면, 교육은 매우 결정적인 역할을 담당한다. 어떠한 상황이 닥쳤을 때 잘 헤쳐 나갈 수 있는지는 우리의 몸, 말, 그리고 생각에 달려 있다. 마음이 그중 우두머리이기 때문에, 잘 단련된 마음이 필수적이다. 삶의 행복 또는 슬픔은 마음의 지성 또는 힘에 달려 있으며 이러한 경험들이 삶에 어떠한 영향을 미치는지 또한 마음에 달려 있다. 우리의 몸과 말과 마음은 또한 미래 상태를 결정지을 수 있다. 정신력을 함부로 사용하면, 실수하게 되고 그로 인한 불쾌한 결과들로 괴로워질 것이다. 반면에 마음의 힘을 능숙하게 사용한다면 긍정적이고 즐거운 결과들을 이끌어 낼 수 있다. 마음의 상태, 그리고 마음이 다른 현상들을 어떻게 인식하는지가 삶에 지대한 영향을 끼친다. 어떤 사람들은 실패하거나 역경을 만나도 좀처럼 흔들리지 않는다. 이는 그들이 자신의 마음을 잘 제어하기 때문이다. 이를 통해 마음을 길들이는 것, 또는 마음을 닦는 교육과 단련이 얼마나 중요한지를 잘 볼 수 있다.

마음을 닦는 훈련이 중요함을 염두에 두고는 있지만, 마음이 무엇인지에 대해서는 잘 모를 수 있다. 만일 누가 "마음이 무엇인가?"라고 묻는다면 대부분의 사람은 자신의 머리를 문지르거나 뇌 쪽을 가리킬 것이다. 지금은 사람의 마음이라는 특별한 주제를 다루는 중이니, 부분적으로는 이것도 옳다고 할 수 있다. 인간의 마음은 몸과 동떨어진, 독립적인 것으로 존재할 수는 없기 때문이다.

인간의 몸과 독특한 관계를 맺고 있는 것을 인간의 의식이라고 말할 수 있다. 만일 동물의 몸과 독특한 관계를 맺고 있다면 그를 동물의 의식이라고 말할 수 있을 것이다. 우리의 담론 주제인 인간의 마음 또는 의식은 실제로는 방대한 숫자의 마음들로 이루어진 것이다. 몇몇 마음은 거칠며, 몇몇 마음은 미세하다. 많은 거친 마음들은 눈과 같은 감각기관과 연결되어 있으며, 이러한 거친 마음 대다수가 뇌와 연결되어 있다는 것은 매우 분명한 사실이다. 외적인 기반들, 혹은 요소들이 의식을 일으키는 데 결정적인 역할을 한다는 것 역시 매우 자명하다. 그러나 모든 의식을 일으키는 주원인은 현재 의식 바로 이전 찰나에 일어났던 의식이다. 그 의식은 명료함과 알아차림을 특징으로 한다. 이전찰나의 마음은 후찰나의 마음을 생하게 하는 등무간연^{等無間緣}(samantara-pratyaya)으로 불린다.

《사백관론^{四百觀論}》에서 아리야데바(Āryadeva, 제바^{提婆})는 의식의 근본 원인이 변화할 수 있는 힘을 반드시 가지고 있어야 한다고 하며, 근본 원인으로 명료함과 알아차림이라는 두 가지 논리적 필요조건을 언급한다. 만일 그렇지 않다면 의식은 아예 발생하지도 않거나, 늘 발생한 채로 있어야 한다. 물론 이 두 가지 경우 모두 받아들일 수 없다는 것은 아주 명백하다.

한 행위의 영향은 의식에 남아 있고, 우리는 한 달이나 1년, 더 나아가 10년이 지난 후에도 행동의 결과인 경험을 기억할 수 있다. 이것은 훈습^{熏習}된 종자^{種子} 의식의 발현이라고[◆] 하는 것이다. 이 훈습된 의식은 의식의 연속(심상속^{心相續◆◆})을 통해 이어지며, 그것이 발현할 필요조건이 갖추어지면 과거에 훈습된 의식

◆ 기저의식인 아뢰야식^{阿賴耶識}의 세 가지 기능 가운데 하나인 이숙식^{異熟識}을 지칭한다.
◆◆ 상속-업의 영향을 지닌 종자가 찰나생멸을 되풀이하면서 존속해 가는 것. 끊임없이 소멸과 생성을 되풀이하므로 영원히 존재하는 개아^{個我}인 영혼이나 아뜨만^{ātman}과는 다르다.

이 표면으로 떠오른다. 따라서 우리는 전생들로부터 훈습된 의식의 발현, 즉 전생의 기억에 대해서 말할 수 있는 것이다. 그렇지만 마음과 두뇌의 관계를 통해 훈습된 의식의 미세한 측면을 아직은 충분하게 설명할 수 없다. 훈습된 의식이란 개념의 이해는 우리에게 삶과 우주의 생성과 소멸에 대한 의견을 가지도록 해 줄 것이다. 또한 우리 인간의 생각, 미신 그리고 마음이 투사된 다른 것들에 대한 여러 궁금증에도 대답해 줄 수 있을 것이다.

불교 철학은 마음의 잠재적 가능성과 능력을 완전하게 발휘하여 갖춘, 최상의 마음인 일체지를 성취할 수 있는 지침과 방법을 매우 명확하게 설명하고 있다. 일체지라는 궁극의 결과를 성취하기 위해서 우리는 완벽하고 올바른 원인들을 찾아 수행해야만 한다. 또한 우리가 수행의 올바른 단계를 잘 밟고 있는지도 확실하게 확인해야 한다. 이 때문에 아사리 까말라쉴라께서는 《수행의 단계·중편》에서 다음과 같이 말씀하신다.

또한 이 원인들과 조건들 중에서도 반드시 올바르고 완벽한 원인들을 닦아야 한다. 만일 올바르지 않은 원인들을 닦는다면, 그대가 아무리 열심히, 오랫동안 수행한다 하더라도 원하는 목표(인 일체지)를 달성할 수 없을 것이다. 마치 (소의) 뿔을 짜서 젖을 얻으려는 것처럼.

마찬가지로 모든 (올바른) 원인들을 닦지 않는다면, 결과가 일어날 리 없다. 예를 들어 씨앗 등의 마땅한 원인이 없다면, 결과인 싹은 발생하지 않는 것과 같다. 그러므로 원하는 결과(인 일체지)를 얻고자 하는 이는 반드시 그 (일체지를 이룰 수 있는) 올바르고 완벽한 원인들과 조건들을 닦아야만 한다.

완벽하고 올바른 원인들을 모으는 것 이외에도 마음이 일체지를 향하여 나아가고 성취할 수 있게 하려면 올바른 단계를 따라 마음을 닦는 것이 매우 중요하다. 예를 들어, 맛있는 음식을 준비하기 위해서는 필요한 모든 재료를 쌓아 놓는 것만으로는 충분하지 않다. 원하는 맛을 내려면 기름, 양념 등을 얼마나, 어떻게 섞어야 하는지 알아야 한다.

만일 일체지라는 (최상의) 결과를 (얻기 위한) 원인들과 조건들은 무엇인가 하고 그대가 묻는다면, 나 따위는 앞이 보이지 않는 사람처럼 그 (일체지의 완전무결한 원인들과 결과들을) 설명할 수 없다. 그렇지만 세존世尊께서 완벽한 깨달음(正覺)을 이루신 뒤 제자들에게 가르치셨던 것처럼, 내가 세존의 말씀을 설명할 수는 있으리라. "비밀주시여!♦ 일체지는 연민을 뿌리로 하여 일어나며, 보리심을 원인으로 일어나며, 방편으로 완성된다."라고 하셨다. 그러므로 만일 일체지를 성취하고자 한다면, 그대는 연민, 보리심, 그리고 방편 이 세 가지를 수행해야만 한다.

여기서 아사리 까말라쉴라는 붓다의 말씀을 인용하면서 일체지를 성취하기 위해 올바른 원인과 방법을 확립해야 한다고 말씀하신다. 또 일체지를 원하는 자는 모두 반드시 연민을 그 기초로 하는 보리심을 닦아야 한다고 말씀하신다. 육바라밀의 수행과 특히 사마타와 위빠사나의 합일이 보리심의 수행을 받쳐 줘야 한다. 그러므로 방편과 반야 수행은 서로를 보완하는 분리 불가능한 것으로 이해해야 한다. 이는 또한 연민의 마음이 붓다의 가르침의 뿌리이며, 대승과 소승에 담겨 있는 붓다의 모든 가르침은 연민을 기초로 하고 있다는 것을 뜻한다.

◆ 집금강신執金剛神(Vajrapāṇi): 금강수, 야차, 지금강, 금강역사라고도 부른다. 파괴할 수 없는 무기인 금강저를 가진 신으로 붓다를 호위하면서, 정법正法이 아닌 것이 있으면 금강 저로 그것을 파괴한다고 한다. 밀교에서는 붓다의 몸, 말, 뜻의 삼밀三密의 위신력을 상 징한다.

제3장

연
민

• • •

**연민에 의해 마음을 일으킨 보살들은 모든 중생을 (윤회에서) 완전히
건져 내기 위해서 (노력)할 것을 굳건히 서원한다.**

연민은 수행의 첫 단계에서 핵심적인 역할을 하고, 중간 단계
에서도 중요하며, 마지막 단계에서도 결정적인 역할을 한다. 대
중들에게 널리 알려진 연민이라는 가르침을 따라서 보살은 마
음을 일으키고 모든 중생의 행복을 위해 일체지를 이룰 것을 서
원한다. 이러한 서원이 이타심인 보리심이며, 연민은 바로 이 보
리심으로부터 나온다.

**그러고 나서 참나(자성)의 소견을 없앤 뒤, 매우 힘들고, 부단히, 오랜
시간이 걸려야 완성할 수 있는 복덕과 지혜의 자량資糧◆을 간구한다.**

보리심을 일으키겠다는 발원의 힘으로 보살은 보살의 수행을 닦는다. 물론 육바라밀의 성취를 포함하는 보살의 수행은 오랜 시간 동안 닦아야만 이룰 수 있는 것이다. 이런 수행의 결과로 보살들은 헤아릴 수 없는 지혜와 복덕을 힘들이지 않고 쌓을 수 있다.

이 수행에 들어간 이들은 반드시 지혜와 복덕의 자량을 완성해야 한다. 지혜와 복덕의 자량을 성취하면, 일체지는 손안에 쥐고 있는 것과 마찬가지이다. 따라서 오직 연민만이 일체지의 뿌리이므로 그대는 처음부터 오로지 (연민을) 수행해야 한다.

여기서 아사리 까말라쉴라께서는 "오직 연민만이 일체지의 뿌리"이며 토대라고 말씀하신다. "오직"이란 말을 통해 연민이 일체지의 필수 불가결한 원인임을 강조하지만, 그렇다고 해서 연민 이외의 원인과 조건들이 없다고 말씀하시는 것은 아니다. 까말라쉴라께서 "연민만이"라고 말씀하시는 것 또한 일체지는 연민 없이는 성취할 수 없으며, 연민이 필수적인 원인이라는 것

—
◆ 수행에 근본이 되는 선근, 공덕을 말한다.

을 강조하는 것일 뿐이다. 만일 연민만으로 충분하다면 연민, 보리심 그리고 방편을 수행해야 한다는 이전의 말씀과 모순될 것이다.

《대보적경大寶積經》에서도 말씀하시길 "세존이시여! 예를 들어 보살은 여러 가지 법을 수행하지 않습니다. 세존이시여! 만일 보살이 올바르게 하나의 법을 단단히 붙들고 그 법을 완벽하게 이해한다면, 그는 붓다의 모든 법을 그의 손에 쥐고 있는 것입니다. 그 하나의 법이 무엇이냐고 묻는다면, 그것은 큰 연민입니다."라고 한다.

여기서 붓다께서는 연민의 중요성을 강하게 강조하고 계신다. 그것은 연민을 기반으로 해서 보리심을 일으키고, 그 보리심을 일으킨 이가 보살행을 수행하고, 이에 따라 깨달음을 성취하기 때문이다. 이 이론의 결론은 곧 연민 없이는 자기 자신보다 다른 중생들을 더 소중하게 여기는, 가장 수승한 깨달음의 마음(무상정등각)인 보리심을 성취할 수 없다는 것이다. 이타적인 마음가짐이 없다면, 육바라밀과 같은 대승 보살행은 성취할 수가 없다. 그리고 이러한 과정을 따르지 않고서는 붓다의 모든 것을 아는 상태, 즉 일체지를 성취할 수도 없다. 이는 연민이 어째서 그렇게나 중요한지를 말해 주는 것이다.

> 붓다들께서는 이미 모든 수승한 목적을 두루 성취하셨음에도 큰 연
> 민을 견고히 품고 계시기 때문에 중생의 세계(윤회)가 끝날 때까지 행
> 을 한다. (붓다들께서는) 성문들과는 달리 열반이라는, 안식의 성域이
> 라는 최상의 안식에도 들어가지 않으신다. 중생들(의 괴로움을) 굽어
> 보시고, 열반의 성이라는 안식을 불로 달군 쇠 집인 것처럼 (보시고)
> 버리신다. 그러므로 붓다의 '열반에 머물지 않는 경지(무주처열반無住處
> 涅槃, apratiṣṭhita-nirvāṇa)'의 원인은 반드시 큰 연민이다.

많은 논서가 연민을 찬탄한다. 연민의 중요성은 아무리 강조
해도 지나치지 않다. 짠드라끼르띠(Candrakīrti, 월칭月稱)는 저작
속에서 연민에 대해 많은 부분을 할애하면서, 깨달음으로 가는
처음, 중간 그리고 마지막 단계에 연민이 필수 불가결한 요소라
고 말한다.

시작 단계에서 보리심은 연민을 뿌리이자 기반으로 하여 일
어난다. 만일 보살이 궁극의 목표를 달성하고자 한다면 육바라
밀 등의 수행이 필수적이다. 마찬가지로 중간 단계에서도 연민
은 중요하다. 심지어 깨달은 후에도 붓다들께서 안락한 열반이

라는 지복至福의 상태에 안주하지 않으시도록 하는 것이 바로 연민이다.

연민은 붓다들을 열반에만 머무르지 않고 자신의 목적을 성취했음을 뜻하는 법신法身을 현현하게 하고, 다른 중생들의 소망 성취를 나타내는 색신色身을 현현하게 한다. 연민의 힘으로 부처님들께서는 허공계가 다할 때까지 중생들의 이익을 돌볼 수가 있는 것이다. 이것은 마지막 목적지에 도달한 다음이라 할지라도 여전히 보리심이 중요하다는 것을 말해 준다. 스승 까말라쉴라께서 짠드라끼르띠의 논서를 들어 말씀하시는 것은《수행의 단계·중편》의 정당성을 뒷받침하기 위해서이며, 또한 청중들이 쉽게 납득할 수 있도록 돕기 위해서이다.

일반적으로 불교의 전통 속에서 철학적 견해는 경전적 권위(교증敎証)에 의존하는 것만으로는 증명할 수 없다. 사실 우리는 먼저 논리와 추론에 의지하여 믿음을 얻고 그 결과를 통해 불교 교리에 대해 확신하게 된다. 앎의 대상들은 넓게는 '지각 가능한 명백한 현상들', '일부분만 지각할 수 있는 현상' 그리고 '전혀 지각할 수 없는 현상'의 세 가지로 나눌 수 있다. 지각 가능한 현상의 존재는 논리를 통해 증명할 필요가 없다. 그 현상들은 직접 경험하며 터득할 수 있고, 그 존재를 확인할 수 있기 때문이다.

일부분만 지각할 수 있는 현상은 직접적인 경험을 통해 확인할 수 없으므로 논리를 적용하여 확립해야 한다. 이때의 분석 대상은 경험에 근거한 추론적 인식에 의해서 이해할 수 있어야 한다. 어쩌면 예닐곱 줄의 추론 과정이 일부분만 지각할 수 있는 대상의 확립에 필요할 수도 있다. 그러나 이해의 초기 단계에 있는 사람이 논리의 힘을 이용해서 전혀 지각할 수 없는 현상들을 검증하는 것은 불가능하다. 그러한 현상은 경험으로도 확립하기가 힘들다. 이러한 경우에는 타당한 경전적 권위(교증)에 의존해야만 한다.

경전의 권위에 의존한다 하더라도 우선 경전의 신뢰 가능성 또는 권위를 확립해야 할 필요가 있다. 마찬가지로 가르침을 주는 교사의 타당성, 신뢰 가능성 역시 반드시 검증해야 한다. 경전적 권위는 삼단논법에서도 반드시 그 타당성이 입증되어야 한다. 즉, 명백한 현상들에 대한 가르침이 우리의 직접적인 이해와 모순되지 않아야 하고, 일부분만 지각할 수 있는 현상은 추론적 인식에 위배되지 않아야 하며, 전혀 지각할 수 없는 현상이 믿음에 기반한 논리적 인식(이증理証)에 모순되지 않아야 한다. 그러한 경전적 권위의 타당성을 다시 논리적 추론을 가지고 검토해야만 한다.

가르침들이 주된 의미 혹은 중요한 목적과 관련하여 진실이라고, 혹은 옳다고 가르쳐졌던 것과 마찬가지로 다른 목적에 관한 가르침의 타당성은 추론에 의해 이해할 수 있다. 우리에게 가장 중요한 목표는 절대선絶對善인 열반과 일체지이다. 반면에 일반적인 목표는 인간 또는 천신으로 태어나는 것이다. 절대선을 깨닫기 위한 과정의 깊은 가르침이 논리적 검토를 거쳐서 오류가 없음이 검증되었다면, 일반적인 목표에 잘못이 있다고 말할 수 없다. 한 문제의 어려운 측면이 참이라고 한다면, 쉬운 측면도 당연히 참이다.

더 나아가 이러한 가르침을 주는 스승은 존경받을 만하고 의지할 수 있어야 한다. 스승은 연민을 수행한 공덕으로 깨달음을 얻은 분이어야 한다. 큰 연민을 가지고 있기에, 그는 진정 모든 중생에게 이익을 주기 위하여 마음을 낼 수 있는 것이다. 그는 자신이 수행하는 동안 장애를 제거해서, 가장 완벽한 깨달음의 상태로 초월할 수 있었던 수행 과정을 설명하기 위해서 큰 연민의 마음을 일으켜 우리에게 가르침을 준다.

부처님께서는 당신께서 직접 겪으신 경험에 바탕을 두고 가르치셨다. 진리를 직접 깨달으셨기 때문에 그 진리를 밝히는 데 대단히 능숙하신 분이셨다. 그분의 가르침은 조건이 없었으며,

그분은 지칠 줄 몰랐다. 어떠한 일이든 상관없이 수십 겁에 걸쳐 중생의 이익을 위해 봉사하실 준비가 되어 있으셨다. 이 점들을 이해하고 숙고하는 것이 부처님의 가르침이 옳다는 것을 확신하도록 도와줄 것이다.

　이러한 이유로 수행이나 이론을 대신해서 어떠한 경전 가르침을 인용하는 것은 현명한 일이라고 전해진다. 거기에는 위대한 목적이 있다. 경전의 가르침은 수없이 많은 부당한 의심을 꺾고 새로운 지혜들을 배어들게 한다.

제4장

자애의 뿌리, 평등심 기르기

연민(대비심)은 일체지 상태의 깨달음을 위한 주요한 원인 가운데 하나이다. 앞서 밝혔듯 연민은 수행의 시작 단계에서부터 중요하며, 수행을 하는 동안에도 중요하고, 심지어 노력의 결과로 깨달음을 성취한 다음에도 중요하다. 이제 질문을 하나 던져 보자. 우리는 연민을 어떻게 명상할 것인가?

연민을 수행하는 순서를 처음으로 설명한다. 우선 평등심의 수행을 통해서 모든 중생에 대한 화와 집착을 없앨 수 있으니, 평등심을 수행해야 한다.

연민은 고통받는 중생들에게 주의를 집중하고 그들이 괴로움으로부터 자유롭게 되기를 바라는 마음이다. 연민은 지혜의 양상에 따라 세 가지 유형으로 분류할 수 있다. 중생을 관찰 대상으로 삼는 연민, 현상을 관찰 대상으로 삼는 연민, 그리고 지각할 수 없는 것을 관찰 대상으로 삼는 연민이다.◆ 이러한 구분은 각각의 유형이 지닌 특징에 의한 분류가 아니라 관찰의 대상의 차이에 따른 것이다. 왜냐하면 이 세 가지 모두는 중생들이 괴로움에서 벗어나기를 간절히 원한다는 점에서 동일하기 때문이다.

'중생을 관찰 대상으로 하는 연민'이 그렇게 불리는 이유는 이것이 오로지 중생들에게만 초점을 두고 중생들이 무상하다거나 자성의 부재(즉, 공함) 등 중생들의 특징에는 주의를 기울이지

◆ 쫑카빠는 저서 《공빠랍셀Dgongs pa rab gsal》에서 다음과 같이 설명한다. 첫 번째 중생을 관찰 대상으로 삼는 연민에 대해서 "보살들은 중생들이 표류하는 이 (무명의) 대해가 잘못된 생각의 바람으로 인해 격렬히 요동치고 있다고 본다. 보살들은 순간순간 소멸해 가는 고통으로 이루어진 존재라고 보며, 그들의 본성을 공하다고 본다."라고 했다. 두 번째 현상을 관찰 대상으로 삼는 연민에 대해서는 "중생뿐만이 아니라 존재하는 현상은 끊임없이 변하여 소멸한다. 이때 보살의 존재는 단지 오온의 가립에 지나지 않는다는 것을 이해한다."라고 한다. 마지막으로 지각할 수 없는 것을 관찰 대상으로 삼는 연민에 대해서는 "'지각할 수 없는'이라는 말은 '진정코 존재하는 것이 아니다.'라는 뜻이며 (참 존재는) 일반적으로 대상을 인식하는 그러한 방식으로 존재하는 것이 아니라는 뜻이다. '지각할 수 없는 현상에 대한 관찰로부터 오는 자비'란 중생의 무자성성을 관찰함으로부터 오는 자비를 말한다."고 했다. (출처: 제프리 홉킨스, 《티베트불교의 자비 사상》, Snow Lion Publication, 1980, pp. 120~123) 즉, 중생을 관찰함으로써 일어나는 자비는 중생의 고통을 그 대상으로 하며, 현상을 관찰함으로써 오는 자비는 무상함을, 그리고 보이지 않는 현상을 관찰함으로써 일어나는 자비는 중생의 무자성성을 그 대상으로 관찰하여 일어나는 자비이다.

않기 때문이다. '현상을 관찰 대상으로 삼는 연민'은 중생들뿐만 아니라 중생이 영원하지 않다는 점까지 염두에 둔다. 마찬가지로 '지각할 수 없는 것을 관찰 대상으로 삼는 연민'은 지각할 수 없는 것을 특징으로 하는 중생들과 그들의 자성이 공하다는 것에 중점을 둔다.

또 다른 관점에서 보자면 자애로운 마음이 공덕을 일으킨다는 것은 확실하다. 특정한 종교를 믿는지 여부에 상관없이 이것은 사실이다. 한 사람의 선함은 그가 일으킨 좋은 생각의 질, 또는 힘과 간접적으로 관계가 있다. 자애로운 사람은 많은 사람의 존경을 받을 것이며, 사람들은 그에게 더욱 친근감을 느낄 것이다. 이러한 현상은 동물에게도 찾아볼 수 있다. 동물은 잘해 주는 사람을 만나면 큰 즐거움과 기쁨을 보인다. 그리고 그 사람 가까이에 있는 것을 즐거워한다. 반대로 공격적이고 나쁜 의도를 가진 사람은 동물과 새들까지도 그를 의심한다. 그런 사람의 목소리를 듣거나 발소리를 듣기만 해도 동물이나 새들은 재빨리 도망갈 것이다. 그러므로 선한 동기 또는 자애로운 마음은 매우 높은 가치를 지니고 있다고 할 수 있다.

연민의 마음이 있는 사람은 모든 사람에게 존경의 대상이 되고, 그들의 자애로운 성품은 모든 곳에서 친구들을 끌어당긴다.

심지어 전혀 모르는 사람들도 연민의 마음을 품은 사람과 즐겁게 친구가 되는 것을 볼 때, 연민의 마음을 품은 사람들의 매력을 쉽게 알 수 있다.

이제 자애로운 마음의 중요성을 확실하게 보여 줄 몇 가지 예를 들어 보자. 어떤 사람이 미소를 지으면 돈 한 푼 들이지 않아도 다른 사람의 마음에 환희가 일어나게 할 수 있다. 만일 마음이 기쁘고 평화롭지 않다면, 우리가 아무리 부자라 하더라도 그 부를 가지고 좋은 친구들을 사귈 수 있다고 장담할 수 없다. 남을 질시하고 공격적으로 대한다면, 아무리 다른 사람들에게 돈을 물 쓰듯이 쓴다고 하더라도 많은 이익을 얻기는 힘들 것이다. 반면에 다른 사람을 진심으로 돕고 싶어 하는 사람들은 즐거움과 기쁨을 줄 수 있다. 그들은 그들 주변에 조화로운 분위기를 만들 것이다. 자애로운 마음과 다른 사람을 도우려는 마음가짐이 항상 자신과 다른 사람들을 위한 행복의 초석이라는 것은 분명한 사실이다.

다른 이들을 도우려는 의지에 의해 생기는 좋은 자질들이 가치 있고 바람직하다는 것은 널리 알려진 사실이다. 세계의 주요 종교들은 신도들에게 선한 사람이 되고 인내를 배우며 다른 사람을 도우려는 마음가짐을 기르라고 가르친다. 모든 종교는 이러한 근본적인 원칙이 고귀한 것이라는 점에 뜻을 같이한다. 불교에서는 특히 모든 교리가 연민을 기초로 하고 있기 때문에 연민의 수행을 굉장히 중요하게 여긴다.

그렇다면 연민의 명상에 대해 불교는 어떤 방법들을 가르칠까? 우선 괴로워하는 존재들에 대하여 자애慈愛의 마음*을 계발하고, 다음으로 괴로움의 본성을 잘 파악해야 한다. 이 두 요점을 항상 마음에 담고 그 마음을 무한한 중생들에게 향하도록 한다면, 우리는 모든 이가 그들의 괴로움과 괴로움의 원인으로부터 자유를 얻도록 돕고 싶다는 강한 열망을 일으킬 수 있을 것이다. 우리는 괴로움을 겪는 중생들을 향한 자애의 마음을 길러야 하며 이를 위해 불교는 평등심의 명상을 가르치는 것이다.

만일 우리의 평상시 마음을 살핀다면, 중생들을 다음과 같은 세 무리로 갈라놓고 차별한다는 것을 알 수 있다. 가깝다고 느끼는 중생들, 싫어하는 중생들, 그리고 아무런 감정을 못 느끼는 중생들이다. 우리는 특정한 중생들을 친한 친구나 친지로 삼는다. 그런 후에 이 친구나 친지 무리에 속하지 않는 다른 중생들과는 거리를 두고, 그들이 나와 친구들, 친지들과 재산에 해를

◆ 자비慈悲 가운데 자慈, 즉 사랑하는 마음인 자애慈愛에 해당한다.

끼치고 손해를 입혔으며 지금도 피해를 주고 있고, 앞으로도 우리에게 불이익을 줄 것이라고 생각한다. 이런 생각들을 품고 그러한 중생들에 대해 미워하는 감정을 일으킨다. 이러한 환경 속에서는 아무리 다른 이들에 대한 연민의 마음 수습修習을 말한다 하더라도, 실제 그 이상과 너무나 큰 거리가 있다. 그리고 이러한 상태에서는 연민의 마음은 한편으로 치우친 허울 좋은 말에 지나지 않을 것이다. 그러므로 모든 생명을 위해 진실한 연민의 마음을 일으키려거든 우선 평등심(사심捨心)의 자세를 닦아야 한다. 평등심이란 모든 중생에게 차별을 두지 않고 대하는 마음가짐이다.

우리가 친척이나 친구들을 가깝게 느끼고 그들에게 잘해 주더라도 이처럼 편중된 친절함은 단지 집착과 욕심에서 나오는 것에 지나지 않음을 분명하게 아는 것 역시 중요하다. 그럴듯하게 치장된 사랑 뒤에는 이기적인 동기가 숨어 있다. '이 사람은 나에게 잘해 줬지.', '저 사람은 나와 이러저러하게 얽혀 있어.'라고 생각하면서 한쪽으로만 치우친 생각을 한다. 따라서 우리가 사랑 혹은 자애라는 말을 일상적인 용어로 사용할 때는 '애착'이라고 부르는 것이 더 정확할 것이다.

그렇다면 진정한 자애란 무엇일까? 연민은 근본적으로 다른 이들의 복지, 즉 그들의 행복과 그들의 괴로움에 대해 염려하는 것이다. 다른 사람도 나와 마찬가지로 괴로움에서 벗어나고 싶어 한다. 그래서 연민의 마음을 가진 사람은 다른 사람들이 불행하다는 것을 염려하며, 그들을 괴로움에서 건지겠다는 선량한 생각을 일으킨다. 모든 이들이 그렇듯이 우리는 친구나 친지에게 더욱 친근감을 느끼지만, 그것은 집착 그 이상이 아니다. 이러한 마음은 누그러뜨려야 하며, 북돋워서는 안 된다. 집착과 연민을 혼동하지 않는 것이 중요하다. 몇몇 문헌에는 '애착'이 종종 자애를 지칭하기 위해 쓰이기도 한다. 애착이 연민과 몇 가지 유사한 점이 있기는 하지만, 이는 단지 진정한 존재의 모습(공함)에 대한 착각에 의하여 발생한 것에 지나지 않는다. 반면 연민은 그러한 착각에 의존해야만 일어나는 것이 아니다. 연민은 뭇 생명이 겪고 있는 괴로움으로부터 그들을 해방시키고 싶다는 열망을 그 동기로 삼는다.

평등심을 기르는 데에는 두 가지 주요한 방법들이 있다. 첫 번째 방법은 관계의 불확실성, 무상함 그리고 괴로움에 대해서 생각하고, 몇몇 사람들에게 집착하고 다른 이들을 미워하는 것이 가치 없는 일이라는 것을 이해하는 것이다. 두 번째 방법은 모든 중생이 행복을 바라며 괴로움에서 벗어나고 싶어 한다는 점에서 동등하다고 보아 모든 생명에 대해 무차별한 태도를 기르도록 애쓰는 것이다. 아사리 까말라쉴라께서는 평등심을 기르는 이 두 번째 방법에 대해 다음과 같이 말씀하신다.

모든 중생은 안락을 바라며 괴로움을 바라지 않는다. 이 시작 없는 윤회 속에서 모든 중생은 수백 번도 더, 나와 가까운 이가 아니었던 적이 없었으리라는 점을 깊이 생각하라. 이 중생들 사이에 어떤 차별이 있어서 누구에게는 집착하고, 누구에게는 화를 내야 하겠는가? 따라서 나는 모든 중생을 향한 평등한 마음을 닦을 것이라 생각하고 아무런 감정이 (또는 관계가) 없는 사람에 대해서부터 시작한다. 다음에는 친구들과 적에 대해서 평등심을 수행한다.

모든 중생은 행복하기를 바라고 불행을 피하고 싶어 한다는 면에서 전혀 다를 바가 없다. 우리는 서로로부터 단절된 동떨어진 존재가 아니다. 다른 생명의 행복과 괴로움은 우리에게도 영향을 미친다. 이렇게 우리가 다른 중생들과 서로 연결되어 있다는 것은 분명한 사실이다. 시작 없는 때부터 중생들은 알게 모르게 우리를 사랑으로 대했고, 도움을 주었을 것이다. 그들이 행복을 추구하고 괴로움을 피하려고 애쓰는 것은 '나'와 본질적으로 똑같다. 그러므로 모든 중생의 행복을 바라는 치우침 없는 평등심의 마음가짐을 닦자는 것은 매우 논리적인 결론이다.

모든 중생을 동등하게 바라보는 마음 상태를 완성하기 위해, 때로는 특정한 개인들을 대상으로 명상하는 것이 더욱 효과적일 수 있다. 우리 주변에 있는 다음의 세 사람을 상상해 보자. 이번 생에서 우리에게 해를 입히는 미운 사람, 직접적으로 이익을 주는 친구, 해를 입히지도 이익을 주지도 않는 모르는 사람. 이렇게 세 종류를 생각해 보자.

보통의 마음이 자동적으로 어떻게 반응하는지를 살펴보면, 마음은 싫어하는 사람에 대하여 '이 사람은 나의 적이다.'라고 생각하는 것을 알 수 있다. 마음은 아주 불안해지고 분노 또는 미움으로 가득 찬다. 친구에 대해서 생각할 때면, 마음은 긴장을 풀고 편안한 상태가 된다. 아무 관계도 없는 사람을 보았을 때는 마음이 화를 내고 있다든지 즐겁다든지 하는 어떠한 감정의 변화도 없다.

다음 단계는 이러한 세 가지 유형에서 반응이 다른 이유가 무엇인지 살펴보는 것이다. 세 가지 마음의 반응은 매우 피상적이며, 협소하고, 자신만을 위하는 이기적인 태도를 기반으로 일어난다. 우리는 친구와 친척들에게 집착하는데, 그것은 그들이 이번 생에서 한시적이더라도 우리에게 이익을 주기 때문이다. 우리가 어떤 사람들을 싫어하는 것은 그가 해를 끼치기 때문이다. 사실 사람들이 태어날 때부터 우리와 친한 것은 아니다. 환경의 영향으로 가까워진 것이다. 마찬가지로 싫어하는 사람이라고 해도 태어날 때부터 그랬던 것은 아니다. 그러니 이러한 관계들은 모두 확실하다고 믿을 만한 것이 못 된다. 우리의 삶 속에서는 오늘 가장 친한 친구가 내일의 적이 될 수도 있다. 정말 싫어했던 사람이 갑자기 가장 믿을 만한 사람으로 바뀔 수도 있다. 더 나아가 과거의 생까지 말한다면, 이러한 관계가 불확실하다는 것이 더욱 더 분명하게 드러날 것이다. 그렇기 때문에 싫어하는 사람을 향한 증오와 친구를 향한 애착은 단순히 한시적이고 덧없는 이익들만을 보았기에 발생하는 편협한 마음가짐일 뿐이다. 좀 더 멀리 바라보면서 보다 넓은 관점으로 현상을 본다면, 평등심은 우리 마음에 깃들어 증오와 집착의 무익함을 볼 수 있도록 해 줄 것이다.

장시간의 명상을 거쳐 앞서 말한 친구, 적, 이방인이라는 세 종류의 개개인들에 대한 감정을 고르게 만들고, 서서히 명상의 대상을 이웃, 같이 사는 시민, 동포에게까지 확산할 수 있다. 이렇게 해서 이 세상의 모든 존재로 명상의 대상을 넓힐 수 있다.

주변 사람들을 대상으로 하는 명상에서 출발해서 포괄적인 중생으로 대상을 넓히는 방법은 완전한 평등심을 개발하는 데 있어 매우 효과적이다. 만일 처음부터 너무나 많은 중생을 대상으로 명상한다면 평등심에 대해서 명상한다는 측면에서는 좋을 수도 있다. 그러나 한 특정 개인과 실제로 충돌하는 상황을 겪는다면 사실상 그 명상을 통해 성취한 것이 전혀 없음을 깨닫게 될 것이다. 명상의 범위를 차근차근 넓혀 나아가는 것은 과거의 많은 스승께서 찬탄하며 권했던 방법이다.

무시무종無始無終의 윤회에 대해서 생각해 보자. 윤회는 번뇌와 업에 의해 한 순간에서 다음 순간으로 진행되는 끊임없는 순환이라고 할 수 있다. 이러한 순환은 그 원인에 따라 발생하기 때문에 영원하지 않다. 만일 그 윤회를 일으키는 원인이 영원하다면 결과 역시 영원해야 한다. 윤회는 창조주라 불리는 전능한 신(自在神, Īśvara)의 의지가 만든 것이 아니다. 그렇다면 윤회란 무엇인가? 윤회의 수레바퀴에 오르게 되는 두 가지 근본적인 원인은 업과 번뇌이다. 특히 번뇌는 윤회를 일으키는 데 있어 결정적인 역할을 한다. 존재의 본질에 대한 그릇된 이해인 어리석음 또는 무명은 세 가지 근본 번뇌(삼독三毒)◆ 가운데 가장 심각한 독이다. 이 어리석음 또는 무명은 외부에서 온 것이 아니라 자기 자신의 의식이 만든 것이다.

의식이 존재하는가 존재하지 않는가를 탐구하는 것은 자연스러운 귀결이다. 결정적인 결론을 내리기는 힘들 수 있으며, 의식이 필연적으로 존재한다고 말하는 것은 삼가야만 할 수도 있다. 그렇지만 의식은 윤회의 사슬 속에 태어나는 원인이며, 다른 모든 번뇌의 근본 뿌리인 어리석음, 무명은 의식과 동시에 생겨난다. 그리고 이러한 의식에는 시작이 없다. 만일 의식에 시작이 있다고 주장한다면, 많은 오류를 수반할 수밖에 없다. 예를 들어, 만일 우리가 생명이 없는 물질이 의식의 출발점이라고 주장한다면, 우리는 옳지 않은 원인들로부터 유래한 결과를 간접적으로 받아들이고 있는 셈이다.

일반적인 원인과 결과의 관계에서 양자는 모두 동일한 범주에 속해 있다. 물질을 통해 원인과 결과를 관찰하면 결과는 본질적으로 그것의 원인과 같은 성질을 유지하고 있음을 알 수 있다. 의식 역시 이와 비슷한 양상을 따른다. 의식의 매 순간은 연속해서 일어나는 동일한 범주의 결과, 다시 말해 지금 의식이 다음 순간의 의식을 일으킨다. 이러한 이유로 불교 경전들은 시작 없

◆ 선근善根을 해치는 세 가지 번뇌. 탐욕(貪), 성냄(瞋), 어리석음(癡)을 일컫는다.

는 마음이라는 개념과 무시無始이래로 있는 중생들이라는 개념을 상세하게 설명한다. 그래서 윤회는 시작이 없다고 하는 것이다.

《수행의 단계·중편》은 시작 없는 윤회 속에서 중생들은 셀 수 없이 많은 생에 걸쳐 우리의 친척이었을 것이라고 말한다. 여기서 그 많은 중생이 우리에게 베풀어 준 자애를 기억해 내고 곰곰이 생각해 보아야만 한다. 모든 중생은 우리에게 직접적으로 이익을 주기도 하고, 간접적으로 이익을 주기도 한다. 친지와 친구들이 우리에게 사랑과 이익을 주는 것은 잘 알 수 있다. 심지어 우리와 관계가 없는 낯선 사람들이라 하더라도 공덕을 쌓을 수 있는 밭(복전福田)이라는 면에서 매우 소중하다. 중생들이 우리에게 베풀었던 은혜를 기억함으로써 그들과의 관계 속에서 자애와 연민, 즉 자비를 닦을 수 있다.

이러한 수행의 결과로 보리심이 일어난다. 그래서 지혜와 복덕을 쌓는 수행은 중생들과의 관계 속에서 완성할 수 있으며, 우리는 이러한 면에서 그들로부터 굉장히 많은 이익을 얻고 있다. 이는 샨띠데바(Śāntideva, 적천寂天)의 《입보리행론入菩提行論 (Bodhicāyāatara)》에도 나온다. 샨띠데바는 중생들과 부처님들은 모두 개개인이 붓다의 지위(佛地), 즉 일체지를 성취하도록 돕는다는 면에서는 동등한 존재라고 설명한다. 중생들은 그들의 의

도가 어찌 됐건 우리에게 도움되는 소중한 존재이다. 세속적인 차원에서 적들은 우리에게 해를 입히는 존재들이다. 그렇기 때문에 우리는 그들을 싫어한다. 그렇지만 다른 입장, 궁극적 진리의 입장에서 본다면 우리는 적들과의 관계 속에서 수행할 수 있고 대단히 많은 경험을 얻을 수 있다. 적들과의 관계에서 인내와 관용을 배우고, 분노와 증오라는 무거운 짐을 덜어 낼 수 있다. 그런 까닭에 여러 논서에서 "우리의 적은 우리의 최고의 스승이다."라고 가르치는 것이다. 간단히 말해서 원수들을 포함한 모든 중생이 우리에게 다양한 방법으로 도움을 준다. 그들은 알게 모르게 우리에게 정말 필요한 것들을 주고 있는 것이다.

모든 중생에 대한 평등심을 수행한 다음 자애를 수행한다. 자애의 물로 마음(심상속)을 적셔 금이 묻혀 있는 땅처럼 (소중히) 여겨 연민의 씨앗을 심으면 금방 풍성해질 수 있도록 한다. 그러고 나서 자애로 마음을 닦은 뒤, 연민의 수행을 한다.

자애와 연민, 즉 자비를 일으키는 방법을 설명하기 위해서 아사리 까말라쉴라는 농사에 비유한다. 땅에 씨앗을 심고 물을 주면 새싹이 자라나듯이, 우리가 자애를 기반으로 한 마음을 갖출 때 연민을 자라게 할 수 있다. 모든 중생에 대한 평등심을 키우면서 모든 중생을 마치 수많은 삶 속에서 만난 가까운 친구들, 친지들과 동등하다고 보아야만 한다. 또한 중생들이 행복을 바라고 괴로움을 싫어한다는 면에서 모두 동등하다는 점을 이해해야만 한다. 이렇게 마음을 닦으면 우리는 모든 생명을 매우 친밀하게 느낄 수 있고, 그들에게 크게 공감할 수 있다. 중생들이 아름답고 소중하다는 것을 가슴 깊이 알면 알수록, 그들의 불행과 괴로움에 대해서 염려하게 될 것이다. 우리의 마음을 자애의 물로 적시고 연민의 씨앗을 심으면, 연민은 빠르게 그리고 별 어려움 없이 자랄 수 있을 것이다.

제5장

연민은 모든 중생이 그 괴로움으로부터 자유로워지기를 바라는 마음을 근본으로 한다. 삼계三界의 모든 중생은 태어난 곳에 따라 세 가지 종류의 괴로움을 겪고 있다. 그러므로 일체중생에 대해 연민을 수행해야 한다. 이처럼 지옥중생들은 오랫동안 끊임없이 불 등의 갖가지 괴로움의 강에서 고통을 겪고 있다고 부처님께서 말씀하셨다. 마찬가지로 대부분의 아귀 또한 극도의 배고픔과 갈증의 불에 의해 메마른 몸으로 가지가지 괴로움을 겪는다고 말씀하셨다. 축생들 역시 서로서로 잡아먹고 성내며 죽이고 해치는 등의 갖가지 괴로움을 겪는다. 사람들 역시 욕망을 좇기 때문에 궁핍해져서 서로서로 미워하고 해치며 좋아하는 것에서 멀어지고 싫어하는 것을 만나며 궁핍을 겪는 등 셀 수 없는 고통을 겪는다.

괴로워하고 있는 중생을 사랑스럽고 마음이 끌리는 존재로 보는 앞선 방법을 통해 수행의 단계를 확립하고 난 뒤, 아사리 까말라쉴라께서는 중생들을 괴롭게 만드는 다양한 괴로움에 대해서 설명한다. 괴로움에는 세 가지가 있는데 고통의 괴로움(고고苦苦), 소멸의 괴로움(괴고壞苦), 그리고 보편적인 괴로움(행고行苦)이다. 이 세 가지 불행 중 하나라도 겪지 않는 중생은 없다. 삼계 가운데 색계色界◆와 무색계無色界◆◆에 사는 중생들은 일시적으로 삼독과 업業에 오염된 기쁨(유루有漏)을 즐기거나 아니면 몇몇 즐겁지도 괴롭지도 않은 감정(upeksā-vedanā, 불고불락수不苦不樂受)들을 느낄 수도 있지만, 끝까지 분석해 보면 변화의 괴로움을 겪고 있다는 것을 알 수 있다. 그래서 그들도 역시 연민의 대상이다. 까말라쉴라께서는 또한 지옥, 아귀, 축생, 인간계에 있는 중생들의

◆ 삼계의 하나로, 욕계 위에 있으며 맑고 깨끗한 물질로 이루어진 세계. 이 세계의 중생은 욕망을 여의고 남녀의 구별이 없다고 한다.

◆◆ 삼계의 하나로, 비물질의 세계이며 순수의 정신만으로 이루어진 세계. 무색계에는 네 가지 영역이 있는데, 낮은 곳부터 1) 공무변처空無邊處: 욕계와 색계에서 일체의 물질적인 형태를 벗어나 모든 생각 지음이 없고, 가없는 공을 인식하는 곳. 2) 식무변처識無邊處: 외부의 허공의 상을 멀리하고, 내부의 식을 관하여 식이 없다는 생각을 이루는 곳. 3) 무소유처無所有處: 아무것도 존재하지 않는다고 관찰하는 곳. 4) 비상비비상처非想非非想處: 삼계에서 가장 높은 곳. 욕계, 색계와 같은 조잡한 생각의 번뇌가 없기 때문에, 비상非想이라고 한다. 비상인 까닭에 외도는 이곳을 수행의 절정이라고 부른다. 그러나 비비상非非想이기 때문에 불교에서는 여기 역시 생사의 경지의 하나로 해석함. 조잡한 상想은 없으나 미세한 상想은 존재한다고 한다.

괴로움을 간략하게 언급하고, 더 나아가 인간을 불행하게 만드는 몇 가지 독특한 원인을 이렇게 설명하신다.

어떤 사람들은 애착 등의 다양한 번뇌 [특히, 수행을 능동적으로 가로막는 현행번뇌現行煩惱(paryavasthāna)]에 마음이 얽혀 있으며, 또 어떤 이들은 잡다한 사견邪見에 의해 좌불안석하는 이들이 있다. 이 모든 것이 또한 괴로움의 원인이기 때문에, 벼랑 끝에 매달려 있는 것처럼 오직 극심한 괴로움을 겪을 뿐이다.

천신들 역시 저마다의 불행이 있다.

천신들은 변화의 괴로움(괴고)을 겪는다. 욕계에 있는 신들은 늘 죽음과 윤회, (불행한 상태로의) 추락 등의 공포가 끔찍하게 (그들의) 마음을 괴롭히는데 어찌 (편안할) 수 있겠는가?

다음으로 아사리 까말라쉴라께서는 보편적인 괴로움인 변화의 괴로움(행고)을 이렇게 정의한다.

보편적인 괴로움(행고)은 업과 번뇌가 특정인 원인의 힘에 의지하는

것을 성품으로 하며, 매 순간 무너지는 것(찰나멸)을 특징으로 하니,
윤회하는 모든 중생이 가지고 있는 보편적인 (괴로움)이다.

고통의 괴로움은 일반적으로 우리가 느끼는 신체적 고통, 병
그리고 정신적 불안감을 말한다. 일반적으로 우리가 즐거움이
라고 부르는 것들, 오염되거나 순수하지 않은 기쁨은 변화라는
괴로움을 그 특성으로 한다. 삼독과 업에 오염된 기쁨(유루)은
완전한 것이 아니다. 그저 괴로움이 잠시 결여된 상태일 뿐이다.
삼독과 업에 오염된 기쁨은 영원하지 않고, 끝내는 불쾌한 결말
을 가져다줄 뿐이기 때문에 변화의 괴로움(행고)을 특징으로 한
다. 보편적인 괴로움은 중생들을 이루는 정신, 육체적 구성물인
오온五蘊에서 일어난다. 이 오염된 오온*은 번뇌와 과거 업의 결
과이며, 미래의 업과 번뇌를 일으키는 주체이다. 고통의 괴로움
과 변화의 괴로움을 겪지 않는 경우도 있다. 그러나 우리가 우리
의 오염된 오온으로부터 떨어지지 않는 한, 이 오온들은 계속해
서 다양한 괴로움의 근간이 될 것이다. 그리고 이 오염된 오온이

—

◆ 오취온五取蘊: 취取는 번뇌라는 뜻으로, 번뇌를 가지고 있는 오온이라는 뜻이다. 오온五蘊
으로서 번뇌·망집, 즉 집착의 조건이고, 또한 번뇌가 발생하는 원인이 되기 때문에 오취
온이라고 한다.

적당한 원인과 조건을 만나면 괴로움은 다시 일어난다. 그러므로 이러한 세 가지 괴로움의 유형을 잘 아는 것은 중요하다.

마음을 단련시키는 다음 단계는 그러한 괴로움으로부터 자유로워지겠다는 의지에 대한 것이다. 괴로움들에서 벗어나고자 하는 염원을 일으키기 위해서는 그 괴로움의 실체를 잘 파악하는 것이 매우 중요하다. 심지어 동물들이라도 괴로움은 참기 힘들다는 것을 알고 괴로움으로부터 자유로워지기를 바란다. 불교를 믿는 사람과 믿지 않는 사람 모두, 보다 높은 단계의 사마디 또는 삼매와 무색계와 같은 높은 수준의 덕목들을 바라는 이들이라면 변화의 괴로움이 불쾌한 것임을 알아야 한다. 이러한 사람들은 고통의 괴로움으로부터 잠시나마 자유로울 수 있다. 그들이 보다 높은 세계에 도달하면, 즐겁지도 않고 괴롭지도 않은 감정(불고불락수)만 있는 세 번째 선정(第三禪)◆에 있는 사람들처럼 변화의 괴로움으로부터 일시적으로 자유로울 수 있다. 네 번째 선정과 그리고 무색계에 있는 사람들은 앞서 말한 고통과 변화의 괴로움이라는 두 가지 괴로움으로부터 일시적으로

◆ 사선四禪: 색계의 네 단계 경지. 1) 초선初禪은 각覺·관觀·희喜·락樂·일심一心의 다섯 가지. 2) 제2선은 내정內淨·희喜·락樂·일심一心의 네 가지. 3) 제3선은 사捨·념念·혜慧·락樂·일심一心의 다섯 가지. 4) 제4선은 불고불락·사捨·념念·일심一心의 네 가지로 이루어진다.

자유로울 수 있다. 보편적인 괴로움을 인식하는 것이 개개인들로 하여금 완벽한 자유의 경지를 성취하도록 자극하는 촉매제 역할을 한다. 그들은 괴로움의 불이익과 괴로움의 불안정성을 의식하게 된다. 오염된 오온의 결점을 이해하기 전에 번뇌의 결점을 이해하는 것이 중요하다. 번뇌의 결점 혹은 단점을 제대로 보는 것이 우리가 번뇌로부터 멀어지도록 노력하게 한다. 번뇌들을 제거할 때 열반 혹은 자유를 성취할 수 있다. 따라서 보편적인 괴로움의 정체를 제대로 알고 그것에 대한 강한 혐오감을 일으키는 것이 자유를 얻고자 하는 의지 또는 염리심을 계발하는 과정에서 결정적인 역할을 하는 요소이다.

아사리 까말라쉴라는 보편적인 괴로움이 찰나에 생하고 멸하는 특성이 있다고 말한다. 이 개념은 두 가지로 해석할 수 있다. 예를 들어 보자. 우선 어떤 것이든 무상하다면 매 순간 흩어지고 변한다. 예를 들어 일체지는 무상하며, 따라서 일체지 역시 매 순간순간 흩어진다는 특성이 있다. 두 번째로, 무상한 현상은 독자적으로 존재하는 자성을 가지고 있지 않으며 그 일체지의 원인, 조건과 같은 다른 요소들의 영향하에 있다. 마찬가지로 보편적인 괴로움은 한 찰나 동안도 그대로 머무르지 못하며 끊임없이 변화하는 과정에 있는 것이다.

그러므로 모든 중생은 괴로움의 불길 속에 있다고 보고, 내가 괴로움을 원하지 않는 것과 마찬가지로 다른 모든 중생 역시 그러하다고 생각하고, '맙소사! 내가 아끼는 중생들이 괴로워하고 있구나. 어떻게 하면 그들이 그 괴로움으로부터 빠져나올 수 있을까?'라고 생각하여, 나 자신의 괴로움을 보듯 여긴다. 그들이 (괴로움에서) 벗어날 수 있기를 바라는 것을 특징으로 하는 연민을 통해 삼매에 들어가는 것 역시 합당하다. 모든 보살의 행들 역시 좋다. 언제나 모든 중생에 대하여 (연민의) 수행을 해야 한다. 처음에는 자신과 가까운 이들이 지금까지 설명한 가지가지 괴로움을 겪고 있음을 보는 것에 의지해 수행한다.

여기에서 아사리 까말라씰라께서는 연민의 명상법을 간략하게 설명하고 계신다. 연민은 모든 중생이 괴로움과 그 괴로움의 원인들에게서 벗어나기를 바라는 소망이다. 마음이 연민으로 가득 차도록 하기 위해서는 명상과 명상의 결과인 깨침을 포함하는 실천을 계속해야 한다. 수행자들이 공식적으로 정해 놓은 명상 시간과 명상 이후의 시간 동안 인식을 모두 포함하는 수행을 반드시 유지해야 한다. 즉, 공식적인 명상 수행뿐만 아니라, 걷거나 자거나 앉아 있거나 일을 하는 등의 일상적인 행동을 할 때에도 연민의 마음을 일으킬 수 있도록 수행해야 한다. 만일 우리가 이와 같은 일정을 세우고 실천할 수 있다면 명상을 끝낸 후라도 여러 가지 다른 경험을 잘 사용할 수 있을 것이며, 이것이 연민의 마음을 증폭시킬 것이다. 이와 반대로 명상 동안의 삼매와 명상 이후의 의식을 잘 닦지 않고 마음을 산만하게 놓아둔다면, 명상의 진보는 더뎌질 것이다. 이 점은 반드시 고쳐야 한다. 우리는 명상이 아닌 다른 일을 할 때에도 명상 수행의 핵심 또는 특질만은 계속 지니고 있을 수 있도록 노력해야 한다. 이렇게 한다면 명상에 들어 있는 동안 일어나는 깨우침들을 발전시키는 데 큰 도움이 될 것이고, 명상에서 빠져나오더라도 그 깨우침들은 우리의 정신적인 도야陶冶에 이바지할 것이다. 이것이 연민 수행 공덕의 에너지 흐름을 지니고 그로부터 이익을 얻는 방법이다.

그리고 나서 중생을 평등심으로 차별 없이 본 다음, '모든 중생이 나의 친척이다.'라는 생각을 진심을 다해 마음속에 간직하고, 나와 관계가 없는 중생들에 대한 수행(으로 넓혀 간다). 가까운 사람들에 대한 연민이 (관계없는 사람들에 대한 연민)과 동등해질 때, 시방十方의 모든 중생에 대한 (연민을) 수행해야 한다.

연민에 대해 명상할 때 괴로움을 겪는 중생에게 특별히 초점을 맞춘다면, '평등심의 명상' 동안 했던 것처럼 단계적으로 명상하는 것이 훨씬 더 효과적일 것이다. 처음 시작할 때 축생, 아귀, 지옥의 중생들같이 불우한 세계에 살고 있는 중생들의 극심한 괴로움을 관상觀想할 수 있다. 또한 아주 악한 행위를 탐닉하는 사람들에 대해서도 연민의 마음으로 명상할 수 있다. 악한 행위는 의도, 행동 그리고 그 행동의 마무리, 즉 결과라는 세 가지 요소를 가지고 있다. 비록 지금은 그들이 그다지 큰 괴로움을 겪고 있지 않을 수 있지만, 이는 나중에 겪게 될 더 극심한 괴로움의 원인들을 쌓아 두고 있는 것이다. 만일 이러한 방향을 따라 명상한다면 윤회하는 모든 중생 하나하나에 대해서도 연민의 마음을 일으킬 수 있도록 마음을 닦는 데 상당한 도움이 될 것이다. 지금도 모든 중생은 번뇌의 지배를 받고 있으며, 존재의 진정한 모습인 공성에 대한 무지와 이기심의 노예로 살고 있다.

아사리 까말라쉴라께서는 모든 중생이 동등하다고 말씀하신다. 이 말씀은 승의적인 해석과 세속적인 해석이라는 두 가지 측면에서 볼 수 있다. 승의적 차원에서의 중생의 평등함이 세속적인 차원에서의 적과 친구의 차이를 무효로 만들지는 않는다. 그렇지만 승의적 차원에서 보았을 때 미워하거나 좋아할 대상을 찾을 수 없음에 집중한다면, 자성이라는 전도된 생각을 뒤집어서 증오와 집착을 상쇄시킬 수 있다.

지금까지 설명한 이것들이 우리가 평등한 마음가짐을 계발할 수 있도록 수행하는 데 사용할 수 있는 많은 기술 가운데 몇 가지이다. 중요한 것은 명상을 지속적으로 진전시키면서 공덕을 쌓는 것이다. 이를 통하여 괴로워하는 생명들을 향한 세속적인 연민의 마음이 강화되고, 보다 청정한 차원의 연민의 마음으로 탈바꿈할 것이다.

우리가 지금 느끼는 연민의 마음은 보통 집착과 뒤섞여 있다. 그러나 이 연민의 현재 상태는 우리가 진정한 연민의 마음 초석을 가지고 있음을 보여 주는 신호이기도 하다. 이따금 우리는 전혀 모르는 사람이 고통스러워하는 것을 보면 자발적으로 그 사람을 향한 연민의 마음을 일으키고, 그의 고통을 완화시키기 위해 무엇을 할 수 있을지를 궁리한다. 이는 우리 본연의 연민의 마음이다. 이러한 사실을 인지하고, 이 연민의 마음을 소중하게 여기고, 발전시키며 강화하는 것이 매우 중요하다. 만일 이러한 본연의 연민의 마음을 가지고 있지 않다고 생각된다면, 계발하려고 노력해야 한다. 모든 노력을 기울여 그 마음을 발전시키도록 노력하라. 지금은 하찮은 것처럼 보일 수도 있는 그 마음은 적절한 때가 되면 모든 중생을 향하여 무한하게 확장될 것이다. 다음으로 아사리 까말라씰라께서는 연민 등을 계발하는 방법을 설명한다.

> 작고 귀여운 어린아이가 고통을 겪을 때 괴로워하는 어머니의 마음처럼, 내가 아끼는 이들이 괴로움에서 벗어나기를 바랄 때 저절로 일어나는 연민이 모든 중생에 대해 동등할 때 연민을 성취할 수 있다고 하며, 이렇게 해서 크디큰 연민(대비심)을 성취한다.

자식들에 대한 지대한 관심과 염려는 산책할 때에도, 앉아 있을 때에도, 대화를 나누고 있을 때에도, 어디서 무엇을 하고 있다고 하더라도 가슴 깊은 곳에 자리 잡고 있다. 만일 이와 같은 마음을 중생들을 향해 쏠 수 있다면, 즉 '그들이 괴로움으로부터 자유로워질 수 있다면 얼마나 좋을까?'라고 진심으로 생각하고, 특별한 이유를 대지 않더라도 그러한 마음이 저절로 일어난다면, 이때를 일컬어 크디큰 연민(대비심)을 완성한 것이라고 말할 수 있다.

수련해서 깨닫고 싶은 것들이 있다면 그것이 무엇이든 간에 가장 먼저 해야 할 일은 주의를 집중해야 할 대상이 무엇인지를 잘 파악하고, 원하는 깨달음의 대상을 일으킬 수 있는 원인과 조건이 무엇인지를 잘 아는 것이다. 이렇게 하기 위해서 우선 몇 가지를 준비해야 한다.

수행 과정에서 그 대상에 대해 익숙함과 어느 정도의 경험을 얻었다면, 그 대상에 대한 그 이상의 앎을 수행할 필요가 없다고 생각할 수도 있다. 그러나 분석과 탐구를 통해서, 마음을 실제로 움직이게 하는 강렬한 감정을 수행해야 한다. 이것이 실질적인 경험이라고 부르는 것인데, 여기에는 '의도한 경험'과 '의도하지 않은 경험' 두 가지가 있다. 의도한 경험이란 마음 안에서 날카로운 분석과 경전들의 가르침에 의지한 결과로 일어난 감정을 일컫는 말이다. 분석과 탐구의 과정을 거치지 않고서는 의도한 경험을 획득할 수 없다. 이러한 의도한 경험을 완전히 닦은 뒤에 계속해서 그 감정을 더욱 강화하고 계발한다면, 적절한 인연을 만났을 때 의도하지 않았는데도 저절로 일어나는 강렬한 감정을 경험하게 될 것이다. 이것을 의도하지 않은 경험이라고 한다. 이처럼 자연스럽게 우러나오는 연민의 마음을 갖추게 된다면, 이를 일컬어 진정 크디큰 연민의 마음(대비심)을 성취했다고 하는 것이다.

다음으로《수행의 단계·중편》은 자애의 명상에 대하여 논하고 있다. 자애의 마음을 닦는 방법은 크디큰 연민의 마음, 즉 대비심을 닦는 방법과 비슷하다. 연민은 중생이 괴로움으로부터 해방되기를 바라는 것이고, 자애는 그들이 행복해지기를 바라는 마음이다. 자애는 연민을 일으키고, 연민은 수승한 마음가짐을 일으킨다. 여기서 수승한 마음가짐이란 의도적으로 '이 괴로움에서 중생들이 해방되면 얼마나 좋을까.' 하는 생각을 일으키는 것뿐만이 아니라 그들이 스스로 자신의 괴로움을 제거하도록 돕고, 그들이 괴로움으로부터 자유롭도록 돕는 사업에 직접 참여하고 솔선수범해서 그 짐을 지는 것을 뜻한다. 그리고 이 수승한 마음가짐이 보리심을 발생시킨다.

자애의 수행은 친한 사람 편에서 시작하여 그들이 안락을 만나기를 바라는 것이 그 특징이다. 단계적으로 (관계가 없는) 보통 사람과 적들까지도 수행(의 대상으로 삼아야) 한다. 그와 같이 연민 수행을 하면, 차츰차츰 모든 중생을 (윤회의 괴로움에서) 완전히 구제할 수 있기를 바라는 마음이 저절로 일어날 것이다. 따라서 연민이라는 뿌리를 수행한 다음 보리심을 수행한다.

보리심에는 세속제世俗諦(saṃvṛtisatya 혹은 속제俗諦)의 (보리심)과 승의제勝義諦(paramārthasatya 혹은 진제眞諦)의 (보리심)이라는 두 가지 측면이

있다. 속제(의 보리심)은 연민으로서 중생을 구제하겠다고 서원한 뒤 윤회하는 존재의 이익을 위하여 붓다가 되겠노라는 생각을, 발아뇩 다라삼먁삼보리심發阿耨多羅三藐三菩提心(anuttarā-samyak-saṃbodhi 또는 무상정변보리심無上正遍菩提心)을 염원하는 측면을 통해 첫 마음을 일으키는 것이다(초발심初發心). 《보살지菩薩地(Bodhisattvabhūmi)》의 〈계품戒品〉의 궤에서 가르친 것처럼 보살계菩薩戒(bodhisattva-saṃvara)에 머물며 (보살계를 이미 온전하게 지키는) 현자에 의지하여 보리심을 일으킨다.

보리심을 닦는 방법은 연민을 계발하는 방법과 유사하다. 우선 의도적인 경험으로 보리심을 계발하고, 다음으로 의도하지 않고 저절로 우러난 경험으로서의 보리심을 계발하는 것이다. 이 의도하지 않은 자발적인 경험으로서의 보리심이 진정한 보리심이라고 할 수 있다.

인도의 위대한 스승 샨띠데바께서는 이 세상에서 목도하는 모든 고통의 원인은 우리가 너무나 자기중심적이고 자기 자신만의 행복을 구하기 때문이라고 말씀하신다. 이 세상에서 우리가 볼 수 있는 모든 행복은 우리가 다른 중생들의 복지를 보호하고 있기 때문에 일어나는 것이라고 하신다. 그는 이 진정한 승의의 보리심이 일어났다면, 더 이상 애써 노력할 필요가 없다고 말씀하신다. 만일 중생과 붓다의 차이를 곰곰이 생각해 본다면 이 차이는 쉽게 이해할 수 있을 것이다. 붓다께서는 다른 중생들의 이익을 위해서 일체지를 성취하시며, 모든 중생을 이롭게 할 수 있는 능력을 가졌다. 반면에 우리 같은 평범한 중생들은 개인의 안락을 이루기 위해 최선을 다해 보지만, 자기중심적 사고 때문에 일체지를 성취하지도 못할뿐더러 윤회를 벗어나지도 못한다. 열반의 성취에 대하여 생각해 보아도 그러하다. 만일 오직 자신만의 이익을 추구하겠다는 의도를 가진다면, 윤회로부터의 자유를 성취하거나(독각獨覺) 또는 일체지 없는 윤회로부터의 자유(성문聲聞)에 지나지 않는다. 이것 역시 자기중심적인 사고의 결과이다. 하루하루의 생활에 정신적으로 편안함을 느끼는 것, 신뢰할 수 있는 좋은 친구들과 친척들을 주변에 많이 두는 것 그리고 다른 이들에게 이용당하지 않는 곳에 사는 것 등 이 세상에서 좋은 가치를 가진 것들은 모두 다른 이들의 행복을 바라는 마음의 결과이다. 그리고 궁극적으로 깨달음을 얻을 가능성 역시 이 마음으로부터 오는 것이다.

바꿔 말해 붓다와 비교해서 우리가 얼마나 많은 잘못을 범하고 있으며, 붓다께서는 얼마나 많은 좋은 덕들을 가지고 계신지를 셈해 본다면, 자기중심적인 사고의 결점들을 잘 이해할 수 있을 것이다. 더불어 다른 중생들의 행복을 염려하는 것이 얼마나 이로운 것인지도 역시 발견할 수 있을 것이다. 다른 중생들의 행복한 삶을 바라는 마음을 수행했기 때문에 붓다께서는 일체지를 얻으실 수 있었던 것이고, 수승한 덕행^{德行}의 구현체이신 것이다. 반면에 우리 같은 보통 중생들은 자기중심적인 사고에 얽매여 있기 때문에 오점의 구현체라 할 수 있다.

붓다께서는 먼저 타인들의 행복을 바라는 마음을 닦으셨고, 그것을 단련시키셨고, 결국에는 그것을 완성하셨다. 이것이 붓다의 가장 수승한 덕성들을 계발하는 방법이다. 그러므로 우리는 우리가 훌륭한 가치를 가진 소중한 인간의 삶을 받았고, 우리에게 수행을 할 자유가 있다는 것의 가치를 잘 깨달아야 한다. 우리의 노력 가운데 가장 심오한 수행은 연민의 수행이고 다른 중생들의 행복을 위해 붓다의 지위(불지, 즉 일체지)를 성취하겠다는 이타심이다. 이것보다 더 뛰어난 수행은 없다. 그러므로 나를 포함해서 우리 모두 우리 일상 속에서 연민의 마음을 닦도록 정진했으면 한다.

만일 한 사람 한 사람이 진심을 다해 다른 사람들과 중생들의 이익을 바라는 마음을 닦는다면, 그때 우리는 강한 확신을 가질 수 있을 것이며 그 확신이 우리의 마음을 편안하게 해 줄 것이다. 마음속에 이러한 고요함을 가지게 되면 외부 세계가 모두 우리에게 등을 돌리고 적대시한다 하더라도 우리의 정신적 고요함을 방해할 수는 없게 된다. 이와 반대로 마음이 어지럽고 혼란하고 다른 중생들에 대한 나쁜 생각까지 품는다면, 비록 그들이 나쁜 의도를 가지고 있지 않다 하더라도 바로 우리의 마음가짐 때문에 다른 사람들이 우리를 함부로 대하고 좋지 않게 보는 것처럼 느낄 것이다. 이것은 우리의 마음가짐, 내면의 감정 그리고 경험들을 고스란히 반영하는 것이다. 우리는 늘 두려움과 걱정, 고민을 가지고 불안감을 느낀다. 누군가는 마음대로 쓸 수 있는 엄청난 물질적 재산을 가진 부자일 수도 있다. 하지만 마음이 불안하다면 아무리 재산이 많다 하더라도 마음이 평화로울 수는 없다. 친척들과 좋은 친구들이 주변에 있을 수도 있지만, 자신의 내적인 상태가 좋지 못하기 때문에 행복할 수는 없는 것이다. 그러므로 우리 내면의 마음가짐이 우리의 행복과 불행에 있어 매우 결정적인 역할을 한다고 할 수 있다. 만일 우리의 마음이 평온하고 잘 다스려진다면, 설사 우리를 둘러싼 모든 것들이 원수 대하듯 하더라도, 그 어떤 것도 우리를 방해할 수는 없을 것이다. 이렇게 마음의 평화를 얻은 사람에게 있어 그를 둘러싼 모든 것은 친구일 것이고, 그의 마음의 평온에 이바지할 것이다.

물론 우리 자신을 돌볼 수많은 이유가 있겠지만, 우리는 반드시 자기 자신을 돌보고 이익을 추구하는 현명한 방법을 알고 있어야 한다. 우리가 원하는 것은 행복이다. 그러나 만일 개인의 행복을 추구하는 동안 다른 이들의 행복을 등한시하고 그들을 괴롭히고 이용하기만 한다면, 그 결과는 원하는 바와 정반대가 될 것이다. 진정으로 행복을 원한다면, 행복은 다른 사람들을 돌보는 것에서 오는 것임을 반드시 인정해야만 한다. 그러므로 우리의 행복을 위해, 다른 중생들의 행복을 포기해서는 안 될 것이다.

심지어 종교적이거나 영적인 수행을 하고 있지 않더라도, 우리가 서로 의지하면서 살 수밖에 없음을 이해하기만 한다면 우리는 행복하고 조화로운 삶을 살 수 있다. 우리는 사회적 동물이다. 다른 이들이나 다른 중생들에게 의지하지 않는 완전히 독립적인 삶은 상상도 할 수 없다. 우리가 무엇을 하든지, 일상생활 속에서 농부이든 회사원이든 간에 다른 이들에게 의존할 수밖에 없다. 심지어 가족 안에서도 가족 구성원에 의존해야만 한다. 사람들이 가족들과 친구들과 함께 사는 것은 바로 이 때문이다. 여기에, 수행하면서 높은 산속에서 홀로 사는 요기(명상 수행자)는 매우 드문 예외이다.

우리가 태어날 때부터 사회적 동물이라는 것은 현실이기 때문에, 만일 평화와 행복을 원한다면 서로에게 의지해서 다른 사람들에 대한 관심과 사랑을 북돋을 필요가 있다. 들짐승들과 새들을 한번 보자. 그들은 함께 돌아다니고, 함께 모여 있고 서로서로 돕는다. 벌들은 특별한 규율 체계를 가지고 있지 않고 어떠한 정신 수행도 하지 않지만, 생명을 보존하고 살아남기 위해서라 서로에게 의지한다. 이것이 그들이 타고난 삶의 방식이다. 우리들, 지적인 인간들 또한 서로에게 의존하는 것이 당연하다. 그러나 때때로 우리는 지성을 남용하기도 하고 서로를 착복하기도 한다. 이것은 인간의 본성에 어긋나는 일이다. 특정한 종교적 신념을 믿는 우리에게 있어서 서로가 서로를 돕고, 서로서로 사랑하는 마음을 기르는 것은 너무나 중요한 일이다. 이것이 우리 삶의 행복의 원천이다.

붓다의 근본적인 가르침은 우리가 서로를 나 자신보다 더 소중한 존재로 보아야 한다는 것이다. 물론 그렇다고 해서 스스로를 완전히 잊어버릴 수는 없다. 또 그렇다고 해서 다른 사람들과 뭇 중생의 행복을 무시할 수도 없다. 특히 자신의 행복과 다른 사람의 행복이 충돌할 때는 다른 사람들의 행복을 자신의 행복보다 더 중요하게 여겨야만 한다. 우리 자신과 중생들을 비교해 보자. 나는 한 사람에 불과하지만 중생들은 셀 수 없다. 물론 우리의 괴로움과 행복은 매우 소중하다. 그렇지만 그것은 한 사람의 괴로움과 행복에 불과하다. 이에 비해서 다른 모든 중생의 행복과 괴로움은 셀 수 없이 무한하다. 그러므로 다수를 위해서 하나를 희생하는 것이 현명한 방법이며, 일개 개인의 행복을 내세워 다수를 희생하는 방법을 택하는 것은 어리석은 일이다. 우리 자신의 행복이라는 관점에서 본다 하더라도 우리는 반드시 자비스러운 마음을 일궈야 한다. 이것이 우리의 행복한 삶의 원천이다.

특정 종교에 대한 믿음의 여부를 떠나서, 우리는 온정이 있어야만 한다. 우리는 반드시 연민의 마음을 길러야 한다. 그렇게 해야 평화롭고 의미 있는 삶들을 영위할 수 있다. 특히 불교도라면, 특히 대승불교를 믿는 불교도들이라면, 어떻게 이 크디큰 연민의 마음 수행을 하지 않을 수 있겠는가? 우리가 다른 사람들을 돕는 것에 대해서 이야기할 때, 의식주 등 단지 한시적인 이익과 도움을 주는 것에 대해서만 논해서는 안 된다. 그러한 것들은 오래 지속되는 행복을 일으키지는 않기 때문이다. 그러므로 오래 지속되는 궁극적인 행복을 성취할 수 있는지 그 가능성을 검토해 보는 것이 대단히 중요하다. 괴로움을 그 뿌리에서부터 제거할 수 있는지 판단해 보아야 한다. 수행을 할 수 있는지 없는지에 관계없이, 최소한 괴로움을 없애겠다는 용기를 길러야 하며 완벽하게 괴로움이 멈춘 상태를 달성해야 한다. 이는 우리에게 굉장히 강력한 신념과 결단력을 불러일으킬 것이다. 그러므로 대승불교도인 우리는 이렇게 생각해야 한다. '나는 나의 괴로움을 극복하기 위하여 셀 수 없이 많은 내 어머니 같은 중생을 도울 것이다.' 이것이 우리의 서원이어야 한다. 그러나 우리가 우리 자신의 현재 능력을 점검한다면, 무수한 중생을 돕는 것은 고사하고 한 중생의 괴로움조차도 건질 능력이 없다는 것을 알게 될 것이다.

괴로움은 개개인이 현재까지 쌓아 온 특정한 원인들과 조건들로부터 일어난다. 그런 까닭에 중생들이 무엇을 수행해야 하며 어떤 것을 포기해야 하는지, 즉 어떤 것이 괴로움을 일으키며 어떠한 것이 영원한 행복으로 이끄는 것인지를 잘 아는 것이 매우 중요하다. 우리는 반드시 중생들에게 행복을 가져다줄 올바른 길과 괴로움을 가져다줄 그릇된 길을 보여 주어야 한다. 그러므로 우리가 다른 중생들에게 이익을 주는 것에 대해서 이야기할 때, 올바른 길을 보여 주어 그들이 무엇을 버려야 하고 무엇을 닦아야 하는지를 알 수 있도록 해야 한다. 이것이 우리가 다른 중생들을 도울 수 있는 길이다.

그렇게 하기 위해서는 다른 이들에게 보여 주려는 그 길이 자기 자신에게 보이지 않는 것이어서는 안 된다. 자신이 먼저 다른 사람들에게 보여 주려는 그 길의 의미를 명확하게 알고 있어야 한다. 예를 들어, 학생들은 공부에 진척이 있을수록 더 많은 지식과 더 좋은 자질을 가진 스승을 필요로 한다. 마찬가지로 다른 이들에게 그 바른길을 보여 주고 싶다면 자기가 먼저 그 길을 걸어 봤어야 한다. 사실 다른 이들에게 보여 주려고 하는 그 길이 보이는 것만으로는 아직 부족하다. 다른 중생들에게 알려 주려는 그 길이 그들에게 한시적으로 도움이 되는지, 궁극적으로 도움이 되는지도 역시 잘 알고 있어야 한다. 이것을 모르고서는 우리의 가르침이 배우는 이들의 성향과 관심에 합당한 것인지 알 수 없다. 나는 올바른 동기에서 출발해서 이 일을 하고 있다고 말하는 것으로는 충분하지 않다. 물론 이미 그렇게 하고 있다고 해서 후회할 필요는 없다. 그러나 그 가르침이 다른 중생들에게 도움이 된다고 보장할 수는 없다. 이 때문에 경전에서는 다른 중생들의 마음을 알고 그들이 무엇을 필요로 하는지를 파악할 수 있는 다양한 종류의 천리안이 필요하다고 말한다.

정리하자면 여기에는 두 가지 요소가 결부되어 있다. 첫째,

우리가 다른 중생들을 위해 보여 주고 알려 주는 그 길과 가르침을 우리 자신도 분명하게 볼 수 있어야 한다. 둘째, 그 가르침이 다른 중생들의 성향에 적합한 것인지를 잘 알아야 한다. 우리는 중생들이 전생으로부터 어떠한 습성들을 가지고 왔는지를 이해해야만 한다. 그러므로 우리 자신이 붓다가 되고 일체지를 성취하지 않는다면, 우리의 도움과 안내는 그저 한시적인 것에 불과하다. 중생들을 돕고자 하는 염원을 수행하는 것은 두 번째 서원, 즉 중생들을 위해 성불하겠다는 서원을 이루는 원인이 된다. 여기에는 두 차원의 보리심이 있다.

보리심은 단지 몇 달이나 몇 년 동안 수행한다고 해서 성취할 수 있는 것은 아니지만 그렇다고 해서 성취할 수 없는 것도 아니다. 보리심을 닦는 수행을 계속한다면 보리심을 성취할 그 시간은 반드시 다가온다. 예를 들어, 수행 초반에 보리심이라는 단어의 뜻조차 이해하지 못하는 경우도 있다. 그때는 보리심을 닦을 수 있다는 가능성조차 의심스러울 것이다. 그렇지만 반복적인 수행과 연습을 통해서 차츰차츰 보리심의 성취에 가까워진다. 이것은 원인들과 조건들에 의해 생성되고, 변화하는 조건에 따르는 현상의 당연한 귀결이다. 그래서 보리심의 이익과 장점을 상기하고 그것을 성취하고자 하는 강한 결심을 일으키는 것

이 중요하다. 신실한 서원을 세워라. 자거나 걷거나 앉아 있을 때
에도 '얼마나 좋은가! 내가 보리심을 수행할 수 있다니!' 하고 생
각하라. 만일 이러한 생각을 반복하면서 수행을 지속한다면, 반
드시 좋은 결과를 거둘 수 있을 것이다. 보리심을 성취하는 데 수
십 겁이 걸린다 하더라도 수행을 하겠다는 강한 결단을 내려야
한다. 샨띠데바는 그의 저서 《입보리행론》에서 이렇게 기도한다.

허공이 다할 때까지
중생이 남아 있는 한
나 역시 이곳에 머물며
이 세상의 괴로움 없앨 수 있기를.

중생들을 돕는 활동이나 계획에 참여할 때 시간의 제약은 문
제가 되지 않는다. 반드시 지속적으로 그 활동을 해야만 한다.
이것이 우리의 마음을 다스리는 방법이다. 만일 며칠이나 몇 달
내에 보리심이나 깨달음을 성취할 수 있을 것이라고 생각한다
면, 3년 3개월 동안 안거 수행을 했기 때문에 깨달음을 얻을 수
있을 것이라고 생각하고 있다면 아주 큰 오산이다. 3년 3개월
동안 안거 수행을 하면 깨달음을 얻을 수 있다고 누군가 말하는

것을 들으면 나는 가끔 농담조로 그 말은 마치 공산당 선전 문구 같다고 대꾸하곤 한다. 또 나는 종종 가장 심오하고 제일 빠른 방법을 수행하고 싶다는 서양 친구들에게 그 말은 곧 아무것도 성취하지 못할 것을 보여 주는 매우 분명한 징표라고 설명한다. 어떻게 가장 심오하고 광대한 깨달음을 짧은 기간 안에 성취할 수 있겠는가? 붓다께서도 당신이 깨달음을 이루는 데 세 겁이나 걸렸다고 한다. 그러니 3년 3개월 같은 짧은 시간 내에 성불하겠다는 원대한 포부는 사실상 아무런 진전도 없음을 제대로 보여 주는 것이다. 우리는 좀 더 솔직해질 필요가 있다. 불완전한 앎으로 다른 사람을 속이는 건 쓸모없는 일이다.

또 한 가지 반드시 알고 있어야 할 것은 붓다의 지위를 이루든 이루지 못하든 간에, 우리 수행의 목적은 다른 중생들을 돕는 것이어야 한다는 점이다. 천상에 있거나 혹은 지옥에 있더라도 우리가 수행을 하고 성불하려는 목적은 중생을 돕기 위함이다. 성불하기까지 걸리는 시간은 중요한 문제가 아니다. 생사 여부를 떠나서, 모든 중생을 위해서 이타적인 의지로 붓다의 지위를 이루는 것이 나의 유일한 수행이 될 것이라고 확고한 결단을 내려야만 한다. 이러한 마음가짐으로 수행에 임하고, 그 이타심(즉, 보리심)의 대상과 양상이 어떠한지 반드시 이해해야 한다.

자신의 논리적 사고를 통해 이타심에 대한 경험을 얻었을 때 보살계를 받아야 한다. 보살행을 하겠다는 굳건한 서원을 일으키고 난 다음에 받아야 하는 것이 보살계이기 때문이다.

그렇다면 보살의 삶은 어떠한 것일까? 그것은 보리심을 닦는 과정에서 자연스럽게 따라오는 삶의 방식이다. 일체지는 오로지 마음속에 있는 번뇌를 정화하는 과정을 통해서만 성취할 수 있다. 보리심은 단지 바라고 기도한다고 해서 얻을 수 있는 것이 아니다. 우리는 모든 개개의 번뇌를 상쇄시키는 치료제에 의지해서 모든 번뇌를 제거하는 수행을 반드시 실천해야 한다. 모든 종류의 보살행들은 방편의 수행과 반야의 수행이라는 두 가지 큰 범주로 나눌 수 있다. 보시바라밀, 지계바라밀 등의 수행을 성취했다면 그것은 반야바라밀般若波羅蜜의 수행이 뒷받침해 주었기 때문에 가능한 것이다. 반야바라밀의 수행 없이는 보시, 지계, 인욕, 정진, 선정의 다섯 가지 바라밀들은 진정한 바라밀행이 될 수 없다. 반야를 닦기 위해서는 반드시 올바른 교리적 시각인 중관中觀(madhyamaka)의 철학적 견해를 먼저 성취해야 한다.

중관학파*의 견해란 무엇인가? 불교 전통에는 대비사바부(아비달마), 경량부, 유식부 그리고 중관부의 네 가지 교학적 이론들이 있다. 이 중 세 가지 교학적 이론에 근거해서 무아를 더

넓은 차원에서 이해할 수 있다. 결국 이 세 학파의 주장이 중관에서 제시하는 인간과 현상의 무자성이라는 보다 세밀한 견해로 나아가도록 우리를 도와줄 것이다. 그리고 이러한 중관의 견해는 연기법緣起法의 해석에 의존한다. 이러한 올바른 견해를 건립하고 이 견해에 대해 확신을 갖게 된다면 우리는 공성을 깨달을 수 있을 것이다. 그렇지만 공성의 지혜만으로는 어리석음, 또는 무명을 올바로 대치할 수 없다. 이와 더불어 보시, 지계, 인욕 등의 다른 다섯 바라밀행의 수행과 실천이 받쳐 주어야만 어리석음을 치료할 수 있다. 단순히 무아의 도리를 이해했다고 해서 그것만으로 모든 번뇌를 무찌를 수 있는 것은 아니다.

그러므로 사마타 명상과 위빠사나 명상을 함께 수행하는 것이 중요하다. 위빠사나를 닦기 위해서는 우선 사마타를 닦아야 한다. 사마타는 하나의 대상에 오로지 집중하는 명상이다. 위빠사나는 대상에 대한 분석적인 인식을 말한다. 이 둘을 함께 닦음으로써 방편과 반야 모두의 올바른 결과를 성취할 수 있을 것이다.

◆ 인도불교의 네 주요 학파 가운데 가장 영향력 있는 학파이다. 중관中觀은 글자 그대로 영원주의와 허무주의라는 양극단 사이에 있는 '중도'를 뜻한다. 귀류논증歸謬論證 중관학파는 중관학파의 두 주요 하위 학파 가운데 하나이다.

이와 같이 세속제의 보리심을 일으키고 나서 승의제의 보리심을 일으키기 위하여 노력해야 한다. 승의제의 보리심, 그것은 출세간出世間◆의 것이고, 모든 희론戲論(prapañca)이 적멸하며 극히 청정하고 승의의 행의 대상이며 무결하고 흔들림 없다. 마치 바람에 방해받지 않는 버터 램프◆◆처럼 흔들림 없다.

앞에서 설명했듯이 속제 또는 세간의 보리심은 연민으로 중생을 구제하고자 하는 서원의 보리심을 말하는 것이다. 그렇다면 승의勝義의 보리심이란 무엇일까? 무엇이 출세간이고 무엇이 세간일까? 이에 대해서는 다양한 설명이 가능하다. 세간은 일반적인 중생들의 특정한 수준을 지칭한다. 출세간, 또는 탈속은 수승한 존재 또는 성인聖人(ārya)◆◆◆의 높은 수준을 일컫는 말이다. 우리가 처음 견도見道(darśana-mārga)◆◆◆◆의 단계를 성취했다면,

---

◆　삼계의 번뇌를 떠나 깨달음의 경지에 드는 것. 진실을 구하는 깨달음의 수행, 해탈을 위한 가르침.

◆◆　티베트에서는 야크의 우유에서 얻은 버터에 심지를 꽂아 집과 사찰 등에 불을 밝히며, 버터를 중요한 식재료로 여겨 공양을 올리기도 한다.

◆◆◆　소승에서는 예류향預流向, 대승에서는 견도를 이룬 수행자, 즉 보살십지菩薩十地 가운데 초지初地인 환희지歡喜地에 오른 보살 이상의 수행자를 성인이라 한다.

◆◆◆◆ 대승 보살 수행의 오도五道인 자량도, 가행도, 견도, 수도, 무학도 가운데 세 번째 단계로 사성제를 관찰하는 단계.

출세간의 단계를 성취할 수 있다. 견도를 성취하기 이전에는 그저 공성을 알음알이로 이해할 수 있는 수준에 그치지만, 견도를 성취하면 공성을 제대로 깨달은 것이다.

우리가 읽고 있는 이 《수행의 단계·중편》은 유가행瑜伽行(Yogācār-ya)-자립논증自立論證(Svātantrik)-중관학파中觀學派(Madhyamaka)에 속한 논서이다. 그러니 이 논서에 한정해 설명할 때는 자립논증-중관학파의 체계에 따를 것이나 보다 세세하게 설명할 때는 귀류논증-중관학파의 전통에 의거할 것이다.◆

수행자들 가운데 성문聲聞(śrāvaka)과 독각獨覺(pratyekabuddha) 등의 공성을 깨달은 성자들이 있다. 그러나 보살도를 닦는 수행자들이야말로 공성을 올바르게 깨달은 분이다. 왜냐하면 그는 심오한 방편 수행을 함께 실천하고 있기 때문이다. 공성에 대한 올바른 깨달음인 반야지는 번뇌들을 물리치는 역할을 한다. 우리가 사성제에 대해서 이야기할 때, 진리의 길이란 사실상 성자의

◆ 일반적으로 자립논증-중관학파는 자신의 주장을 내세우고, 귀류논증-중관학파는 자신의 주장을 내세우지 않은 채로 상대방의 주장을 논파하여 간접적으로 자신의 주장을 드러낸다고 한다. 이 두 학파 모두 귀류논증법을 사용하고 있기 때문에 자립논증파는 정립적 귀류논증 중관학파, 귀류논증파는 비정립적 귀류논증 중관학파라고 부르는 것이 타당할 것이다. 겔룩빠에서는 귀류논증-중관학파를 최상으로 여기고 있다.

마음 연속체(심상속) 안에서 찾을 수 있는, 공성에 대한 올바른 깨달음인 반야지를 지칭한다. 이 승의의 보리심은 모든 희론, 특히 십육공$^{+六空}$◆, 이십공$^{二+空}$, 이공^{二空}◆◆ 등의 다양한 범주들을 떠나는 것이라고 한다.

현상의 숫자만큼이나 많은 공성의 범주가 있겠지만, 만약 한 가지 공성이라도 제대로 깨달았다면, 모든 현상의 공성도 깨달은 것이다. 모든 현상의 승의적 본질인 공성은 한가지 맛이고 동일한 성질을 가지고 있다. 모든 현상은 자성이 공하다는 면에서 같다. 그 현상들이 좋은 것인지 아니면 나쁜 것인지, 현상이 어떻게 변해 가는지 등 다양한 양상이 공성의 범주 안에서 일어나지만 공성을 그 현상들의 주체 또는 객체와 동떨어진 독립적인 자성으로 이해해서는 안 된다.

공성은 대상에 독자적인 본유의 존재라고 착각하는 참나, 혹은 진아^{眞我}가 없다는 것을 의미한다. 현상은 원인들과 조건들에 의지한다. 현상이 원인들과 조건들에 의지한다는 사실은 곧 현상은 독자적 혹은 본유적인 존재를 가지고 있지 않음을 뜻한다.

◆ 내외를 포함한 공을 열여섯 가지로 나눈 범주.
◆◆ 사람에게는 진아^{眞我}가 없음을 가리키는 인공^{人空}과 현상에는 자성이 없음을 가리키는 법공^{法空}의 두 가지.

또한 이것은 우리가 경험하는 다양한 현상이 발생하는 이유가 그 현상의 본질이 공하기 때문임을 보여 준다. 그러므로 우리가 공성을 이야기할 때는 다양한 각각의 양상들이 아니라 현상들의 본질적인 모습에 대해서 말하는 것이다. 이러한 관점에서 보아 공성의 상태가 희론에서 자유롭다는 것이다. 또한 이는 공성이 청정하다 또는 염오를 떠난 것이라고 나가르주나께서 《중론 中論(Mūlamadhyamakakārikā)》에서 명확하게 설명하신다.

연기緣起하여 일어난 (현상은)

소멸하지도 않으며, 발생하지도 않으며,

단멸斷滅하지도 않으며, 영원하지도 않으며,

오는 것도 아니며, 가는 것도 아니며,

다른 대상도 아니며, 동일한 대상도 아니며,

희론으로부터 완전히 자유로우며,

적멸寂滅한 것이라고 가르치신 스승 가운데 최상이신,

올바른 깨달음을 성취하신 분, 붓다께 귀의합니다.

공성과 연기는 동전의 양면이다. 연기법의 관점이나 세속적인 관점에서 본다면 현상은 발생하고, 태어나고 소멸할 수 있다.

《중론》에서 내가 인용한 귀경게는 현상은 발생하지도, 소멸하지도, 단멸하지도 않으며, 독립적인 방식으로 존재하여 영원한 것도 아니라고 말한다. 시간의 관점에서 본다면 원인과 조건에 의지하지 않은 독립적인 소멸이나 영원함은 있을 수 없다. 대상의 관점에서 보자면 원인과 조건에 의지하지 않고서 오고 가는 것은 없다. 나가르주나께서는 발생과 소멸 등 여덟 가지 희론의 범주를 말씀하시고, 왜 이들이 독자적으로 존재하지 않는지 설명하신다. 대상의 공성을 직접 지각하는 청정한 반야지를 가진 성인들은 원인과 조건에 의존하지 않는 현상의 독립적인 발생이나 소멸을 보지 못한다. 그분들은 모든 희론을 벗어난 공성이라는 궁극적인 진리만을 볼 뿐이다.

아사리 까말라쉴라께서는 승의제, 즉 최상의 진실인 승의의 보리심이 매우 청정하다고 말씀하신다. 보리심을 승의제, 최상이라고 말하는 것은 보리심이 가장 수승한 지혜의 대상이기 때문이다. 이를 일컬어 때가 묻지 않았으며 흔들림이 없다고도 한다. 바꾸어 말하면 삼매의 상태에 있는 성인들의 지혜는 사마타, 즉 선정에 든 고요한 마음과 위빠사나에 의한 분석적 마음 두 가지가 조화를 이룬 지혜이다. 이러한 조화는 우선 사마타를 얻음으로써 성취하는 것이다. 우리가 관찰 대상에 마음을 집중할 때 마음에 산란함이 없으면, 분별적 사고의 정신적 느슨함 또는 침울함(혼침昏沈)◆과 사고의 번쇄함 또는 지나친 흥분(citta-auddhatya, 도거掉擧)◆◆의 방해를 받지 않으면서 대상에 대한 이해에 의식을 집중할 수 있다. 그러한 지혜는 흔들림이 없는 것이며 그래서 바람의 방해를 받지 않는 버터 램프와 같다고 설명하는 것이다.

이 승의의 보리심은 출세간이며, 모든 희론으로부터 자유롭다. 이 승의의 보리심을 성취하는 방법을 아사리 까말라쉴라께서는 이렇게 설명하신다.

> (승의제의 보리심)의 성취는 항상 사마타와 위빠사나의 수행을 소중히 오랜 시간에 걸쳐 닦음으로써 이루어지는 것이다. 《해심밀경解深密經 (Saṃdhinirmocana-sūtra)》에서 "미륵이여! 성문들, 보살들, 여래들의 모든 선법善法은 세간이든 출세간이든 모두 사마타와 위빠사나를 수행한 결과라고 알아야 한다."고 말씀하신 것처럼. 일체의 삼매는 이 (사마타와 위빠사나)에 들어 있기에 모든 수행자는 언제나 결단코 사마

◆ 마음이 우울해지는 것, 침울해지는 것.
◆◆ 마음이 들떠서 차분해지지 않는 것.

타와 위빠사나를 (닦아야 한다고) 말씀하셨다. 《해심밀경》에서 "성문, 보살, 여래께서 가르치신 일체의 많은 삼매, 이 모두가 사마타와 위빠사나에 포함된다는 것을 알아야 한다."라고 말씀하셨다.

사마타의 상태에 있는 마음이란 자기가 고른 명상 대상에 마음을 오롯이 집중하고 머물러서, 오롯이 집중하고 명상하는 그 대상 이외의 외부 대상에 마음을 빼앗기지 않은, 즉 산란하지 않은 상태를 말한다. 이때는 마음이 안정되고 관찰 대상에 집중한 채로 머물며 정신적 느슨함(혼침)과 사고의 번쇄함(도거)으로부터도 자유롭다. 또 이러한 마음 상태를 하나의 대상에 오롯이 머무는 정려靜慮(dhyāna)라고 부르며, 이러한 안정된 상태에서 마음의 환희를 성취할 수 있다. 위빠사나는 사마타를 통해 오롯이 집중한 대상의 궁극적인 실체에 대한 수승한 안목을 갖추는 것을 말한다. 여기에는 두 종류의 관觀이 있는데, 세간과 출세간의 관觀이다. 각각의 대상에 따른 각각의 통찰력이 있겠지만, 여기에서는 공성에 집중하는 마음 상태를 말한다.

사꺄무니 붓다께서는 이들 사마타와 위빠사나의 수행 둘 다 가르치셨고, 이 둘은 모든 삼매의 단계를 성취할 수 있는 유일한 방법이다. 이 두 가지 수행 모두 똑같이 중요한 것이기 때문에 이 책에서는 두 가지를 동등하게 닦아야 한다고 말하고 있다.

> 오로지 사마타만을 익혀서는 수행자의 (번뇌의 장애와 지혜의 장애라는
> 두 가지) 장애를 없애는 것이 아니라 잠시 번뇌를 눌러 놓을 수 있을
> 뿐이다. 반야의 빛이 일어나지 않는다면 (사마타의 수행에 눌려) 휴지
> 상태⁺에 있는 (두 가지) 장애를 완전히 소멸시킬 수 없다. 이 때문에
> 《해심밀경》에서는 "선정에 의해서는 번뇌들을 올바르게 억제하고
> 반야에 의해서 휴지되어 있는 (두 가지 장애를) 완전하게 소멸시킨다."
> 고 말씀하신다.

사마타 하나만을 닦아서는 깨달음을 가로막는 장애와 번뇌
를 제거할 수 없다. 공성에 관한 사마타를 성취했다 하더라도 위
빠사나의 수행이 뒷받침해 주지 않는 한 일체지를 가로막는 장
애를 완전하게 제거하기에는 역부족이다.

《삼매왕경三昧王經(Samādhirāja-sūtra 또는 월등삼매경月燈三昧經)》⁺⁺에서는

⁺ 또는 수면睡眠이라고도 한다. 기질. 습관. 아직 나타나지 않은 번뇌의 잠재적 가능성을
말한다.

이렇게 말씀하셨다.

> 오로지 선정만을 닦는다 하더라도 끊임없는 분별의 상想은 제거할
> 수 없을 것이다.
> 그 (분별의 상想이) 번뇌이기 때문에 (그 번뇌가 그대를 여전히) 심히
> 괴롭힐 것이다.
> 우드라까 라마뿌뜨라Udraka Rāmaputra◆◆◆가 이 [비상비비상처정非想非
> 非想處定(naiva-sajjñānāsajjñāyatana)의] 사마타를 수행(했지만 성불하지
> 못한) 것처럼.

사마타만으로는 번뇌와 참나라는 잘못된 아상我想을 제거할
수 없다. 결국, 번뇌가 일어나 다시 우리를 괴롭힐 것이다. 우드
라까는 외도外道의 스승이었다. 그는 오랫동안 사마타만을 닦았
고 그러는 동안 머리카락은 매우 길게 자랐다. 어느 날 그가 삼
매에 몰입해 있을 때, 몇 가닥의 머리카락을 쥐가 갉아 먹었다.

◆◆　티베트어 원문에는 《선정왕경禪定王經》에 나온 것으로 되어 있다. 그러나 영역본에는
　　《해심밀경》으로 되어 있다. 여기에서는 티베트어 원문의 예를 따른다.
◆◆◆　혹은 알라라 깔라마Ālāra Kālāma. 고따마 싯다르타가 성불하기 전 비상비비상처정을 가르
　　쳐 준 스승.

명상에서 깨어난 우드라까는 쥐가 자신의 머리카락을 갉아 먹는 것을 보았다. 그것을 보자마자 우드라까는 버럭 화를 냈고, 다시 번뇌가 일어났다고 한다. 비록 삼매에 들어 있는 동안에는 일어나지 않았지만 명상에서 깨어났을 때 번뇌가 다시 돌아왔다는 이러한 일화를 통해 사마타만으로는 번뇌를 종식할 수 없음을 잘 보여 준다.

> (위빠사나를 통해) 만일 (모든) 현상에 자성의 부재함을
> 관찰觀察한다면, 그 관찰하여 수행하는 것,
> 바로 그것이 열반이라는 결과를 일으키는 원인이니
> 어떠한 다른 원인으로도 적정寂靜을 일으키지 못한다.

여기서 현상의 무자성을 관찰한다는 것은 위빠사나의 방법 또는 분석적 의식을 통해 우리가 자유로워질 수 있다는 것을 뜻한다. 위빠사나 이외에 다른 방법을 통해 윤회로부터의 자유 또는 열반을 성취하는 것은 불가능하다.

> 《보살장菩薩藏(Bodhisattvapiṭaka)》에서는 "《보살장》에 대한 법문을 배우지 않고서, 성스러운 법과 계율을 배우지 않고서 오직 삼매만 수승

한 것이라고 만족하는 자는 아만我慢(ātmamāna)♦의 힘에 의해 증상만增上慢(ādhimāna)♦♦에 떨어진다. 이러한 사람들은 생·노·병·사·불행·슬픔·고난·마음의 불안 그리고 우환으로부터♦♦♦ 완전히 자유로울 수 없다. 그리고 육도윤회의 굴레에서 완전히 자유로울 수도 없다. 고통의 덩어리(즉, 오취온 또는 괴로움을 받는 현재의 몸과 마음을 이루는 다섯 가지 요소의 쌓임인 오온)로부터도 역시 완전히 자유로울 수 없다. 그러한 이들을 생각하시고 여래께서는 가르침을 듣는 것(진리)이 늙음과 죽음으로부터 너희를 자유롭게 하리라고 말씀하셨다."라고 한다.

그러므로 여러분은 진여眞如에 대한 설법을 경청하고, 배운 것에 대해서 명상해야 한다. 이것이 우리를 괴로움으로부터 자유롭게 할 것이다.

—

♦ 자기 중심에 진아가 있다고 생각하고 그것을 의지하여 마음이 교만해지는 것. 자신을 믿고 방자하게 구는 것.

♦♦ 교만한 마음이 과도한 것. 아직 깨닫지 못했는데 깨달았다고 오만하게 생각해서 흥분하는 것. 또는 아직 이루지 않은 것에 대해 이미 이루었다고 생각하는 것.

♦♦♦ 팔고八苦: 태어남의 괴로움, 늙음의 괴로움, 병듦의 괴로움, 죽음의 괴로움, 사랑하는 이와 헤어지는 괴로움, 미워하는 이와 만나는 괴로움, 원하는 것을 얻지 못하는 괴로움, 오온으로 이루어졌으므로 인해 일어나는 괴로움.

그러므로 모든 장애를 제거한 뒤에 청정한 지혜를 일으키고자 원하는 이는 사마타에 머물며 반야를 수행해야 한다.

제6장

지
혜

・・・

불교 전통에 의하면, 불교 교리의 타당성은 논리적 검토를 거쳐 검증받은 것들이다. 붓다 자신도 매우 명확하게 이 사실을 말하고 있다.

비구들과 학자들은 내가 한 말들을 잘 검토해야 한다.
금세공장이 금을 태워 보고, 잘라 보고 문질러 보면서 검토하듯이
오직 이다음에야 내 말들을 받아들여야 하는 것이다.
나에 대한 존경심 때문에 무조건 받아들여서는 안 된다.

그러므로 외적, 내적 현상들을 확립하는 과정에 있어 반드시 이성에 의지해야 한다. 경전의 권위에 무조건 의지할 필요는 전혀 없다. 가르침들은 이성의 조명 아래 재검토해 볼 필요가 있으며, 그 내용의 타당성은 이러한 과정을 통해서 확립할 수 있다.

붓다 자신의 말씀도 예외는 아니다. 불교 전통 가운데 가장 자랑할 만한 특징 하나는 우리에게 붓다가 주신 가르침의 타당성을 검토할 권리가 있다는 것이다. 스승의 말씀들 역시 검토해 볼 수 있다.

지식에 대한 불교적 접근 방법은 현대 과학과 유사하다. 처음부터 논쟁의 주제에 대해 확정적 언급을 해서는 안 된다. 가장 먼저 해야 할 일은 그 주제를 공정하게 검토하는 것이다. 이성으로 논증해서 검토하고, 분석한 뒤 옳고 그름을 결정해야 한다. 일반적으로 불교는 논리적 검토(理證)를 매우 가치 있는 것으로 보고 있다.

어떠한 사실을 검토할 때는 토대, 방법, 그리고 결과를 확립하는 것이 중요하다. 여기서 토대란 현상의 참모습 또는 진실을 말한다. 우리는 그 참모습을 토대로 한 수행의 길을 따르고 수행의 결과를 성취한다. 수행은 단순한 마음의 조작이 아니라 실제로 실현 가능한 것이다. 만일 수행의 기반이 상상의 산물에 불과한 것이라면 그 수행을 따라 해서는 마음을 바꾸거나 변형시킬 수 없고, 결국 목표인 윤회로부터의 자유를 성취할 수 없을 것이다.

이 세 가지 가운데 '결과'인 붓다의 경지(佛地)는 많은 위대한 특징(相)을 가지고 있다. 이 특징들은 올바른 원인과 조건들을 수행하고, 수행과 실천의 결과가 모여 이루어진 것들이다. 붓다께서 열 가지 힘*과 다른 여러 가지 특징들을 지니게 된 것은 개개인이 그러한 덕성을 발현시킬 잠재력을 가지고 있기에 얻어진 당연한 결과이다. 토대나 기반 없이 얻을 수 있는 결과는 아무것도 없다. 어떤 사람이 일체지가 돌덩이나 산에서 발생한다고 주장한다면, 이 주장은 터무니없는 것이다. 의식의 기반 위에 방편과 반야를 함께 닦는 것이 일체지를 발현시킬 수 있다고 말하는 것이 논리적으로 훨씬 더 타당하다.

그래서 토대를 건립하는 것이 필수적이다. 이것은 단순한 정신적 조작하고는 다르다. 이것은 본질과 실재의 법칙들을 올바르게 확인하는 것을 말한다. 그러므로 토대의 본질을 제대로 확립하기 위해서는 객관적인 검토가 매우 중요하다.

붓다의 제자들은 경전에 담겨 있는 붓다의 가르침에 대해 아주 다양한 해석을 내놓았다. 논리적으로 분석한 결과 그분의 가

◆ 여래십력如來十力: 1) 도리에 맞는 것과 도리에 맞지 않는 것을 변별하는 힘. 2) 업의 원인과 그 과보의 관계를 올바로 아는 힘. 3) 사선·팔해탈 등의 선정을 아는 힘. 4) 중생의 근기의 높고 낮음을 제대로 아는 힘. 5) 중생이 원하는 것을 아는 힘. 6) 중생이나 모든 현상의 본성을 아는 힘. 7) 중생이 여러 곳(지옥이나 열반 등)으로 향하여 가는 것을 아는 힘. 8) 나와 남의 과거세의 일을 기억하는 힘. 9) 중생이 나고 죽는 것을 아는 힘. 10) 번뇌를 끊은 경지와 그 경지에 도달하는 법을 아는 힘.

르침이 타당하지 않다면, 의도, 목적, 그리고 모순이라는 세 가지 기준 안에서 그 의미를 해석해야 한다. 예를 들어 만일 승의제를 설한 어떤 경전을 논리에 의거해 검토해 그 직접적인 뜻에 오류가 있는 것이 드러난다면, 그 경을 가르친 의도와 목적에 따라서 의미를 재해석해야 한다. 마찬가지로 이해하기 힘든 무아의 여러 특징을 추론하고 분석한 결과, 오류가 있다고 판명된다면 그것들을 받아들일 필요가 없다. 예를 들어 오늘날 해와 달의 크기, 지구로부터의 거리, 움직임 등에 대한 과학적 정보는 확실하다. 만일 경전들이 이런 직접적이고 타당한 지식과 모순되는 것을 말한다면, 그러한 경전의 가르침을 진실이라고 받아들여서는 안 된다. 일반적으로, 불교와 과학은 그러한 점에 대해 유사한 접근 방식을 취하고 있다.

불교의 가르침은 수행의 토대, 방법 그리고 결과의 맥락 안에 있다. 여기서 결과는 우리가 수행을 통해 붓다의 지위를 성취했을 때, 수행자가 드러낼 수 있는 많은 위대한 특징(相)들을 말한다. 그러한 특징들을 성취하기 위해서는 올바른 원인들과 조건들을 발생시켜야 한다. 우리 개개인에게 붓다의 열 가지 힘과 더불어 다른 여러 가지 뛰어난 자질들을 발현할 수 있는 잠재 능력이 있다는 것을 아는 것이 중요하다. 이 잠재력은 우리들의 의식의 연속체(심상속) 안에 본래부터 있는 것이다. 어떠한 것도 합당한 토대 또는 기반 없이는 일어날 수 없다. 의식이 없는 돌덩어리나 산이 수행을 통해 일체지를 얻었다는 말은 터무니없다. 반면에 의식을 가진 중생들이 일체지를 얻을 수 있다는 것은 아주 분명한 사실이다.

이때의 토대란 본래부터 완전한 깨달음의 상태를 성취할 수 있는 힘을 가진 마음을 말한다. 방법은 방편과 반야로 구성되어 있는데, 이것은 수행자가 지혜와 복덕을 쌓고, 그 결과 붓다의 지위를 성취한다는 것을 의미한다. 이렇게 하기 위해서는 그 기반이 되는 불교 철학을 이해하는 것이 필수적이다. 불교의 교리들은 누군가가 상상해서 만들어 낸 허구가 아니라 진리로부터 나왔다. 만일 불교의 교리들이 상상의 산물에 불과하다면, 우리가 아무리 열심히 시간과 노력을 쏟아부어도 아무 결과도 성취할 수 없을 것이며, 어떻게 하면 윤회로부터 자유로워질 수 있는지도 설명할 수 없을 것이다. 우리는 마음을 열고 공정하게 이러한 기본적인 원리들을 검토해야 한다. 만일 다른 철학적 견해 하에서 생각을 진행한다면 불교의 이러한 원칙들을 객관적으로 판단하기는 어려울 것이다.

문제들을 검토하고 분석한 결과가 논리적이라면 받아들여야 한다. 문제가 될 만한 점은 과학이 아직 발견하지 못한, 언급할 수 없는 것을 불교 전통이 설명할 때인데, 이에 대해서는 과학적으로 풀어 갈 방법이 없다. 그러나 과학적으로 증명된 것들을 다룰 때에는 불교 문헌들에 기술된 내용들을 교조적으로 고수하려고 해서는 안 된다. 위에서 말했듯이 《수행의 단계》는 근본적으로 궁극적 진리인 진제眞諦와 일반 세상의 진리인 속제俗諦의 진속이제眞俗二諦를 그 토대로 하며, 방편과 지혜의 수행을 그 길로 삼고 깨달은 존재의 지혜의 몸과 신체의 성취를 그 결과로 한다.

모든 장애로부터 완전히 자유로운 지혜를 성취하고자 하는 수행자라면 반드시 하나의 대상에 집중한 삼매에 머물며 지혜에 대해서 명상해야 한다.

《대보적경》에서 "계戒(śila)에 머무름으로써 삼매를 확고하게 성취한다. 삼매를 성취하고 나서 또한 반야를 수행한다. 반야에 의해 청정한 지혜를 성취한다. 청정한 지혜에 의해 계율을 완전하게 구족할 수 있다."라고 하신다.

다른 이들과 나의 행복이라는 목적을 성취하기 위해서는 모든 장애가 제거되어야 한다. 그러므로 반야지를 성취하고자 하는 사람들은 반드시 먼저 사마타 수행을 해야 한다. 현상의 여여함을 깨닫는 반야지를 통해 현상을 분석할 힘을 갖게 된 수행자는 삼매에 머무는 동안 수승한 혜안을 일으킬 수 있다.

수행에 있어서, 세 가지 수행을 정해진 순서에 따라 해야 한다. 잠시 설명을 해 보겠다. 아사리 까말라쉴라께서는 《대보적경》의 "반야에 의해 청정한 지혜를 성취한다."라는 대목을 인용한다. 완전한 출세간의 반야지는 번뇌뿐만이 아니라 번뇌의 원인까지도 뿌리째 뽑아낼 수 있다. 하지만 세속제를 깨달은 지혜는 강력하기는 해도 번뇌의 원인을 뿌리 뽑는 능력까지는 없다. 그러므로 우리는 승의제를 깨달은 반야지만이 번뇌를 없앨 수 있다고 결론지을 수 있다. 이러한 맥락에서 볼 때, 완벽한 출세간의 지혜란 일체지라고 할 수 있다. 그리고 번뇌장煩惱障◆과 소지장所智障◆◆을 제거해야만 일체지를 얻을 수 있다. 오직 반야지만이 이 두 가지 장애와 잠재된 뿌리까지 완전히 제거할 수 있다. 계율의 수행이나 삼매는 이러한 번뇌들에 직접 대치할 수 없다. 여기서의 지혜란 명상을 통해 나온 것이지, 법문을 듣고 사유한

◆ 번뇌라고 하는 깨달음의 장애물.
◆◆ 깨달음의 경지를 방해하는 것, 즉 무지. 예를 들어 성문은 그 번뇌장은 끊었으나, 소지장을 끊지 못하여 보리심을 얻지 못한다고 한다.

결과로부터 나오는 것이 아니다. 그러므로 최고의 진리를 깨닫는 혜안을 구현하기 위해서 우선 사마타에 능숙해져야 한다. 이 삼매는 온전한 의식이기 때문에, 이 의식의 상태를 성취하기 위해서는 반드시 미세한 정신적 침울(혼침)과 흥분(도거)을 제거해야 한다.◆ 그리고 이러한 수행 중의 과오들을 제거하기 위해서 반드시 계율의 실천을 우선적으로 행해야 한다.

《대승경신사유경大乘敬信思惟經(Mahāyānaprasādaprabhāvana-sūtra)》에서도 "선남자 선여인이여! 반야에 머무르지 않고서 대승에 대한 믿음을 낸 보살이 어떻게든 대승에 나아갈 수 있다고 나는 말하지 않는다."

이 대목은 믿음을 일으키는 것 또는 이해로부터 오는 확신에 대한 가르침이다. 수행자가 위빠사나 명상을 통해 반야지를 닦을 수 없다면, 이해에 근거한 믿음이 일어나는 것은 불가능하다. 물론, 어떤 사람들은 헌신적인 믿음을 가지고 있을 수 있다. 그러나 그가 사람과 현상의 자성이 공하다는 승의제를 이해하고

◆ 특히 혼침의 경우 삼매의 상태와 혼동되기 쉽기 때문에 이 상태에서 빠져나오기 위해서는 스승의 인도와 경전과 논서의 가르침과 달라이 라마께서 말씀하시듯 대상에 대한 치밀한 분석이 필요하다.

그 결과로서 믿음을 일으킨 것이라면, 그의 믿음을 앎과 논리가 뒷받침해 줄 것이다. 예를 들어, 진정한 염리심은 열반으로 가는 수행 체계를 올바르게 이해했을 때 발전시킬 수 있다. 이것을 이해했다면 그 사람은 자신이 윤회로부터 자유로울 수 있으며, 자유란 의식의 흐름 안에서 계발할 수 있다는 확신을 가질 것이다. 그러한 맥락에서의 염리심은 매우 뛰어난 자질들을 가지고 있다. 마찬가지로 공성에 대한 이해가 늘어 갈수록 믿음의 힘은 증대한다.

"선남자 선여인이여! 이렇듯 대승에 믿음을 내고 대승에 나아가는 보살이 (반야에 머무르지 않으면서) 대승으로 나아가는 것이 어떻게 가능하겠는가? 이 모든 것이 전혀 산란함이 없는 마음으로 (대승의) 뜻과 법에 대해 올바르게 생각하는 것으로부터 말미암는다고 잘 알고 있어야 한다."고 말씀하신다.

이 경전의 인용구는 수행자가 대승에서 가르치는 깨달음의 토대, 길, 결과에 대한 확신과 믿음을 일으키기 위해서는 세속제와 승의제에 오롯이 집중해서 분석하는 반야지를 계발할 필요가 있다고 명확하게 가르치고 있다.

사마타의 수행이 없는 위빠사나 수행만으로 어떻게 요가 수행자의 마음이 대상들에 대해 산란해지지 않을 수 있겠는가? 이는 마치 바람이 부는 가운데 있는 등불처럼 요동칠 수밖에 없다. 그러므로 (반야에만 의지하는 요가 수행자에게) 지혜의 빛이 찬란하게 일어날 수 없다. 따라서 (사마타와 위빠사나) 이 두 가지 모두에 동등하게 의지해야 한다. 그렇기 때문에 《대반열반경大般涅槃經(Mahaaparinibbaana-Sutta)》에서 또한 "성문들은 여래의 성품(여래승종성如來乘種性)을 보지 못한다. 삼매(의 힘)가 지나치게 강하고 반야(의 힘)가 약하기 때문이다."

만일 이 대목을 성문이나 연각緣覺의 수행도를 따르는 이들은 현상의 자성공自性空함, 또는 법무아法無我를 깨닫지 못한다고 주장하는 교학 체계의 입장에서 해석한다면, 이 대목은 소승의 수행 체계를 따르는 이들은 현상을 분석하는 반야지로 불성을 보지 못한다고 말하는 것이다. 그들은 오직 중생들에게 참나 또는 자아가 없다는 것을 깨달을 뿐, 현상의 자성이 부재하다는 것은 깨닫지 못한다. 이는 그들의 삼매가 그들의 지혜보다 훨씬 강하기 때문에 일어나는 문제이다. 성문과 연각들 가운데 높은 존재인 성인들의 관점에서 보자면, 성문과 독각이 불성을 볼 수 없다는 말은 곧 오염된 마음의 본질에 대한 그들의 깨달음이 논리와 이성을 다양하게 응용하지 않았다는 것을 의미한다. 이것은 그들의 삼매가 강하고, 반야가 약하기 때문이다.

"보살들은 여래의 성품을 보기는 하지만, 명료하게 보지는 못한다. 그들의 반야(의 힘)은 강하지만, 삼매(의 힘)이 약하기 때문이다. 그러나 여래께서는 이 모든 것을 명징하게 보실 수 있으니, 이는 사마타와 위빠사나 두 가지를 모두 동등하게 닦으셨기 때문이다."라고 말씀하셨다.

이 대목은 이해하기 어렵다. 그러나 몇 가지 해석이 가능하다. 우선 나는 아사리 까말라쉴라께서 보살이 여여함에 대한 직접적인 지각을 가지고 있기는 하지만, 오직 삼매에 들어 있을 때만 그 진리에 대한 직접적인 지각을 할 수 있기에, 삼매에 들어 있지 않을 때는 그렇지 못하다고 말씀하신 것이라고 생각한다. 그러나 붓다들께 있어 여여함의 깨달음은 완벽하고 절대적이다. 그러므로 붓다들께서는 삼매에 있건 삼매에 들어 있지 않건 간에 항상 언제나 진리를 직접적으로 지각하고 계신다.

두 번째로, 이 글은 마음의 여여함을 직접 지각하는 보살들이라 하더라도, 진여의 직접 지각은 아직은 명료하지 않음을 뜻한다고도 할 수 있다. 이는 아직 현실화하지 않은 마음의 염오^{厭惡}의 습기들이 아직 제거되지 않았기 때문이다. 반면에 붓다들은 일말의 염오로부터, 모든 면에서 완벽하게 자유롭다. 잠재된 것까지도 완전히 제거하셨기 때문이다. 그분들의 여여함에 대한 반야의 지혜는 매우 뛰어나다.

사마타의 힘이 바람이 불어도 등불이 꺼지지 않게 해 주듯 (사마타의 힘으로) 분별의 바람이 불어도 마음이 산란하지 않게 된다. 위빠사나는 모든 잘못된 견해(사견邪見)의 더러운 때를 말끔히 정화할 수 있지만, 다른 견해에 의해 흔들리지 않을 것이다. 따라서, 《월등삼매경月燈三昧經(Candrapradīpa-(śamatha)-sūtra)》에서 "사마타의 힘으로 (마음의) 산란함이 없게 되며, 위빠사나에 의해서는 산과 같이 될 것이다."라고 한다. 그러므로 (사마타와 위빠사나) 두 가지 모두를 수행하여 머물러야 한다.

이 대목은 사마타와 날카로운 통찰력(위빠사나)의 특징, 또는 의미를 설명하고 있다. 사마타는 외부와 내부의 산란함으로부터 자유로우며 오로지 명상의 대상에만 집중하는 마음을 특징으로 한다. 이러한 마음은 명상의 대상을 제외한 어떠한 것에도 신경을 쓰지 않는다. 이는 모든 정신적 둔함에서 자유롭기 때문에 가장 명료하게 그 대상을 파악할 수 있다. 이러한 선정의 상태를 오래가도록 하는 것은 몸과 마음의 편안함, 즉 경안輕安(praśrabdhi)*에서 일어나는 환희에서 비롯된다. 그리고 그러한 삼매가 몸과 마음의 경안의 환희와 함께할 때, 이것이 사마타 명상을 특징 짓는다. 위빠사나는 몸과 마음의 기쁨과 함께하는, 공성을 깨달은 지혜와 함께하는 몸과 마음의 환희이다. 이 환희는 위빠사나 명상을 통한 분석적 지혜로부터 나온 것으로, 사마타 명상의 환희를 바탕으로 하여 대상의 참모습을 반복해서 검토하는 것이다. 이 혜안은 단순히 그 대상에 마음을 집중한다고 해서 그 상태에 만족한 채로 남아 있지는 않는다. 그 대상이 세속적이건 승의적이건 간에, 분석적인 반야의 지혜로 그 대상을 철저하게 검토한다.

◆ 심신이 유연하고 가벼운 것. 마음이 경쾌하고 안온하여 다음 단계로 나아감에 지치지 않는 것.

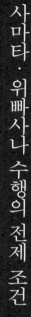

제7장

사마타·위빠사나 수행의 전제 조건

・・・

어떻게 해야 사마타와 위빠사나 명상을 함께 닦을 수 있을까?

(사마타와 위빠사나)를 수행하기 전, 요가 수행자는 쉽고 빠르게 사마타와 위빠사나를 확립시킬 수 있는 사마타와 위빠사나의 선결 조건에 의지해야 한다.

수행자들이 영적인 깨달음을 얻기 위해서는 이러한 예비 단계들에 의지해야 한다는 것은 매우 명백하다.

무엇이 사마타 수행의 선결 조건인가? 1) 수행에 적합한 (환경이 갖추어진) 곳에 머물고, 2) 욕심을 줄이며, 3) 만족할 줄 알아야 하며, 4) 잡다한 행동을 삼가고, 5) 계를 항상 청정하게 하고, 6) 욕심 등의 망상분별을 완전히 버려야 한다.

아사리 까말라쉴라께서는 다음으로 수행에 도움이 되는 여법한 환경이란 무엇인지를 설명하신다.

여기서 (다음과 같은) 다섯 가지 청정한 좋은 특징을 갖춘 곳이 1) 수행에 적합한 환경이라고 알아야 한다. ① 의복과 음식을 어렵지 않게 구할 수 있어야 하니, 구하는 데 어려움 없음, ② 악인과 적 등이 살지 않는 곳이어야 하니, 머무는 곳의 선함, ③ 질병이 없는 곳이어야 하니, 머무는 곳의 청결함, ④ 같은 계율을 수지^{受持}하고 같은 견해를 가진 좋은 벗(선우^{善友})이 있는 곳이어야 하니, 좋은 벗이 있음, ⑤ 낮 동안 많은 사람이 붐비지 않고 밤에는 소음이 적은 곳이어야 하니, 선하고 원만함이다.

2) 욕심을 줄인다는 것은 무엇인가? 승복 등이 좋거나 많은 것에 특별히 집착하지 않는 것과 같은 것이다. 3) 만족한다는 것은 무엇인가? 법복 등의 양이 적거나 질이 나쁜 것을 얻더라도 항상 만족하는 것이다. 4) 잡다한 행동을 삼가한다는 것은 무엇인가? 장사 등에 매이지 않는 것과 같은 것이다. 그리고 재가신도와 승려들과 너무 가까이 지내지 않고, 의술이나 점을 보는 등의 행동을 멀리하는 것이다.

여기서 "가까이 지낸다."고 하는 것은 목적 없이 모여서 수다

떠는 것을 말한다. 집중해서 명상할 수 있는 사람들에게 의술이 나 점성술 등은 방해물이 될 수 있다. 따라서 특별한 이유가 없는 한, 수행자는 이러한 세속적인 것들을 추구해서는 안 된다고 가르치는 것이다.

5) 계율을 청정하게 한다는 것은 무엇인가? (성계^{性戒}와 차계^{遮戒}◆, 성문의 별해탈계^{別解脫戒}와 대승의 보살계^{菩薩戒}라는◆◆) 두 가지 계율들에 대해서도, 즉 (살생, 도둑질, 삿된 음행, 그리고 거짓말과 같이) 성질 자체가 악한 행동들(성죄^{性罪})과 (음주와 같이 붓다께서) 계율로 금한 악한 행동들(차죄^{遮罪})에 대한 수행의 바탕(이 되는 계율, 즉 학처^{學處})를 범하지 않는 것이며, (이 두 계율을) 제대로 살피지 못하고 어겼다면, 재빨리 (그 과오를) 참회하고 여법하게 행동하며, 앞으로는 범하지 않겠다고 결심하는 것이며, (두 계율 가운데) 성문의 별해탈계에서 바라이죄^{波羅夷罪}(pārājika)

◆ 이 두 가지는 다음에 나오는 성죄^{性罪}와 차죄^{遮罪}에 대한 계율이다. 성죄는 살생, 도둑질, 사음^{邪淫}, 망어^{妄語}와 같이 출가의 여부와 관계없이 행동 그 자체가 악한 것을 말하며 성계는 그것을 금하는 계율이다. 차죄는 음주와 같이 붓다께서 출가자들에게 하지 말라고 정하신 것으로, 이것을 금한 계율을 차계라고 한다.
◆◆ 11세기 티베트의 빤디따 롱쫌 최끼상뽀는 성문의 별해탈계는 중생에게 해를 끼치지 않게 하려는 것이며, 보살계는 이와 더불어 중생들에게 이익을 주기 위한 것이라고 구분한다.

로 정해서 (붓다께서 행하는 것이) 부적절하다고 말씀하신 것을 (어겼다면 재빨리) 참회하는 (마음을) 갖는 것이며, 앞으로 다시 범하지 않겠다는 마음을 갖는 것이다. 또한, 행위를 행하는 그 마음의 무자성無自性을 잘 분별하여 이해하기 때문에, 혹은 모든 현상에 자성이 없음을 수행하기 때문에 계율이 청정할 뿐이라고 가르치신다. 이는《불설아사세왕경佛說阿闍世王經(Ajātaśatrukāukrityavinodana-sūtra)》을 통해 잘 이해할 수 있다는 것을 알아야 한다. 그러므로 더 이상 참회할 것이 없을 때, 수행을 가행정진해야 한다.

두 가지 계의 유형이란 개인의 해탈을 위한 계율과 보살의 계율, 즉 별해탈계와 보살계를 말한다. 이것은 또한 비구와 비구니의 계와 재가신도의 계, 즉 차계와 성계를 말한다.

다음에 이어지는 글은 욕망의 헛됨과 세속적인 활동으로부터 거리를 둘 필요가 있음을 설명하는 대목이다. 결국 중요한 것은 모든 망상을 버리는 것이다.

욕망들에 대해서는 또한, 이번 삶과 다음 삶에서 (지금) 저지르고 있고 (앞으로) 저지를 (수 있는) 많은 잘못에 대해서 생각하고, 이들에 대한 망상분별을 제거함으로써 (끊을 수 있)다. 다른 한편으로, 윤회하는 존재는 아름답건 추하건 간에 그 모두는 (언젠가는) 무너지는 성질을 가진 불안정한 것이다. '이 모든 것들과 내가 오래지 않아 헤어지게 된다는 것은 의심할 바 없는 사실이다. 어떻게 이러한 것들 (즉, 모든 아름답거나 추한 현상들과 나)에 탐착해야 하겠는가?'라고 깊이 사유하고, 이를 통해 모든 망상분별을 없애야 한다.

위빠사나의 예비 단계는 무엇인가? 1) 지혜로운 분에게 의지하는 것이며, 2) 많이 배우신 분을 잘 따르는 것이며, 3) 배운 바를 따라 (올바르게) 생각하는 것이다.

여기서 깊이 사유하는 것은 세속제와 승의제에 대한 명상을 뜻한다. 이제《수행의 단계·중편》은 정신적인 스승의 특징에 대해서 설명하신다.

여기서 1) 의지할 수 있는 지혜로운 분은 누구를 말하는가? ① 많은 가르침을 배우시고, ② 명료하게 가르치시며, ③ 연민의 마음을 가지고 계시며, ④ 역경을 인내할 줄 아시는 분이다.

명료하게 가르친다는 것은 능숙한 말솜씨를 뜻한다. 그러나 이것도 연민의 마음 없이는 그 효력이 오래갈 수 없다. 연민의 마음이 없다면, 아무리 위대한 가르침이라 하더라도 쓸모가 없다. 효과적이고 생산적인 가르침을 위한 스승의 가장 결정적인 자질은 연민 또는 친절한 마음이라고 설명한다. 스승들의 다른 결함의 예를 들자면, 제자들에게 설명하는 일에 싫증을 낸다든가 하는 것들이다. 그러한 어려움에 직면했을 때 관대하게 참는 것 또한 중요하다.

2) 이 중에 많은 가르침을 배우신 분이란 누구인가? 세존의 십이부경十二部經**의 요의와 불요의를 공경하고 잘 배우신 분(을 따르는 것)이다. 《해심밀경》에서는 이와 같이 "성인의 가르침을 원하면서도 배우지 않는 것이 위빠사나를 가로막는다."라고 한다. 또한 "위빠사나는 (성인의 가르침을) 배우고 사색하는 데서 일어나는 청정한 견해를 원인으로 하여 일어나는 것이다."라고도 말씀하신다. 《나라연소문경**耶羅延所問經**(Nārāyaṇaparipṛcchā-sūtra)》은 또한 "(성인에게서) 배운 것을 간직하고 있는 이에게 반야가 일어난다. 반야를 지닌 이가 번뇌를 말끔히 잠재울 수 있다."라고 말씀하신다.**

위의 대목은 가르침을 듣고 깊은 사유하는 것을 통해 방대한 지식을 얻는 것의 이점을 매우 분명하고 간결하게 설명하고 있

다. 특히, 이 대목은 경전이 담고 있는 풍부하고 다양한 지식의
가치에 대해서 설명하고 있다.

**3) 배운 바를 따라 (올바르게) 사유하는 것이란 무엇인가? 요의의 경전
과 불요의의 경전 등을 잘 판단하는 것이다. 이 (요의경과 불요의경에
대한 올바른 판단)에 따라 보살에게 의혹이 없다면, 그는 수행에 오롯
이 들어갈 수 있다. 그렇지 않고 만일 의혹의 밧줄에 묶여 있다면, 갈
림길에 서서 어쩔 줄 모르는 사람처럼 어떠한 것에도 확신을 가질 수
없게 될 것이다.**

우리가 무엇을 배우든지 깊이 생각해서 그 의미를 명확하게
이해하는 것이 중요하다. 그렇지 않으면 사거리에 서서 어디로
갈지를 결정하지 못하고 헤매는 우유부단한 사람이 되기 쉽다.
스승이 우유부단하고 아직 의혹이 남아 있다면, 제자들에게 어
떠한 주제를 설명하거나 가르치기는 힘들다.

위의 글에서 아사리 까말라쉴라는 확정적 경전(요의)과 해석
이 가능한 경전(불요의)에 대해서 말씀하고 계신다. 무엇이 확정
적인 가르침이고 무엇이 해석이 가능한 가르침일까? 어떤 경전
이 의미가 확정적인 경전이고 어떤 경전이 뜻을 해석 가능한 것

일까? 이것은 불교의 중요한 관심사 중 하나이다. 널리 알려진 바로는, 붓다는 세 번에 걸쳐 설법하셨다고 한다. 이것을 일컬어 삼시전법륜三時傳法輪이라고 한다. 붓다께서 처음 설법한 것은 사성제四聖諦라고 한다. 사성제에 대한 상세한 해설이 불교의 뼈대와 기초를 이루었다. 여기에서 네 가지 성인의 진리인 사성제란 고성제苦聖諦, 집성제集聖諦, 멸성제滅聖諦, 도성제道聖諦를 말한다.◆

두 번째 전법륜의 시기에 붓다는 오직 멸성제만을 상세하게 다루셨다. 반야부의 경전들이 이 가르침으로부터 나왔다고 한다. 두 번째 법의 바퀴를 굴렸을 때 무아의 의미를 이해하지 못한 사람들이 있었다. 또 어떤 사람들은 이 가르침을 잘못 이해하여 사견으로 나아갔다. 그래서 붓다께서는 세 번째의 법의 바퀴를 굴리는 동안 무아를 세 가지 특징으로 설명하셨다. 세 가지란 변계소집성遍計所執性(pkalpita-svabhāva), 의타기성依他起性(patantra-svabhāva) 그리고 원성실성圓成實性(pariniṣpanna-svabhāva)이다.

자성이라는 오해가 덧씌워진 현상, 즉 변계소집된 현상은 고유한 주체를 가지고 있지 않기 때문에 무아이다.◆◆ 다른 원인들

◆ 티베트불교와 상좌부 불교 전통에서는 사성제를 진리로 알 수 있는 것은 성인의 지위에 오른 수행자들뿐이라고 한다. 따라서 네 가지 성스러운 진리가 아니라, 네 가지 성인의 진리라고 했다.

과 조건들에 의지해야만 존재하는 현상, 의타기성을 특징으로 하는 현상은 독자적으로 발생할 수 있는 자성 또는 참나가 결여되어 있기 때문에 무아라고 한다.♦♦♦ 그리고 올바르게 증명된 현상, 원성실상을 특징으로 하여 어떠한 궁극적인 자성 또는 실체가 결여되어 있기 때문에 무아이다.♦♦♦♦

그러나《여래장경如來藏經(Tathāgatagarbha-sūtra)》과 같은 몇몇 경전은 붓다께서 두 번째 전법륜 시기에 가르치셨던 청명한 빛의 객체 또는 공성에 더하여 세 번째 전법륜 시기에 주체인 청명한 빛의 마음을 완벽하게 가르치셨다고 설명한다. 이 세 번째 전법륜 시기에 마음의 본성♦♦♦♦♦이 아주 자세하게 다루어졌다. 또한 네 가지 성인의 진리인 사성제 가운데 네 번째 진리인 도성제가 이 세 번째 시기에 매우 심도 있고 명확하게 설명되었으므로 이 세 번째 전법륜의 가르침은 딴뜨라의 가르침을 이해할 수 있는 자연스러운 연결 고리 역할을 한다.

붓다께서는 가르침을 듣는 이들에게 이익을 주겠다는 단 하

♦♦　　이를 상무자성相無自性(lakṣaṇa-niḥsvabhāva)이라 한다.

♦♦♦　　이를 생무자성生無自性(utpatti-niḥsvabhāvatā)이라 한다.

♦♦♦♦　　이는 곧 승의무자성勝義無自性(paramartha-niḥsvabhāvatā)이다.

♦♦♦♦♦　마음의 본성은 청명한 빛이라고 한다. 이에 대해서는 시리즈 가운데 하나인《달라이 라마, 죽음을 말하다》에 상세하게 설명되어 있다.

나의 목적을 가지고 가르침을 펴셨다. 그 목적을 이루기 위해, 방편을 사용하여 설법을 듣는 사람들의 넓고 좁은 마음의 범위에 따라 대승과 소승으로 나누어 가르치셨다. 듣는 사람들의 지식의 정도에 알맞게 다양한 불교의 철학적 견해를 가르치신 것이다. 이러한 과정을 통해 크게 불교의 사대학파가 나왔다. 몇몇 학파들은 붓다께서 첫 번째 설법 동안 가르치신 사성제의 열여섯 가지 특질에◆ 만족한다. 그들은 붓다가 공성에 대해서는 물론이고 사람에게 참나(진아)가 없다는 인무아人無我에 대해서도 가르친 적이 없다고 말한다.

경전들 가운데에는 글자 그대로 받아들일 수 없는 경전들도 있기에 경전들을 확정적 의미와 해석 가능한 의미로 나누는 것

◆ 십육행상十六行相: 사성제의 대상을 관찰하는 열여섯 가지 방법.
1) 고성제: 모든 법은 생멸하므로 ①무상하며, ②괴로움(고苦)이며, ③자아의 절대적 근거는 없으므로 공하며, ④상주하는 유일한 본체적 존재가 아니므로 무아라고 본다.
2) 집성제: 일체의 번뇌에 의한 행위는 ⑤괴로움이라는 결과를 낳는 인因이며, ⑥괴로움이란 결과를 모으는(집集) 것이며, ⑦괴로움을 상속시키는 생生이며, ⑧괴로움을 성립시키는 연緣이라고 본다.
3) 멸성제: ⑨육체적인 속박이 멸滅한 것이며, ⑩번뇌가 사라진 것(정靜)이며, ⑪일체의 과오와 혼란이 없어 묘妙한 것이고, ⑫모든 재난에서 벗어난(이離) 것이라고 본다.
4) 도성제: ⑬멸滅로 들어가는 길이며, ⑭이치에 맞는 여如한 것이고, ⑮열반으로 나아가게 하는 행行이며, ⑯생사를 초월하게 하는 출出이라고 관한다.

이다. 이들 용어에 대한 정의 역시 학파에 따라 차이가 있다. 유식학파는 확정적 가르침은 글자 그대로 받아들일 수 있는 것으로, 해석에 여지가 있는 가르침은 글자 그대로 받아들여서는 안되는 것이라고 한다. 정립적 귀류논증 중관학파 또는 자립논증 중관학파에서는 확정적 의미의 경전이란 승의제를 담론의 직접적이고 원칙적인 주제로 해서 가르친 것으로, 또한 글자 그대로 받아들일 수 있는 것으로 여긴다. 그리고 이러한 분류에 속하지 않은 붓다의 다른 가르침들은 해석 가능한 의미의 경전에 속하는 것으로 보고 있다.

승의제, 즉 미세한 공성을 확정하기 위해서 우리는 공성에 대해서 흠 없이 잘 설명한 경전과 논서들을 따라야 한다. 그러기 위해서는 올바른 순서대로 경전들을 따라야 하며 그 경전이 확정적 의미인 요의의 경전인지 아니면 해석 가능한 불요의의 경전인지를 이해해야만 한다. 처음에는 이러한 일들이 쉽지 않은 것처럼 보일 것이다. 그러나 어떠한 경전이 확정적 의미를 가진 것이며, 어떠한 것이 해석 가능한 것인지를 가르쳐 주시는 위대한 분들을 따른다면, 이러한 경전들과 논서들을 공부하여 공성을 탐구한다면, 공성에 대한 관(觀)을 깨달을 수 있을 것이다. 그래서 아사리 까말라쉴라께서는 확정적 의미의 경전과 해석 가능한 의미의 경전을 모두 습득하는 것이 중요하다고 강조하신다.

다음으로 아사리 까말라쉴라께서는 사마타와 위빠사나를 수행하는 데 필요한 공통적인 전제 조건을 설명하신다.

수행자는 항상 물고기, 고기 등을 먹지 말아야 하며, (건강 또는 계율에) 맞지 않는 것을 먹지 말며, 적당한 양을 먹어야 한다.

수행자는 육체적으로 건강해야 한다. 따라서 올바른 식생활이 중요하다. 한편 그들의 마음은 깨끗하고 굳건해야 한다. 마음은 육체적인 건강에 이바지하기 때문이다. 그래서 물고기, 고기, 마늘, 양파 등을 삼가도록 권장한다. 적합한 음식을 알맞게 먹는 것이 좋다. 소화불량은 명상을 방해할 수 있다. 더군다나 과식하고 나서 맑은 정신으로 깨어 있는 것은 거의 불가능하다.

이와 같이, 보살은 수행을 할 때 사마타와 위빠사나의 예비 단계를 모두 갖추고 나서 수행에 들어가야 한다.

여기에는 밤 시간을 셋으로 나누어 처음과 마지막 시간에 잠을 자지 않고, 잠들어 있는 한밤중에도 올바른 자세를 유지하면서 선정을 닦는 수행법도 있다. 채식 식단은 단백질 결핍을 일으키지 않는 한 삶에 매우 유익할 것이다. 엄격한 채식주의자가 될 수 없다 하더라도 육식을 적당히 섭취하는 것은 건강에 이로울 것이다. 상좌부 불교에서는 육식을 엄격하게 금하고 있지는 않지만, 소나 말처럼 갈라진 발굽이 있는 짐승 같은 특정한 동물의 고기 또는 우리를 위해서 일부러 도살한 고기를 먹는 것을 금지하고 있다. 즉, 시장에서 사 온 고기는 먹어도 된다는 말이다.

이러한 먹어도 되는 육류는 비구가 먹어도 업이 되지 않는 청정한 육류(정육淨肉)라고 하며 세 가지 경우에 가능하다. 첫째, 우리를 위해 도살하지 않은 고기는 먹을 수 있다. 둘째, 우리를 위해 도살되었다는 것을 전혀 몰랐을 때는 먹을 수 있다. 셋째, 우리를 위해 잡지 않은 것이 확실할 때는 먹을 수 있다. 일반적으로 대승불교권에서도 육식을 금하고 있지는 않다. 그러나《대승입능가경大乘入楞伽經》등의 경전에서는 육식을 엄격하게 금하고 있다. 반면 바바비베까(Bhavāviveka, 청변淸辯)의《대승장진론大乘掌珍論》같은 논서에서는 먹어도 된다고 하는 것 같다. 반야부의 몇몇 대승 경전은 고기를 먹지 말라고 하고, 다른 경전들은 그렇지 않기도 하다. 하위 삼부 딴뜨라인 소작 딴뜨라(kriyā tantra), 행 딴뜨라(caryā tantra), 그리고 요가 딴뜨라(yoga tantra)는 육식을 엄격하게 금지하고 있다. 그러나 최상의 딴뜨라인 무상요가 딴뜨라(anuttarayoga tantra)에서는 고기 먹는 것을 허용한다. 무상요가 딴뜨라의 특정한 의식 수행에서는 다섯 가지 종류의 고기와 다섯 가지 감로가 필요하다. 그러므로 이러한 특정한 무상요가 딴뜨라의 수행이 아닌 일반적인 관점에서 볼 때는 시장에서 내놓고 파는 고기는 먹어도 되지만, 우리가 먹기 위해서 생명체를 도살하는 것은 금해야 한다.

일전에 설명했듯이 필요한 조건들을 갖추었고 방해하는 요소들이 없는 수행자들은 사마타를 시작하기 전에 예비 수행을 먼저 해야 한다.

수행자가 수행을 할 때는 우선 미리 해야 할 일들을 모두 마쳐야 한다. 그리고 나서 용변을 보고, 조용하고 편안한 곳에서 '내가 모든 중생을 보리심의 정수에 앉힐 수 있기를!'이라고 생각한다. 모든 중생을 (윤회의 괴로움으로부터) 구하려는 이는 자비의 마음을 구체화하며, 시방에 계시는 모든 여래와 보살들께 오체투지를 한다.

여러 붓다와 보살들을 자신의 앞에 있는 공간에 현현하시는 것으로 관상觀想하고 기도를 올려서 복의 밭(복전)을 청한다. 이는 전적으로 현교顯敎 수행이다. 딴뜨라의 경우 청원이 끝나면, 서원의 본존本尊(samayasattva)을 일으켜 지혜존智慧尊과 합일하게 한다. 절을 할 때는 전통적으로 이마, 두 손, 그리고 두 무릎을 바닥에 닿게 절하는 오체투지를 권장하고 있다. 중요한 점은 올바르게 그리고 즐겁게 행해야 한다는 것이다. 단순히 형식적으로 한다거나 강요에 못 이겨 하는 것은 바람직하지 않다.

붓다의 몸과 말, 뜻을 상징하는 불상이나 탱화를 제단 위에 모셔 놓거나 또는 우리 앞에 공간이 있는 것처럼 관상한다. 공양물은 사정에 맞게 무리하지 않는 선에서 준비하는 것이 좋다. 만일 복이 많고 부자라면 공양을 많이 하면 좋겠지만 많은 불상이나 탱화를 모실 만큼 넉넉하지 않다면 억지로 할 필요는 없다. 복덕을 쌓아서 얻는 것이 아니라, 남을 속이거나 거짓말을 해서 불상이나 탱화를 갖추는 것은 오히려 좋지 않은 결과를 낳을 뿐이다.

만일 우리가 산속에 은거하는 승려라고 한다면, 불상을 많이 모셔 두는 것은 절에 도둑이 들끓게 할 뿐이다. 과거 밀라레빠와 같은 위대한 성인들도 실제 불상들을 가지고 있는 것이 아니라 단지 관상을 통해 구현한 불상을 가지고 계셨을 뿐이다. 밀라레빠께서 동굴에 살고 계실 때의 일이다. 어느 날 밤, 한 도둑이 밀라레빠께서 머무는 동굴로 들어와 훔쳐 갈 것을 찾았다. 그 모습을 본 밀라레빠께서 웃으시면서 그 도둑에게 말씀하셨다. "그대는 무엇을 찾고 있는가? 내가 낮에 찾아봐도 아무것도 없었는데 밤에 찾아본들 무슨 소용이 있겠는가?" 따라서 우리는 수행을 통한 깨달음을 우리의 안에서 발전시키려고 노력해야 하며 외부의 대상은 그만큼의 결과를 일으키지 못한다는 것을 반드시 기억하고 있어야 한다.

종교 수행을 한다는 명목하에 화려하고 값비싼 불단을 세우려고 무진 애쓰는 사람들이 있다. 그러나 그 경우 불상을 올려놓은 불단은 가구 중 하나로 전락하여 그 중요성이나 그 목적을 상실하게 될 것이다. 그러므로 만일 적절한 방법으로 붓다의 몸, 말 그리고 뜻을 대표할 수 있는 대상을 가질 수 있다면, 불교의 창시자인 샤꺄무니 붓다(석가모니)의 불상을 모시는 것이 좋다. 붓다의 말씀을 대표하기 위해서는 《반야경般若經(Prajñāpāramitā-sūtra)》의 사본을 주 경전으로 하고, 보살행을 말하고 있는 《화엄경》을 함께 놓는 것도 좋다. 불상의 옆에 이처럼 붓다의 마음을 담은 다양한 형태의 불탑들을 놓을 수도 있다.

불상이나 탱화를 모실 수 없더라도 걱정할 필요는 없다. 그러나 만일 집에 모실 수 있다면, 이들을 올바른 방식으로 배열해야 한다. 정중앙에는 샤꺄무니 붓다의 불상이나 탱화 등을 놓는다. 그 주변에는 분노한 모습의 분노존忿怒尊과 평화로운 모습을 지닌 환희존歡喜尊을 대표하는 상들과 붓다 당시의 위대한 여덟 제자를 상징하는 상들을 놓는다. 주의해야 할 점은 이러한 상들을 비싼 것부터 싼 것까지 값어치에 따라 배열하거나 재질이나 골동품인지 새것인지에 따라 배치한다면, 큰 실수를 범하는 것이다. 그런 행위는 우리가 그러한 성스러운 상들을 단지 재산의 척도로밖에 여기지 않는다고 떠드는 것에 지나지 않는다. 그러므로 그 불보살상들의 의미와 목적을 잘 숙지한 후에 여법하게 배열하는 것이 좋다.

다음으로 그 불상들 앞에서 오체투지하고 공양물을 올린다. 이때 무엇을 공양물로 올리는가는 신중하게 결정해야 한다. 청정한 공양물을 올린다면 그 복덕은 대단히 클 것이다. 그러나 만일 그 공양물들이 불순한 것이라면 공덕을 짓는 대신에 좋지 않은 결과를 맞게 될 것이다. 불순한 공양물은 아첨, 사기 등 다섯 가지 악한 생계 수단을 통해 얻은 것을 말한다. 이것은 계를 받은 사람들은 특히 경계해야 한다.

경전이나 붓다의 상이나 사진들을 상품으로 취급하거나 사적인 이익을 위해 금전 거래를 했다면 이것은 악한 생계 수단이다. 이는 분명히 바람직하지 않은 것이며, 아주 심각하게 나쁜 결과를 초래한다. 반면에 사람들이 붓다의 말씀을 널리 알리기 위해 경전을 출판하거나 불상을 만들었다면, 이것은 전혀 다르다. 사람들에게 도움을 주기 위해 마음을 낸 것이라면 바람직한 행위를 한 것이다. 그러므로 청정한 공양물을 올리는 것이 얼마나 중요한지 잘 알고 있어야 한다. 티베트에서는 물을 따른 잔과 버터 램프를 공양하는 전통이 널리 퍼져 있다. 이것 역시 공손하고 여법한 과정을 통해 이루어져야 한다.

절을 하고 공양을 올리고 나서는 참회, 찬탄, 청법, 붓다가 열반에 들지 않기를 청함, 회향을 순서대로 한다. 이들 수행은 칠지공양七支供養이라고 부른다. 높은 깨달음을 얻으신 분들은 광대한 복덕을 쌓는 그들의 여정 속에서 이러한 고귀한 수행들을 하셨다.

모든 불보살의 탱화는 그의 앞이나 다른 (가까운) 곳에 놓아도 괜찮다. 그리고 그분들께 최선의 공양을 올리고 찬탄하고, 자신의 잘못을 참회하고 나서 일체중생의 공덕을 기뻐한다.

따라서 수행자들은 우선 정례頂禮, 공양, 청법 등의 칠지공양을 행해야 한다.

편안하고 부드러운 좌복에서 비로자나 부처님의 결가부좌(연화좌)와 같이 앉지만, 반가부좌도 괜찮다. 눈은 지나치게 부릅뜨거나 지나치게 꼭 감지 않으며, 코끝을 응시하듯 한다. 몸은 너무 웅크리지 않고 너무 구부리지 않으며 꼿꼿하게 바로 펴고 앉아 내면에 주의를 집중하여 머문다. 그러고 나서 어깨를 평평하게 하고, 머리를 (지나치게) 세워 들거나 떨어뜨리지 않고 (측면으로) 기울어지지도 않게 한다. 코에서 배꼽의 중심이 일직선이 되게 유지한다. 이와 입술은 자연스럽게 다문다. 혀는 윗잇몸 (뒤쪽)에 놓는다. 호흡을 할 때 (호흡하는) 소리가 나거나, 격하게 하거나, 가쁘게 하지 않으며, 알아차리지 못할 정도로 천천히 자연스럽게 들이쉬고 밖으로 내쉰다.

수행자들은 호흡하는 방법에 특별히 주의를 기울여야 한다. 숨을 쉴 때 소리가 나거나 호흡이 막히면 안 된다. 격한 호흡은 해롭다. 차분하게, 그리고 고르게 들이쉬고 내쉰다.

제8장

• • •

**우선 사마타 수행을 확립해야 한다. 사마타란 외부의 대상에 대한
(마음의) 산란함을 가라앉히고 나서 안으로 (마음을) 관찰하여 항상 자
연스럽게 명상의 대상을 향하여 환희^{歡喜}(ānanda)와 경안을 지닌 마음
에 머무르는 것이다.**

조건을 갖추고 예비 수행을 여법하게 마친 후에는 사마타와
위빠사나 수행에 들어가야 한다. 사마타 수행이란 무엇일까? 사
마타란 외부 대상에 대한 산란한 마음을 잠재운 결과로 노력하
지 않아도 자연스럽게 의식이 대상에 집중되는 명상이다.♦

♦ 초보자가 공성을 대상으로 명상하는 것은 매우 어렵다. 어설프게 공성에 대해 명상하는
것은 공성에 대한 명상이라기보다는 아무것도 없음(無)에 대한 명상일 뿐이어서 오히려
무지만을 늘릴 뿐이다. 따라서 대부분의 사람은 다른 것을 그 대상으로 삼는다.
욕망이 일어날 때에는 추함을 대상으로 삼는다. 고통의 추함, 덜 아름다운 것이 가지는

이와 더불어 사마타 수행은 정신적 침울(혼침)과 흥분(도거)으로부터 자유로워져서 몸과 마음의 흠들을 서서히 제거하는 것이다. "환희와 경안을 지닌"이라는 말은 명상 수행자가 사마타 수행을 통해 발전시킨 몸과 마음의 자질들을 일컫는다. 수행의 단계라는 관점에서 보자면 이 두 가지 경안 가운데 마음의 경안이 우선 계발되고, 잇따라서 몸의 경안을 성취할 수 있다. 흥미로운 점은 몸의 환희는 몸의 경안 후에 발생하며, 몸의 환희에 따라 마음의 환희가 일어난다는 것이다. 마음이 환희와 결합할 때, 이를 사마타 수행이라고 한다.

그렇다면 위빠사나 수행이란 무엇일까?

사마타에 (머물면서) 진리를 관찰하는 것이 위빠사나이다. 《보운경寶雲經》

—

상대적 추함, 번뇌의 추함, 늙고 병든 몸의 흩어짐, 또는 몸을 구성하는 눈물, 콧물, 장, 담즙 등의 추함 등이다. 증오에 대해서는 친구, 적, 아무 관계 없는 사람들에 대한 사랑, 그들을 도와주고 싶은 마음, 그들의 행복을 바라는 마음을 대상으로 삼아야 한다. 무지의 경우에는 연기법을 가지고 사마타 명상에 드는 것이 좋다. 자만심이 일어날 때는 물질/정신의 연속체를 이루는 지地, 수水, 화火, 풍風, 공空, 식識에 집중하고 그렇게 함으로써 고정된 몸의 개념을 극복하여 부정형의 전체로 보며 뚱뚱함 등 몸의 부분을 살펴 추함을 식별하게 한다. 이 밖에 붓다의 몸, 또는 불상을 관찰 대상으로 삼는 경우는 다른 모든 대상보다 더 낫다고 여기는데, 붓다의 몸은 가피력을 가지고 있어서 삼매의 성취를 돕는 특징들을 가지고 있을 뿐 아니라, 성불에 필요한 덕德의 자량을 완성하고 딴뜨라의 요가 수행을 어렵지 않게 해 준다고 한다.

172

《經(Ratnamegha-sūtra)》은 "사마타는 마음을 한곳에 오롯이 하는 것이다. 위빠사나는 (진리에 대한) 올바른 관찰이다."라고 한다.

사마타 명상으로 수행하는 능력을 기른 다음에 수행자는 의식을 명상의 대상에 집중하는 것이 아니라 분석하기 시작한다. 여기에서 기본적인 명상의 대상은 승의제이지만, 세속적인 현상을 분석 대상에서 배제하는 것은 아니다. 명상의 대상을 분석한 힘으로 몸과 마음에 환희를 일으키는 마음 집중을 위빠사나라고 하며, 그 후에 사마타와 위빠사나의 결합이 성취된다.

명상의 대상에 대해서는 사마타와 위빠사나의 대상은 다르지 않다. 이 두 명상은 모두 세속제와 승의제를 명상의 대상으로 삼는다. 승의제를 명상의 대상으로 집중하는 사마타 명상도 있고, 세속제를 대상으로 집중하는 위빠사나 명상도 있다. 예를 들어, 공성에 대해 선정에 드는 사마타 명상법도 있다. 또한, 수행 길의 미세하고 거친 양상들과 같은 세속적인 현상들을 명상 대상으로 삼아 위빠사나 명상을 하기도 한다.

일반적으로 사마타는 마음을 집중하는 명상법이고, 위빠사나는 분석적인 명상법이다. 이것이 바로 두 명상법의 큰 차이로, 금강승金剛乘(Vajrayāna) 혹은 딴뜨라의 하위 세 딴뜨라는 두 명상

법 사이의 차이에 대해 이러한 견해를 지니고 있다. 그러나 무상
요가 딴뜨라에 의하면 위빠사나 수행이 마음을 집중하는 명상
법이라고도 한다. 위빠사나 명상이 오롯이 정신을 집중하는 명
상으로 작용한다는 맥락 안에서의 매우 독특한 견해이다. 반면
에 까규빠의 마하무드라^{Mahāmudra}◆와 닝마빠의 족첸^{Dzogchen}◆◆은
오직 분석적인 명상법만을 수행한다.

《해심밀경》은 "(미륵보살이) '붓다시여, 사마타는 어떻게 해야 제대로
구하며, 위빠사나는 어떻게 배워야 합니까?'라고 물으시자, '미륵이여!
나는 이와 같은 가르침을 보살에게 주었다. 계경契經(sūtra)과 응송應誦
(geya)과 수기授記(vyākaraṇa)와 풍송諷誦(śuloka), 자설自說(udana), 인연因
緣(nīdāna), 비유譬喩(avadāna), 본사本事(itivṛttaka), 본생本生(jātaka), 방광方
廣(vaipulya), 미증유未曾有(adbhūtadharma), 논의論議(upadeśa)들이 그것
이다. 그들에게 설한 이 가르침들을 보살들은 잘 듣고, 잘 파악하며,
(들어서 배우고 파악한 바를) 잘 (반복하여) 암송하고, 마음으로 잘 분석하

◆ 티베트불교의 까규빠와 겔룩빠 전통 안에서 찾아볼 수 있는 명상 방법으로, 명상 수행자
의 마음 본성에 집중하면서 이를 사마타와 위빠사나에 적용한다.
◆◆ 티베트의 닝마빠 전통의 가장 상위의 수행 체계로, '위대한 완성' 혹은 '위대한 궁극의 경
지'를 뜻한다.

고 관찰해서 철저히 이해한 다음, 보살들은 홀로 조용한 곳에 앉아서 올바른 사색을 통해 (일어난) 가르침(불법)에 대해서 사유하며, 사유하는 그 마음 안에서 지속적으로 사유하기 때문에, 사유한다(고 하는 것이다). 이러한 방법을 통해 보살은 사마타를 완전히 구하는 것이다.'"

사마타 명상을 하는 동안 의식을 가르침의 핵심과 요점들에 오롯이 집중한 열두 가지 범주로 기록된 붓다의 가르침은 폭넓고 다양한 주제에 대한 것이다. 오온, 십이처$^{+二處}$, 십팔계$^{+八界}$ 등이 그 예이다. 사마타 명상을 할 때는 명상 대상에 대한 정밀한 분석을 일으키지 않는다. 대신에 붓다의 가르침의 핵심 또는 본질인 공성 또는 무상에 의식을 모으고, 그 가르침의 본질에 대해서 사유한다. 이와 달리 위빠사나의 명상은 분석적이다. 수행자는 오온, 십이처, 십팔계 등 명상의 대상의 정체는 무엇인지, 어디로서 왔는지, 다른 특징들은 무엇인지를 자세히 분석한다.

"'이와 같이 머무르며, 그 상태에 사마타에 들어가 자주 머무를 수 있으며, 몸의 가볍고 편안함과 마음의 가볍고 편안함(경안)을 성취했을 때, 그것을 사마타라고 이른다. 보살이 사마타를 간구한다고 하는 것이다.'

명상의 단계를 밟아 나아가는 수행자는 우선 마음의 경안을 실현한다. 마음의 경안이 일어나기 전에 머리가 무거워지는 느낌이 드는데 사실 이것은 마음의 때(염오)가 사라지기 때문에 나타나는 현상이다. 마음의 경안이 발현한 다음에 몸의 경안이 발현한다. 이것은 몸의 부족한 결점들과 대치되는 것이다. 몸의 환희가 몸의 경안의 결과로 일어나고, 몸의 환희 다음으로는 마음의 환희가 발생한다.

'몸의 가볍고 편안함과 마음의 가볍고 편안함(경안)을 성취한 다음, 그 (몸과 마음의 편안함)에 머무른다. 마음의 산란함을 없애고 나서 삼매에서 일어난 그 현상의 영상影像을 (대상으로 삼아) 철저히 분석하여 관찰(개별 관찰 또는 사택思擇)하고 확실하게 이해한다(adhimokṣa, 승해勝解). 이와 같이 삼매에서 일어나는 영상을 의식 대상으로 삼아 정확히 판별하는 것과 철저하게 구별하는 것, 잘 이해하는 것, 면밀히 검토하는 것, (그 분석 대상을) 인내하고 받아들이는 것, 올바르게 분석하는 것, 관찰하고 이해하는 것을 위빠사나라고 부른다. 이렇게 보살이 위빠사나를 통달한다고 하는 것이다.'"라고 한다.

선한 마음을 일으키는 것이 중요하다. 수행자는 수행의 과정에서 이 선한 마음가짐을 다시 일으켜야 한다. '나는 허공만큼이나 많은 중생을 위해서 위대한 스승 까말라쉴라의 이 고귀한 가르침을 경청하여 가장 높은 붓다의 지위(불지)를 성취하리라.' 하고 생각해야 한다. 인간으로 태어난다는 것이 얼마나 드물고 고귀한 일인지를 분명하게 인식하는 것이 중요하다. 한시적인 목적을 달성할 수 있고, 궁극적인 목적을 이루는 것은 이런 생각을 기초로 한다. 여유롭고 원만한◆ 인간으로 태어난 이번 삶은 절호의 기회이므로 우리는 이 기회를 최대한 살려야 한다. 깨달음이라는 궁극적인 목적을 이루기 위한 뿌리이자 기반은 다른 사람들을 위하는 이타적인 마음, 즉 보리심을 일으키는 것이며, 또한 연민의 마음을 원인으로 일어난다. 이 목표를 받쳐 주는 다른 수행법들은 보시바라밀 등의 다른 복덕을 쌓는 행들과 사마타와 위빠사나의 합일인 지관쌍운止觀雙運(śamatha-vipaśyanā-yuga-naddha)의 수행이다.

중생들을 위한 연민의 마음을 일으키기에 앞서 수행자는 윤회의 전반적인 괴로움에 대해 생각하며, 다른 육도윤회 세계(천상, 아수라, 축생, 아귀, 지옥)의 특수한 괴로움들에 대해서도 생각

◆ 여덟 가지 여유와 열 가지 원만. 17쪽 옮긴이 주 참조.

해야 한다. 이러한 과정을 통해 수행자는 윤회의 괴로움을 더 이상 참을 수 없음을 절실히 느낄 것이다. 이것이 우리에게 윤회 속의 삶을 버릴 방법을 발견하도록 이끌 것이다. 우리가 단 한 번이라도 완벽하게 괴로움에서 벗어날 수 있었던 적이 있었던 가? 괴로움을 사라지게 하기 위해서 할 수 있는 일은 무엇일까? 이러한 의문에 열중하여 그 문제를 잘 검토한다면 무엇이 괴로움을 일으키는지를 알 수 있을 것이다.

괴로움의 원천은 행위(업)와 번뇌로부터 일어나는 때(염오)이다. 이것은 영원한 것이 아니어서 우리는 마음에서 그것을 완전히 떨쳐 낼 수 있다. 수행자는 괴로움과 괴로움의 원인을 제압하고 제거함으로써 사성제 가운데 하나인 멸성제를 성취할 수 있음을 알게 될 것이다. 이러한 앎의 결과는 괴로움과 괴로움의 원인으로부터 자유롭고자 하는 염원과 열망인 개인적인 염리심이다. 그리고 다른 중생들 역시 괴로움과 괴로움의 원인들로부터 자유롭기를 내가, 우리가 바랄 때, 우리는 연민의 마음을 생성하는 큰 걸음을 내딛는 것이다.

수행자는 공통적인 쉬운 단계를 수행하고, 다음으로 점차 높은 단계로 나아가야 한다. 이것이 깨달음을 실현할 수 있는 안전하고 올바른 방법이다.

예비 수행을 마친 다음에는 세속의 보리심과 승의의 보리심이라는 두 가지 보리심의 수행에 진력해야 한다. 세속적인 보리심을 일으키면서 수행자는 보시, 지계, 인욕, 정진, 선정 그리고 반야바라밀을 포함한 보살행으로 나아간다. 승의의 보리심에 대한 명상은 공성을 직접 지각하는 출세간의 지혜를 성취함으로서 완성할 수 있다.❖ 이 반야의 지혜는 사마타와 위빠사나가 합일한 삼매이다. 이는 삼매에 들어 있으면서 동시에 자성의 공함을 분석할 수 있다는 뜻이다.

우선 수행자는 사마타 수행을 쉽게 해 줄 선결 요건들을 쌓아야 한다.

사마타를 완성하고자 하는 수행자는 처음에 경과 응송 등 (십이부 경전의) 모든 가르침이 진여라는 진리를 향한 것이며, (진리에) 도달한 것이고, (나를) 진여의 진리에 도달(하게 해 줄) 것이라고 (생각하여) 모

❖ 다르마끼르띠에 의하면 공성의 직접 지각은 네 가지 직접 지각 가운데 네 번째인 분별을 떠나, 한 치의 오류도 없는 '요가 행자의 직접 지각(yogipratyaṣa)'을 성취해야 가능하다. 까말라쉴라는《수행의 단계》제3권에서 요가 행자의 직접 지각으로 공성을 직접 지각하는 것이 수행의 다섯 단계 가운데 견도見道의 시작이며, 보살 수행의 열 단계 가운데 첫 번째인 환희지歡喜地라고 했다.

든 (십이부 경전을) 정리하고, 이에 (의식을) 면밀히 집중해야 한다.

궁극적인 분석의 견지에서 볼 때, 붓다의 가르침은 직접적으로도 간접적으로도 여여함과 관계있다. 직접적으로 무상無常, 고苦 등을 다루는 십이부 경전은 궁극적으로는 진여를 설명하는 것이다. 왜냐하면 이 경전들이 주체와 대상의 불이不二와 같이 거친 무아를 설명하지만, 이 경전들은 붓다께서 두 번째 전법륜기에 직접 가르치셨던 미세한 공성에 대한 설명으로 우리를 이끌기 때문이다.

다른 한 가지 방법은 (다섯) 종류로 모든 현상을 정리하는 오온 등에 면밀히 집중하는 것이다. 또 다른 방법은 보고 들은 그대로 불상에 마음을 집중하는 것이다. 《삼매왕경》은 이렇게 말씀하셨다.

금빛 몸을 지니신 세상의 수호자 세존께서는
모든 면에서 아름다우시네.
그 불신佛身에 마음을 집중하는
보살은 삼매에 든 것이라고 말하네.

사마타 명상의 대상은 다양하다. 딴뜨라 혹은 밀교의 교의는 관상觀想의 대상인 본존 또는 종자種字◆를 그 대상으로 한다는 면에서 독특하다. 이《수행의 단계》에서는 현교顯教의 교학 체계에서 가르친 대로 본존이나 종자 대신 불상을 사마타 명상의 대상으로 삼는다. 삼매는 불교와 외도 모두에게 공통이다. 그러므로 불교도에게는 불상을 그 대상으로 하는 것을 권장한다. 이렇게 해서 수행자는 복덕을 쌓으면서 붓다를 기억하는 수많은 부차적인 이익도 수확할 수 있다. 금강보좌金剛寶座에 앉아 계시는 붓다를 상상해 보자. 이 붓다께서 우리 키만큼의 떨어진 공간에, 우리 이마 높이의 정면에 계시는 것으로 관상한다. 이 붓다는 단단히 응축되어 실재하시는 것처럼 보이고, 온몸에서 빛이 뿜어져 나오고 있는 모습으로 관상한다.◆◆

◆ 밀교에서 상징된 의미를 가진 문자들로, 불보살 내지는 각종 사항을 포함하는 산스크리트 문자를 말한다. 이 하나하나의 문자가 어느 한 부처님 또는 보살을 상징하는데, 예를 들어 태장계 대일여래의 종자는 '阿'이다.

◆◆ 실제 영상화 수련을 하는 수행자들에 의하면, 자신이 주요 본존으로 삼는 불보살과 신들의 영상을 마음속에 그릴 때에는 손톱에서부터 이미지를 그려 나간다고 한다. 영상화는 저절로 떠오르는 영상을 보는 것이 아니라, 마음을 집중하여 인위적으로 하나의 붓다나 보살, 또는 신의 모습을 마음속에 만들어 내는 것이다. 그리하여 손 하나를 실제 손처럼 그려 나가는 데 한 달에서 석 달이 소요된다고 한다. 영상화 대상이 실물인 것처럼 여겨지도록 응축된 모습으로 만들어야 하며, 깨달은 존재들이기 때문에 번뇌를 물리치는 밝은 빛이 나오는 것으로 그려야 한다.

현명한 수행자들은 견해에 대한 올바른 이해를 얻음으로써 마음을 집중하는 방법을 찾는다. 이러한 사람들은 공성을 명상의 대상으로 삼고 사마타 명상을 이러한 방법으로 실현하고자 할 것이다. 그러나 이것은 말처럼 쉽지 않다. 어떤 사람은 마음 자체를 대상으로 삼아 사마타 명상을 하고자 할 것이다. 이 수행자는 마음의 본성인 명료함과 인식함에 초점을 맞추고자 한다. 이것이 마음 그 자체에 집중하는 방법이기도 하다. 이것 역시 쉬운 방법은 아니다. 우선 수행자는 명료한 인식을 실제적인 경험에서 확인해야 한다. 그 느낌에 초점을 맞추는 것이 의식을 집중하는 데 도움을 줄 것이다.

마음은 신비하며 셀 수 없을 만큼 다양한 모습을 가지고 있다. 따라서 외부 대상을 인지하는 방법과 같은 방법으로 마음을 확인하는 것은 불가능하다. 마음은 모양도, 구체적인 물질도, 색깔도 지니고 있지 않다. 이 명료한 인식만이 경험과 느낌의 본질이다. 이것은 마치 물감을 풀어 놓은 물과 같다. 물감을 물에 섞으면 원래 물의 색이 어떠한 것이었는지 명확히 확인할 수 없다. 마찬가지로 마음은 물질적 형태 등과 같은 외부 대상의 특징을 가지고 있지 않다. 그렇지만 마음은 다섯 가지 감각기관을* 습관적으로 따르고 있기에 마음과 마음이 경험한 물질, 형체, 색깔 등을 떨어뜨려 놓고 생각한다는 것은 거의 불가능하다.

　이러한 맥락에서 사마타 명상은 의도적인 노력을 통해 모든 종류의 생각과 지각 작용을 멈추는 것이다. 의식이 지각 작용을 쫓아가서 산란해지는 것을 억제하는 것에서부터 수행을 시작해야 한다. 다음으로는 마음이 감각 경험, 기쁨과 슬픈 느낌을 기억하려는 것을 멈춰야 한다. 과거의 기억이나 미래의 계획에 사로잡히지 말고 오직 마음의 현존과 천연의 상태, 즉 명료한 앎에 집중한다. 이러한 방법을 통해 소위 '마음의 본모습'이 차차 수행자에게 떠오를 것이다. 마음이 모든 종류의 생각과 개념으로부터 자유로울 때, 텅 빈 상태가 불현듯 떠오를 것이다. 수행자가 이 텅 빔에 익숙해지려고 노력할 때, 의식의 명료함이 자연스럽고 뚜렷하게 드러날 것이다.

　사마타 명상의 수행 속에서 우리는 다섯 가지 과실(오과실五過失)과 여덟 가지 과실을 끊는 방법(팔단행八斷行)을 완전하게 알고 적용할 준비를 해야 한다.◆◆ 다섯 가지 과실이란 게으름(해태懈怠),

---

◆　의식을 제외한 시각, 청각, 촉각, 미각, 후각의 다섯 가지 감각기관.
◆◆　다섯 가지 과실과 여덟 가지 과실을 끊는 방법에 대해서는 바수반두(Vasubandhu, 세친世親)의 《변중변론辯中邊論》을 참고하는 것도 좋다.

명상의 대상인 가르침을 망각함, 혼침과 도거, 마음이 혼침과 도거에 빠져 있을 때에 대치 방법을 적용하지 않음, 대치 방법의 불필요한 적용이다. 다음으로, 여덟 가지 대치 방법이란 신심, 의욕(희구希求), 정진, 경안, 바르게 기억함(Samyaksmṛti, 정념正念)◆, 명확한 앎(Samprajanya, 정지正知), 혼침과 도거에 마음이 오염되었을 때 대치 방법을 적용함 그리고 불필요한 대치 방법의 사용을 자제하는 것이다. 여기에서 신심은 마음 집중 수행의 이익을 제대로 아는 것으로부터 일어나는, 그 집중 수행 속에서의 기쁨을 말한다. 신심은 수행에 대한 의욕이 자연스럽게 일어나게 해 주며, 근면하게 수행할 수 있도록 북돋아 준다. 신심, 의욕, 정진, 경안은 게으름을 치료하는 약이고, 바르게 기억함(정념)은 명상 대상을 망각하지 않는 방법이다. 명확한 앎(정지)은 혼침과 도거를 막는 것이다. 마음이 혼침을 겪고 있을 때는 노력하는 것이 마음을 일깨우고 고양시킬 수 있다. 도거는 요동치는 마음을 가라앉히는 것으로 막을 수 있다. 오랜 기간에 걸친 수행을 통해서 수

◆ 네 가지 의식 집중의 대상인 사념주四念住: 몸은 부정한 것이며, 느낌은 괴로운 것이며, 마음은 끊임없이 변하는 것이고, 현상은 자성이 없다(신수심법身受心法)는 것에 대한 올바른 수행을 말한다.

행자는 정신적인 안정을 얻고 더 높은 삼매의 단계로 나아갈 수 있다. 아홉 단계의 선정(구차제정九次第定)◆ 가운데 여덟 번째인 비상비비상처정과 아홉 번째 단계인 멸진정滅盡定에 이르면 매우 심오한 삼매 상태에 들게 된다. 이 상태에서 대치 방법을 적용하는 것은 오직 마음을 산란하게 할 뿐이어서, 대치 방법을 절대로 적용해서는 안 된다.

이와 같이 그대가 바라는 관찰 대상에 마음을 집중한 뒤, 반복적으로 그리고 지속적으로 마음을 집중한다. 이렇게 그 대상에 마음을 집중하고 나서 그 마음을 다음과 같이 분석한다. '(삼매 가운데 일어나는) 관찰 대상을 잘 파악하고 있는가? 혼침에 빠지지는 않았는가? 외부의 대상에 휘둘려 산란해지지는 않았는가?'를 생각하고 점검한다.

사마타 명상을 계발하는 데 있어, 수행자는 자신이 적절하고 편하게 느끼는 명상 대상을 마음대로 고를 수 있다. 마음을 명상 대상에 집중하면서 외부 대상에 마음이 끌리거나 흐리멍텅하게 혼침에 빠지는 것을 막아야 한다. 그리고 예리한 명료함과 결합

◆   사선정四禪定, 사무색정四無色定, 그리고 멸진정滅盡定의 총 아홉 단계의 선정을 일컫는다.

된 삼매의 성취를 목표로 해야 한다.

혼침은 게으름이 마음을 지배하며 알아차림과 예리함이 없을 때 일어난다. 일상의 삶 속에서도 우리는 스스로의 마음을 '흐릿하다' 또는 '둔하다'라고 표현하곤 하는데, 이런 혼침이 나타나면 수행자는 마음을 대상에 단단히 고정할 수 없게 되며, 따라서 수행의 열매를 맺을 수 없다.

만일 혼침과 잠이 덮쳐서 마음이 무기력해지는 것을 알아차리거나, 마음이 무기력해질까 봐 두려워하는 것을 알아차린다면, 그때 최고로 환희로운 대상인 불상佛像 등이나 혹은 빛의 모습(ālokasaṃjñā, 광명상光明想)에 의식을 집중한다. 이렇게 해서 혼침을 평안하게 하고 나면 언제나 관찰 대상 그 자체에 대한 마음의 관찰을 매우 명징하게 볼 수 있을 것이다.

정신적 지둔遲鈍함과 혼침은 서로를 원인으로 하여 발생하는 관계이다. 수행자의 마음이 침침해지면 몸과 마음이 무겁게 느껴진다. 만일 수행자가 의식의 명료함을 잃는다면 그 마음은 생산적이지 못하기 때문에 좋은 결과를 일으킬 수 없다. 혼침은 정신적 침체의 한 모습이다. 이 혼침을 대치하기 위해서는 마음을 고양시키는 방법을 사용해야 한다. 그중 몇 가지 좀 더 확실한 방법은 붓다께서 가지고 계시는 수승한 특징들과 같은 즐거운 것들에 대해서 생각하거나, 인간으로 태어나는 이 드문 기회를 잡았다는 것에 대해서 감사하고 즐거워하는 것이다. 이러한 생각들을 통해 기운을 북돋아 수행에 임한다면 좋은 결실을 볼 수 있다.

사마타 명상을 수행하면서 넘어야 할 또 다른 큰 장애물은 도거이다. 도거는 욕망의 대상을 좇거나 과거의 즐겁고 행복한 일들을 기억하는 등에 의해 마음이 동요하는 상태이다. 거친 형태의 도거가 일어나면 마음은 집중의 대상을 완전히 잃어버리게 된다. 미세한 도거가 일어나면 마음이 대상에 대해 덜 집중하게 된다. 이 문제의 해결책은 무상함, 괴로움 등 마음을 진정시킬 수 있는 것들을 대상으로 명상하는 것이다.

이렇게 될 때까지 (수련을) 해야 한다. 즉, 장님이 보는 것 같거나, 깜깜한 곳에 있는 사람이 보는 것처럼, 눈을 꼭 감고 보는 것처럼 명상의 대상이 매우 명징하게 보이지 않는다면, 이를 혼침이라고 알아야 한다. 외부 대상인 물질 등에 대해서 그들의 자질을 분별 인식함으로써 (그쪽으로 마음이) 이끌리기 때문에, 혹은 (삼매에서 일어나는 관찰 대

상이 아닌) 다른 것에 마음이 뺏겨서, 이전에 경험했던 대상을 원하여 마음이 지나치게 산란한 것(도거)을 (알아차리거나), 마음이 지나치게 산란해지는 것을 두려워하는 것을 (알아차릴) 때는 모든 것은 끊임없이 변한다는 사실(제행무상諸行無常)과 모든 것은 필경에는 괴로움이라는 사실(일체개고一切皆苦) 등에 집중하라. 이러한 주제가 지나치게 산란한 마음을 잠재울 것이다.

지속적인 정신적 산란함의 과오들에 대해서 곰곰이 생각하거나 마음을 침울하게 만드는 여타의 대상들에 대해서 생각하는 것이 도거를 누를 수 있다. 마음이 명상 대상을 놓치고, 그 대신에 과거의 경험, 특히 집착했던 대상에게 마음을 뺴앗길 때, 그 상태를 도거라고 부른다. 명상 대상을 완전히 망각하고 실제 외부 대상에게 마음을 빼앗겨 산란해질 때는 '거친 도거'라고 부른다. 명상 대상을 잃지는 않았지만 부분적으로 의식이 집착 대상에 머물고 있을 때는 '미세한 도거'라고 부른다. 마음이 너무 들떠 산란해지면 도거에 빠진다. 이 도거에 대치하기 위해서는 들뜬 마음을 가라앉혀야 한다. 이것은 마음을 안으로 끌어들임으로써 가능해진다. 이를 위해서는 내부나 외부 대상에 대한 집착을 감소시킬 수 있는 대상에 대해서 명상하는 것이 매우 효과적이다. 이러한 관점에서 현상의 무상함과 괴로움 등에 대해서 다시 명상하는 것도 매우 효과적이다.

혼침과 도거를 치료하는 것은 내적인 성찰(내성內省) 또는 내적인 관조(내조內照)이다. 내적인 성찰은 마음이 명상의 대상에 안정적으로 집중하고 있는지를 점검하는 기능을 한다. 내적인 성찰이 가능하게 되면, 마음이 그 대상에 아직 집중하고 있는지 아닌지를 반드시 살펴보아야 한다. 여섯 번째 과오를 끊어 내는 방법인 명확한 앎(정지)의 힘이 강하면 강할수록, 내적인 성찰의 힘 역시 강해질 것이다. 예를 들어, '이것은 좋지 않다.', '이것은 내 수행에 도움이 되지 않는다.' 등을 끊임없이 기억한다면, 우리는 내적인 성찰을 유지하고 있는 것이다. 일상의 부정적인 측면들에 대해서 유념하는 것이 중요하다. 그리고 그 부정적인 측면이 발생하지 않도록 경계해야 한다. 그러므로 내적인 성찰의 독특한 특징은 우리 몸과 마음 상태를 판단하고, 마음이 명상의 대상에 제대로 머물러 있는지를 판단, 점검하는 것이다.

동시에 기분이 너무 저하되어 있으면 혼침에 빠지게 됨을 아는 것도 중요하다. 혼침이 일어나는 것을 알아차렸다면 기분을 북돋우려 노력해야 한다. 어떤 특정한 때에 마음이 우울하거나 들떠 있는 것은 건강, 식사의 여부, 하루의 특정한 시간 등과 깊은 관계가 있다. 따라서 언제 마음을 가라앉혀야 하고 언제 마음을 고양시킬 것인지를 가장 잘 알고 판단할 수 있는 사람은 우리 자신뿐이다.

산란함을 잠재우고 바르게 기억함(정념)과 명확한 앎(정지)이라는 밧줄로 미친 코끼리와 같이 날뛰는 마음을 (삼매에서 일어나는) 관찰의 대상(상념^{想念})이라는 나무에 단단히 묶어야 한다. 혼침과 도거가 없고, 그 관찰 대상에 마음이 자연스럽게 몰입할 때, 그때는 정진의 힘을 느슨히 하여 평온(upekṣa, 사^捨)에 들어가서 (이 상태를) 원하는 만큼 유지한다.

초기에는 마음을 명상 대상에 거의 집중할 수가 없다. 그러나 지속적인 수행과 함께 혼침과 도거에 대한 대치 방법을 개발함으로써 이러한 장애물들 가운데 거친 장애들의 힘은 줄어들고, 미세한 장애들은 점점 더 분명하게 드러나게 된다. 만일 계속 수행하고 바르게 기억함과 명확한 앎의 힘이 증가한다면 미세한 장애들이라 하더라도 우리의 수행을 방해하지 못할 때가 올 것이다. 모든 장애에서 자유로운 올바른 명상 수행에 들어가겠다는 강력한 의지를 일으키는 것도 아주 좋은 영향을 미칠 것이다.

이렇게 하면 우리는 한 시간이나 그 이상이라도 힘들이지 않고 명상할 수 있을 것이다.

삼매의 각성은 쉬운 일이 아니다. 오랜 시간 수행할 수 있는 인내심이 있어야만 한다. 지속적으로 수행함으로써 몸과 마음의 결함들을 차츰차츰 제거할 수 있다. 여기서 결함이란 몸과 마음을 둔하게 만들거나 수행하기 어렵게 만드는 혼침과 무거운 느낌이다. 수행자가 사마타 명상의 아홉 단계를 성취했다면, 이러한 결함들을 완전하게 제거할 수 있다. 그 결과 수행자는 마음의 경안을 일으키고 이어서 몸의 경안을 일으킨다.

이와 같이 사마타에 익숙해져서 몸과 마음이 가볍고 편안하게 되고 (경안), 관찰의 대상에 원하는 만큼 스스로의 힘으로 집중할 수 있을 때, 사마타가 이루어진 것이라고 알아야 한다.

앞에서 말했듯이, 사마타 명상은 불교도와 외도 모두에게서 찾아볼 수 있는 공통적인 수행법이다. 이것만을 가지고 본다면 불교의 수행법이 독특하다거나 심오하다는 점을 발견하기 어렵다. 그러나 우리가 어떠한 승의적인 대상 또는 세속적인 대상의 본질을 탐구할 때는 사마타 명상법이 매우 중요하다. 사마타 명상의 주요한 목적은 삼매를 계발하는 것이다. 비록 우리가 기도문을 외우거나 딴뜨라 수행법을 하고 있다 하더라도, 그 수행법들이 유익한 것인지 아닌지에 대한 의문에 맞닥뜨리게 된다. 이러한 의문이 일어나는 가장 주된 이유는 주의 집중의 부족이다. 그래서 집중의 대상에 일관되게 머무를 수 있는 마음을 발전시켜야 한다. 초기 단계에서는 최상의 사마타 명상의 마음을 내지는 못할 것이다. 그러나, 그렇다 하더라도 육바라밀, 이타적 생각 등을 수행하는 동안 강력한 정신적 평온함을 닦는 것이 매우 중요하다. 사마타 명상의 최종 목표는 위빠사나 수행을 구현하는 것이다.

제9장

· · ·

《수행의 단계·중편》을 읽으면서 우리는 보살들이 수행하는 육
바라밀의 수행에 대해서 이야기하고 있다. 우리가 사마타 명상
을 하는 목적은 출세간의 위빠사나 수행법을 닦기 위한 것이므
로 사마타 명상을 닦은 다음에는 위빠사나 수행을 닦는 데 진력
해야 한다.

사마타를 이루고 나서 위빠사나 수행을 한다. '세존의 모든 말씀은 뛰
어난 가르침이다. 직접적으로 혹은 간접적으로 (실상實相의) 진여를 명
료하게 밝혀 주시고, (실상의) 진여로 이끌어 주신다. 이 여여함을 이
해한다면, 빛이 일어나서 어둠을 밝히듯, 모든 (삿된) 견해의 그물에
서 빠져나올 수 있게 된다. 사마타만으로는 올바르고 청정한 지혜를
얻을 수 없으며, (번뇌의 장애와 지혜의 장애라는 두 가지) 장애들의 어둠
역시도 제거할 수 없다. 반야지로 진여를 잘 닦으면, 지혜가 청정하

게 될 것이다. 오직 반야지를 통해서만 (실상의) 여여함을 깨달을 수 있다. 오직 반야지만이 (번뇌의 장애와 지혜의 장애라는 두 가지) 장애를 올바르게 없앨 수 있다. 그러므로 사마타에 기반하여 반야지를 가지고 실상의 진리를 간구할 것이다. 그러나, 사마타만으로는 만족하면 안 된다.'라고 생각한다.

무상정등각은 중생들의 이익을 갈망하는 연민을 토대로 삼아 일어난다. 이러한 이타적인 동기를 튼튼하게 세우면서, 수행자는 사마타 명상과 위빠사나 수행과 같은 덕 있는 수행을 하는 것이다.

이제 위빠사나 수행법에 대해서 이야기할 차례이다. 승의제를 깨닫는 위빠사나 명상을 하기 위해서는 무아를 이해하는 반야지를 계발해야만 한다. 무아를 꿰뚫는 반야지를 계발하기에 앞서, 참나 또는 자아란 존재하지 않는다는 것을 자세히 살피고 확인해야 한다. 우리는 자아의 부재를 맹목적으로 믿는 것에 만족해서는 안 된다. 반드시 자아가 존재한다는 어떠한 근거도 찾을 수 없음을 철두철미하게 확인해야 한다. 세속적이거나 또는 종교적인 다른 현상들을 확인하듯, 단순한 직접 지각 또는 논증을 통해 무아를 검증하는 것도 가능하다. 만일 어떤 대상을 보거나 만질 수 있다면 그 대상을 증명할 필요가 없다. 그러나 불분명한 현상에 있어서는 논리와 일련의 논리적 증명을 통해 그 존재를 증명해야 한다.

무아에는 사람에 진아가 없다는 인무아人無我와 현상에 자성이 없다는 법무아法無我 두 가지가 있다. 즉, 부정해야 할 자아가 두 종류라는 것이다. 그 두 가지는 사람의 자아와 현상의 자아, 즉 자성이다. 불교에서는 사람을 물질과 마음의 쌓임인 오온의 관계로 정의한다. 그러나 일반적으로 볼 때 자아, 또는 사람은 몸과 마음을 지배하는 것처럼 보인다. 그래서 사람에게는 독자적인 실체나 자아가 있어서 오온, 오온의 연속체 또는 오온의 어떤 부분들에도 의존하지 않은 것처럼 보인다. 일반적으로 우리는 이처럼 사람이 다른 것에 의존하지 않고 독자적으로 존재할 수 있다는 생각에 무척 강하게 얽매여 있으며, 그와 같은 자아의 개념을 찾고 있다. 그러나 이것은 부정해야 할 대상이다. 이성적인 검토를 통해 수행자는 독립적인 실체로서의 자아는 존재하지 않는다는 것을 이해할 수 있게 된다. 이렇게 이해하고 받아들일 때, 우리는 사람에게는 자아가 없다는 인무아를 아는 반야지를 계발한다.

현상에 자성 없음, 즉 법무아란 우리가 지각하는 대상에는 실

재하는 참존재 또는 자성이 결여되어 있으며, 지각하는 마음에
도 자성이 부재한다는 것을 일컫는 용어이다. 지각한 대상은 지
각하는 마음의 자성을 반영하는 것이기 때문에 지각한 대상에
자성이 있는 것처럼 보여진다. 따라서 일반적으로는 그 대상들
이 외부에 존재하는 것처럼 보인다. 우리가 외부의 존재라는 착
각에 매달릴 때, 그 대상의 참모습에 대한 착각은 집착과 혐오를
일으키는 뿌리가 된다. 한편 지각한 대상이 사실 외적인 존재가
아니라 단순히 지각된 마음의 자성을 가지고 있음을 제대로 볼
때, 외부의 대상이란 우리의 마음이 투사된 것에 불과할 뿐이라
는 사실을 제대로 이해할 때, 욕망과 증오의 힘은 자연스럽게 감
소한다. 지각한 대상은 외부에 있는 것이 아니고, 지각하는 자와
지각된 대상은 서로 다른 자성 또는 실체를 가지고 있지 않다는
것이 거친 단계의 법무아이다.

대상을 지각하는 마음 역시 자성이 없다. 우리가 무자성이라
고 말할 때, 이는 현상의 존재가 마음에서 어떻게 보이는지를 좌
우한다는 뜻이며, 대상들은 그들 자신만의 고유한 또는 실체적
인 존재를 가지고 있지 않다는 뜻이다. 마음의 착각으로 인해 대
상들은 우리가 보는 그 자리에 있는 것처럼 보인다. 우리는 그
모습에 매달린다. 하지만 사실상 대상은 그러한 자성이라는 실

재가 결여된 것이다. 이것이 이 학파가 주장하는 미세한 공성이다. 이를 따르면 사물이 참으로 존재하는 것처럼 보이는 것을 부정함으로써 우리는 자성이라는 실체는 없다는 인식을 확립할 수 있다. 현상이 허깨비와 같은 것이라는 진실을 이해하는 것이 집착과 분노와 같은 나쁜 감정들의 발생을 감쇄한다.

여기서 아사리 까말라쉴라께서는 붓다의 모든 가르침은 궁극적으로는 수행자가 깨달음의 상태에 도달하도록 안내하는 것이라는 점을 매우 명확하게 설명하신다. 이 최고의 목적을 추구하는 데 있어 여여함을 이해하는 것이 매우 중요하다. 붓다께서는 승의제의 의미를 실현함으로써 깨달음을 성취하셨다. 세상에는 많은 철학적 견해가 있지만, 그 가운데 가장 올바른 것들을 따라야 수행에 진전을 이룰 수 있고 승의제에 대한 통찰의 혜안을 성취할 수 있다. 반면에 잘못된 견해를 따르면 잘못된 길로 들어서게 될 것이며, 결국 좋지 않은 결과를 맞게 될 것이다. 여여함에 대한 올바른 통찰의 눈을 지닌 수행자는 모든 사견을 그 뿌리부터 제거할 수 있을 것이다.

그렇다면 (실상의) 진여란 무엇인가? 진여란 모든 실체, 즉 사람과 현상의 자성이 궁극적(진제眞諦)으로는 공空하다는 것이다. 그리고 이 (사

람과 현상의 자성의 공함이라는 진여는) 완벽한 반야지(반야바라밀)로 깨달을 수 있다. 그러나 (반야바라밀이 아닌) 다른 (바라밀로는 진여를 깨달는 것은) 불가능하다. 《해심밀경》은 "'대웅스ᄴ이시여! 보살은 어떠한 바라밀로 현상의 무자성성(법무아)이라는 수승함(피안)을 성취합니까?' '관세음이여, 반야바라밀로 (무자성성을) 이해할 수 있다.'"라고 한다. 그러므로 사마타에 머물면서 반야지를 수행해야 한다.

여여함 또는 진여란 인무아와 법무아를 말하는 것이지만 주로 법무아를 지칭한다. 법무아를 좀 세밀하게 설명할 때는 학자들마다 해석에 차이가 있다. 《수행의 단계·중편》은 법무아를 인무아보다 미세한 것이라고 말한다. 사람은 마음과 몸의 쌓임인 오온에 의존해서 존재한다. 우리가 인무아스無我라고 할 때, 여기서 인스은 오온에 의지하지 않고 독립적으로 존재하는, 즉 자립적으로 존재하는 인(pudgala, 보특가라)을 지칭한다. 그러한 방식으로 존재하는 인스은 속제적인 차원에서도 존재할 수 없기 때문에, 그러한 자성이 결여된 것이다. 그리고 이것이 인무아라고 하는 것이다.

위대한 스승 샨따락쉬따의 제자인 스승 까말라쉴라께서는 유가행-자립논증-중관학파의 사상을 이으신 분이시다. 이 학파는 법무아에 거친 것과 미세한 것 두 차원이 있다고 주장한다. 주체와 객체의 불이不二 또는 인식자와 인식 대상이 둘이 아님을 거친 차원의 여여함이라고 한다. 그리고 모든 현상을 무자성인 것으로 보는 것을 미세한 차원의 여여함이라고 한다. 붓다의 사상을 다룬 모든 경전 중《반야경》이 이 문제에 대해서 심도 있게 설명한다.

인무아와 법무아에서 '인人 또는 나'라는 개념을 투철하게 파헤쳐 보는 것이 대단히 중요하다. 우리들은 모두 태어나면서부터 '나'라는 생각을 자연스럽게 가지고 있다. 이 존재가 행복과 불행을 경험하며, 행복과 불행을 불러일으킨다. 인도의 다른 학파들 역시 아주 오랜 옛날부터 '인人 또는 자아'의 존재에 대해 다양한 견해를 가지고 있었다. 고대 인도의 한 학파는 '나' 또는 '자아'를 사용자라고 보고, 정신적인 요소들과 물질적인 요소들의 쌓임, 즉 오온을 사용자가 조종하는 대상이라고 보았다. 따라서 그 학파는 자아와 구성 요소들은 서로 다른 실체라고 보았다.

다른 학자들의 견해를 따르자면, 자아는 영원하며 단일하고 독자적인 실체이다. 자아는 이전의 삶에서 온 것이며, 정신적인 구성 요소들과 물질적인 구성 요소들이 쌓였다 해체되는 죽음의 순간에 그다음의 삶으로 떠나는 것이라고 한다. 나는 기독교 등의 다른 종교들에서도 자아를 영원하며 단일하고 독자적인 개체라고 본다는 인상을 받았다. 이러한 자아는 그것을 구성하고 있는 것들과는 별개의 실체로 존재하는 것이다. 불교 내의 네 개의 학파 중 어느 곳도 이러한 개념의 자아가 실재한다고 믿지 않는다. 네 학파 모두 오온과 동떨어진 채로 존재하는 어떠한 실체적인 존재가 있다는 주장을 부정한다.

그런데도 불교 교학에 따르면, 자아는 존재한다. 만일 우리가 자아를 전혀 없는 것이라고 생각하는 데에 만족한다면, 일반적인 인식과 상반되는 주장을 하는 것이다. 그러니 우리는 반드시 자아가 존재하는 방식을 검토하고 분석해야 한다. 논리적인 분석을 통해 자아가 오온에 의존하는 방식으로 존재함을 명확히 할 수 있다. 불교의 다른 학파들은 오온에 대한 서로 상이한 해석을 하지만 모든 학파는 자아라는 인식은 오온들의 지각에 의존해서 형성된다는 데에 대체로 동의한다. 즉, 자아는 반드시 오온에 의존해야만 존재한다고 볼 수 있다는 것이다.

어째서 우리는 나 또는 자아를 찾으려 애쓰는 것일까? 왜 그 존재의 본성을 탐구하려고 애쓰는 것일까? 일반적으로 우리는 사람을 우리 편에 속한 사람과 반대편에 속한 사람이라는 두 집단으로 크게 나눈다. 우리는 우리 편에 속한 사람들에게 집착하며, 반대편에 속한 사람들에게는 적개심을 보인다. 집착과 적개심에 의해 움직이는 우리는 몸, 말과 뜻으로 수많은 좋지 않은 일을 행한다. 이러한 악한 생각과 행동의 깊은 근원에는 '나' 또는 '자아'라는 생각이 자리 잡고 있다. 우리가 하는 악한 행위의 강도와 범위는 자아라는 잘못된 생각을 얼마나 강하게 붙잡고 있는가에 따라 달라진다. 여기서 알고 있어야 할 중요한 점은 이 '나'라는 개념에 대한 집착이 선천적이며, 그럼에도 이 '나'를 찾아서 정확하게 지목하려 한들 정신적 구성 요소들과 물질의 쌓임인 오온을 조종하는 독립적인 '나'는 찾을 수 없다는 것이다.

이러한 선천적인 '나'라는 잘못된 생각 때문에, 우리는 끝없는 욕심의 연속 속에 살고 있다. 이러한 욕망 가운데 몇몇은 매우 독특하다. 사람들이 다른 사람들의 신체적 아름다움이나 지적 능력을 보고는 그들의 우수한 능력과 자신의 열등한 점들을 맞바꾸었으면 하고 바라는 것처럼 말이다. 자아란 자아라고 부를 수 있는 것을 이루는 원인들 및 다른 조건들(연緣)의 결과로서 존재하는 것이 참모습이다. 그런데 마치 이 원인들과 조건들로부터 따로 떨어져 존재하는 것처럼 잘못 인식되는 것이다. 그렇다고 해서 이러한 자아, 즉 나를 부정하고자 하는 것은 아니다. 그러나 독립적으로 존재하는 나라는 개념의 강도와 힘을 반드시 줄여야 한다.

여기서 수행자는 다음과 같이 분석하여야 한다. (중생의 몸과 마음을 구성하는 다섯 종류의 쌓임인) 온^蘊과 (여섯 가지 인식 기관, 여섯 가지 대상, 그리고 상호작용에 의해 일어나는 여섯 가지 의식인) 계^界, 그리고 (여섯 가지 인식 기관과 여섯 가지 대상인) 처^處 밖에서 자아 (또는 참나)는 찾을 수 없다. 자아는 온, (계, 처) 등이 (가지고 있는) 자성 또한 아니다. 오온 등은 무상하며 다수의 현상(의 인과에 따른 집합)이기 때문이며, (불교 이외의) 다른 종파는 사람은 영원하고 하나의 실체라는 (허깨비를) 덮어씌운 것이기 때문이다. 이렇게 혹은 저렇게 존재한다고 주장할 수 없는 참나에게 실체가 있을 수 없다. (앞서 말한 방식 이외에 참나라는) 실체가 존재할 수 있는 다른 방식이 없기 때문이다. 그러므로 세상에서 '나'와 '내 것'이라고 주장하는 것은 전적으로 착각일 뿐이라고 결론 내릴 수 있다.

오온에서 떨어져 독립적으로 존재하는 참나 또는 인^人은 없다. 이 말은 곧 사람은 오온의 상호 관계 속에서 존재하는 것이라는 뜻이다. 이는 우리의 일상 습관을 잘 관찰하면 쉽게 이해할 수 있다. 육신(색온^{色蘊})과 다른 온(수상행식^{受想行識}의 온^蘊)들이 아직 덜 성숙했을 때, 그 사람이 어리다고 말한다. 그 오온의 집적체가 나이 들었을 때는 늙었다고 말한다. 이들 일상적인 표현은 사람이 오온이라는 구성 요소에 의지하여 존재한다고 말하는 것과 딱 들어맞는다.

현상의 무자성성 역시 이와 같은 방식으로 수행해야 한다. 현상이라고 말하는 것은 간추리면 오온과 십이처와 십팔계이다. 여기서 온과 처와 계의 물질적 형태, 그것은 궁극적으로는 마음에서 일어난 형상일 뿐이다. 그것들은 극미極微로 나눌 수 있지만, 극미들을 또한 각 부분의 자성으로 각각 분석한다면, (어디에서도) 자성을 확실하게 찾을 수 없기 때문이다.

여기에서 '형상'은 사람이 향유하거나 사용하는 모든 것들로, 오온, 십이처, 십팔계와 같은 것들이다. 물질적 형태 등과 같은 모든 외적인 대상들은 그것을 인식하는 마음과는 별개의 자성을 가진 것처럼 보인다. 그러나 실상은 그렇지 않다. 만일 그 물질적 형태가 마음이 인식한 것과 다르다면, 현상과 인식하는 마음이라는 두 존재는 정의상 전적으로 서로 관계없는 존재들이어야 한다. 이것은 또한 마음이 물질을 인식한다는 개념과도 모순이 된다. 인식되는 대상은 그 대상을 인지한 마음과 별도의 자성을 갖고 있지 않다. 만일 물질 등의 현상이 마음 밖에 있는 존재라면, 우리는 그 형태의 구성 요소들을 조금씩 떼어 낸 다음에도 그 대상을 그대로 인식할 수 있어야 할 것이다. 그러나 그러한 경우는 없기 때문에, 사물들은 외적인 존재가 없다고 결론지을 수 있다. 이것은 또한 인식된 대상과 그것을 인식한 마음이 별개의 실체로서 존재할 수 없다는 것을 의미한다. 그러므로 이 유가행-자립논증-중관학파는 마음과 같은 자성을 가지지 않은 별도의 외적인 존재는 없다고 주장한다.

그러므로 무시이래로 물질(색⁸) 등은 (즉, 오온은) 궁극적인 진리(진제)가 아니다. 그러나 꿈에 보이는 물질 등을 (마음이) 인식하는 것과 마찬가지이지만, 집착의 힘은 (진여를 모르는) 범부들에게 물질 등이 마음 밖에 따로 떨어져 있는 것처럼 인식하게 만든다. 그러나 궁극적인 진리(진제)의 측면에서 물질 등은 마음의 형상과 동떨어진 것이 아니라고 분석(을 통해 결론짓는)다. 이와 같이 생각하고 (다시) '이 삼계는 오직 마음일 뿐이다.'라고 생각하며, 이러한 생각을 통해 (마음에서 독립적인 것처럼 보일 뿐 그렇지 않다는) 생각으로 (독립적으로 존재하는 것처럼) 거짓으로 설정(가설假設)된 일체의 모든 현상은 오직 마음일 뿐이라는 것을 이해한다. 그러고 나서 이를 면밀히 분석하는 것이 모든 현상의 자성을 면밀히 관찰한 것이라고 생각하는, 그 마음의 자성을 면밀히 분석한다. 이 마음을 이러한 방식으로 분석한다.

따라서 여여함 또는 공성은 주체적인 마음과 마음에 의해 인식된 대상 사이에는 본질적인 차이가 없다는 것을 일컫는다. 이는 사물을 작은 부분으로 쪼갠 후 그 작은 부분을 분석해도 어떠한 절대적인 동일성을 가진 것, 즉 자성을 찾을 수 없기 때문이다. 이는 유식학파의 견해로, 유가행-자립논증-중관학파의 견해와는 몇몇 작은 부분에서 차이가 있기는 하지만 매우 비슷하다. 그러나 이 견해를 후대의 중관학파, 즉 귀류논증-중관학파에서는 받아들이지 않았다. 따라서 《수행의 단계·중편》은 다음과 같이 중관학파의 견해를 포괄적으로 설명한다.

궁극적 진리의 관점에서는 이 마음 역시 진실로 존재할 수 없다. (단일한 듯하지만) 거짓인 자성이 물질 등을 개념 분별하는 마음에 (하나가 아닌) 여러 가지 형상으로 인식될 때, 어떻게 (단일한 존재를 다수의 형상으로 인식하는) 그 마음이 참존재일 수 있겠는가? 이처럼 물질 등이 거짓 존재인 것과 마찬가지로, 마음 역시 물질 등과 다를 바 없이 거짓 존재이다. 따라서 (단일한 자성으로 인식되어야 할) 물질 등에 다수의 형상이 있다면, 이들은 단일한 자성을 가진 것이 아니다. 마찬가지로 마음도 (물질 등과) 다르지 않기 때문에 마음은 단일의 혹은 다수의 자성을 가지지 않은 것이다. 그러므로 마음은 허깨비 등과 같이 자성을 가지고 있다. 마음이 그러하듯이 모든 현상 역시 허깨비 등과 같은 자성을 가지고 있을 뿐이라고 분석하여 (결론짓는다.)

불교 학파 내에서도 공성에 대한 견해에 차이가 있다. 유식학파의 해석은 중관학파의 견해를 공부한 사람 입장에서는 받아들일 수가 없다. 마찬가지로 유식학파도 중관학파의 견해를 부정할 수 있는 논리를 가지고 있다. 각 학파의 상세한 내용을 아는 것보다는 불교 철학 전반을 폭넓게 볼 수 있도록 견해를 넓히는 것이 필요하다. 보다 낮은 학파의 견해들도 직간접적으로 수행자가 보다 높은 학파의 견해를 이해하는 데 도움을 줄 수 있다. 위에서 아사리 까말라쉴라께서 말씀하신 것은 전적으로 중관학파의 견지에서 법무아를 설명하신 것이다. 중관학파에 의하면 모든 현상은 단순히 마음에 의해 붙여진 이름에 불과하다. 외적인 대상들뿐만 아니라, 다양한 범주의 존재하는 것처럼 거짓 현현하는 현상들을 인식하고 있는 마음 역시 자성이 없다.

중관학파는 이러한 방법으로 모든 현상은 내적인 존재이든 외적인 존재이든 간에 자성이 결여되어 있으며, 승의적으로는 존재하지 않는다고 주장한다. 마음이 현상들을 인식할 때, 그 현상들은 마치 진짜로 존재하는 것처럼 보인다. 그러나 사실상 그들은 마음이 인식하는 것과 같은 자성은 가지고 있지 않다. 현상이 드러나는 방식과 존재하는 방식 사이에 간극이 있는 것이다. 그러한 간극이 있는 현상에게 승의적 자성이 있다고 받아들일 수 없다. 그러므로 모든 현상에 참존재 또는 자성은 없다.

마음이 이와 같은 것처럼 모든 현상도 환영 등의 자성을 볼 뿐이라고 분석한다. 이렇게 해서 반야에 의해 마음의 자성을 관찰한다면 승의적으로 마음은 안에서 찾을 수 없다. 밖에서도 찾을 수 없다. 둘 다 아닌 것에서도 찾을 수 없다. 과거에서도 찾을 수 없다. 미래에서도 찾을 수 없다. 현재 발생하고 있는 것에서도 찾을 수 없다. 마음이 생하고 있는 모든 때에도 어디로부터도 일어나지 않는다. 멸하는 모든 때에도 어디로 가는 것이 아니다. 마음은 증명할 수도 없고 파악할 수도 없고 물질적 형태도 아니기 때문이다. "물질이 아닌 것, 파악하거나 증명할 수도 없는 것, 그것의 자성은 무엇인가?"라고 묻는다면, 마음의 정체를 논했던 《보적경》은 "가섭이여, 마음을 샅샅이 찾아보

아도 그것은 찾을 수 없다. 찾을 수 없는 것, 그것은 볼 수 없다. 볼 수 없는 것, 그것은 과거에도 없다. 미래에도 없다. 현재에도 일어나는 것이 아니다."라고 상세히 설명했다. 그와 같이 분석한다면, 승의적인 마음의 발생은 관찰할 수 없다. 소멸도 관찰할 수 없다. 중간도 관찰할 수 없다.

그와 같이 마음에 소멸과 중간이 없는 것처럼, 모든 현상 역시 소멸과 중간이 없다는 것을 이해해야 한다. (마음의 실체 없음을) 이해하기 때문에, 마음에 의해 (거짓으로) 이루어진 물질 등의 자성 역시도 실제로는 찾아볼 수 없다. 모든 마음에 대한 망상분별 역시 공한 것으로 이해해야 한다. 그것을 깨달음으로써, 마음의 형상이 만들어 낸 자성과 색 등은 또한 승의적으로 볼 수 없다. 그렇게 반야에 의한 모든 현상의 자성을 승의적으로 볼 수 없기 때문에 물질이 영원하다거나 영원하지 않다거나, 공空한 것이라거나 공空하지 않은 것이라거나, (진리에 대한 어두움, 즉, 무명에 근거한 번뇌와 업에) 더럽혀진 것(유루有漏)이라거나, 더럽혀지지 않은 것(무루無漏)이라거나, 발생한 것이라거나, 발생하지 않은 것이라거나, 존재하는 것이라거나, 존재하지 않는 것이라는 등의 망상분별을 하지 않는다. 물질에 대한 망상분별을 하지 않는 것처럼 상想(saṃjñā), 행行(saṃskāra), 식識(vijñāna)들 역시 망상분별하지 않는다. 주체(마음)가 (자성을 가진 것으로) 성립되지 않는다면,

(마음이 인식한) 각 부분 역시 (자성을 가진 것으로) 성립될 수 없다. 그러므로 (성립되지 않는 마음이 인식한 각 부분들)에 대해 망상분별을 하는 것이 가능하겠는가?

위의 대목은 승의제에 대하여 논의하고 있다. 승의적인 관점에서 거짓 덧씌워진, 즉, 가설假說된 대상은 승의적인 견지에서는 발견할 수 없다는 뜻이다. 우리는 이와 유사한 맥락을《반야심경般若心經》의 "물질, 소리, 냄새, 맛, 촉감은 없다."라는 구절에서도 발견할 수 있다. 마음 역시 승의적 관점에서 보자면 어디에서도 찾을 수 없다. 승의적 관점에서 외적인 대상이나 마음과 같은 것들은 존재하지 않기 때문에 그들이 영원한지 영원하지 않은지를 점검하는 것은 의미가 없다. 승의적으로 볼 때, 오온 등을 포함하는 모든 현상은 자성, 혹은 실체가 없다. 마찬가지로 현상의 속성인 여여함 역시 자성이 없다. 이 점을 아는 것이 중요하다. 물질 등과 같은 현상에 진아가 없다고 이해했을 때, 자칫 잘못하면 승의제는 진아를 가지고 있다고 착각할 수도 있기 때문이다.

이렇게 해서 그와 같이 수행자가 현상의 실체를 승의적으로 파악할 수 없다는 것을 분명히 알 때, 반야에 의해서 개별 관찰하고, 무분별

정無分別定의 삼매에 들어간다. 그리하여 모든 현상의 자성이 없는 것도 이해한다.

위의 글은 무아를 깨닫는 것을 말하고 있다. 반야지로 무아를 깨닫기 위해서는 반드시 자아가 무엇인지 정확하게 알고 있어야 한다. 이것은 더 이상 자아에 대해서 오해를 하지 않는다는 정도의 단순한 문제는 아니다. 예를 들어, 마음은 물질과 같은 사물을 다양한 방식으로 인식한다. 사물을 자성이 있는 것으로 보는 마음도 있고, 물질이 자성의 속성을 가진 것으로 분별하는 마음도 있다. 또 다른 마음은 자성은 없지만 자성의 속성은 있는 것으로 분별한다. 또 어떤 마음은 자성의 속성을 가지고 있다거나 혹은 무자성이라거나 하는 것이 없다고 분별하기도 한다. 이러한 혼란을 피하고 반야지로 분석을 하기 위해서는 부정의 대상인 자아를 제대로 확인해야 한다. 이러한 식으로 자아가 무엇인지를 제대로 확인한 다음 자아를 부정하면 그 반대인 무아가 드러날 것이다.

반야지로 현상의 무자성을 개별 분별하고 나서 수행을 하지 않고, 오직 마음의 사고 작용만 완전히 없애는 수행을 하는 것은 망상분별을

(제대로) 없앨 수 없을뿐더러 (일체 현상의) 무자성성을 깨닫는 것 역시 불가능하다. 반야의 빛이 없기 때문이다. 이처럼 세존께서는 "올바른 개별 관찰을 통해 진리를 여실히 아는 지혜(yathā-bhūta-jñāna-darśana, 여실지견如實知見)의 불길이 일어난다면 마른 장작을 (서로) 비벼서 일어나는 불길이 (장작들을 태워 버리는 것)처럼 망상분별의 나무가 타 버릴 것이다."라고 말씀하셨다.

현상의 참모습을 알기 위해 필수적인 것은 수행자가 자성의 존재를 점검하는 과정에서 지성과 반야의 지혜를 사용하는 것이다. 아사리 까말라쉴라께서 명확하게 밝히고 계시듯, 단순히 정신 활동만을 정지시키는 것이 진여에 대한 명상이 아니다. 사고 작용이 없다면 그 사람은 자아가 존재한다고 오해하지는 않지만, 무아도 분별할 수 없게 되어 버린다. 반야지의 빛이 비치지 않는다면, 그 수행자는 참나 또는 진아라는 거짓말로부터 자유로울 수 없다. 그러므로 우리는 반야의 지혜의 불꽃을 일으켜, 그 반야의 지혜로 무아를 간파할 수 있도록 해야 한다.

《보운경》은 또한 그와 같이 "과오過誤(doṣa)를 제대로 아는 이는 모든 희론을 떠나기 위해서 공성의 수행을 닦는다. 그는 공성을 오랫동안 수행하기 때문에 들뜬 마음과 산란한 마음의 상태, 이들의 자성을 샅샅이 찾아보아 (그 마음의 상태와 그 상태의 자성이) 공함을 깨닫는다. 그리고 바로 그 마음이란 무엇인지를 역시 검토해서 그 (마음의 자성) 역시도 공하다는 것을 깨닫는다. 그 깨닫는 마음 역시도 그것의 자성을 찾아본다면 공성을 깨닫게 된다. 이와 같은 깨달음을 통해 무상 요가에 들어갈 수 있다."고 하셨다.

(세존께서는) 오로지 마음의 활동만을 제거할 뿐 반야지로 존재의 자성을 분석하지 않는다면, 무분별정 삼매에 들어가는 것은 불가능하다고 분명하게 가르치셨다. 이와 같이 반야지로 물질 등 현상의 자성을 올바르게 있는 그대로 (즉, 진여를) 깨달은 다음 선정에 든다. 그러나 물질 등에 (의식을) 머무는 선정에 들지 않고, 이 세상(차안)과 열반(피안)의 사이에 머물면서는 선정에 들지 않는다. (물질 등에 대한 분석과 개별 관찰을 통해 이미) 물질 등을 (대상으로서) 관찰할 수 없기 때문이다. (반야지로 물질 등 현상의 자성을 올바르게 있는 그대로 깨닫고 나서 물질 등의 자성을 보지 않는 선정을) 머무름 없는(무주無住) 선정의 수행자라고 한다.

반야지를 통해 모든 대상의 자성을 낱낱이 분석 관찰하여, (그 대상들의 자성이) 관찰되지 않는 선정에 들었기 때문에, 수승한 반야지선정般若智禪定의 수행자라고 한다. 이는 《허공장경虛空藏經》, 《보만경寶鬘經》등에

서 가르치신 것과 같은 것이다.

마음과 대상을 조사해 보면 대상을 지각하는 마음은 공하며, 마음의 대상 역시 참존재 또는 자성이 없다는 것을 이해하게 된다. 수행자는 이러한 깨달음을 가지고 자성의 상相 부재의 명상 또는 무상요가를 닦는 것이다. 승의적인 관점에서, 물질과 같은 인식의 대상을 포함해서 모든 자성이 존재하는 것처럼 덧씌워진, 즉 가립假立된 현상들과 인식하는 마음은 모두 자성이 없는 것이다. 무분별지無分別智의 삼매에 들어가기 위해서는 반드시 분석적인 명상을 거쳐야 한다는 점을 강조하고 싶다. 반야지, 즉 분석적인 지혜로 거짓 덧씌워진, 가립된 대상을 찾아본다면, 찾을 수 있는 대상은 존재하지 않는다. 우리는 나와 대상을 인식하는 방법 속에서 참나 없음 또는 무아에 대한 이해의 진정한 의미를 제대로 이해해야만 한다. 단순한 사고 활동의 정지는 무아의 이해가 아니다. 망상분별이 없다는 것이 곧 무아를 제대로 알았다는 뜻은 아니다. 인식하는 마음과 인식된 대상 모두 어떠한 자성-참나도 결여되어 있는 것이라는 점을 파악하는, 반야의 지혜를 통해서만 무아를 제대로 파악할 수 있다. 이러한 앎은 철저하게 꼬치꼬치 따지고 분석한 다음에라야 떠오르는 것이다.

이처럼 사람과 현상의 무자성이라는 진실(진여)에만 들어간 그는 검토하고 관찰해야 할 것이 더 이상 없기에 개념과 분석으로부터 자유로워진다. 자연스럽게 언어 분별이 없는 (일관된 정신 활동인) 일심용사一心用事에 저절로 들어간 그는 특별히 노력하지 않아도 진여에 대해 매우 명료하게 명상하며 거기에 머무를 수 있다. 그래서 이 (무주선정無住禪定 혹은 수승한 반야지선정)에 머무를 수 있다. 그 명상에 머무르는 동안 (마음 혹은) 심상속이 산란해져서는 안 된다. (이 선정에) 머무르는 동안 탐욕(rāga) 등 외부 대상에 의해 마음이 산란해지면, 산란함을 알아차리고 재빨리 (그 대상의) 역겨움(부정不淨함)에 대한 명상(부정관不淨觀) 등으로 잠재우고, 신속히 마음을 다시 진여에 (집중해서) 머무르게 해야 한다.

마음이 만족스럽지 않은 것을 알아차렸다면, 삼매의 이익들(guṇa)에 대한 만족을 기른다. 산란함의 오점을 관찰함으로써 불만족스러움을 완전히 잠재운다.

만일 혼침과 수면에 장악당한다면, 그 움직임이 (미세해서) 뚜렷하게 (알아차리기 힘들어), 마음이 무감각해지거나 무감각해지는 것을 두려워하는 것을 알아차리면, 그때는 이전과 같이 최고의 환희의 (대상인 부처님의 몸, 빛 등)에 일념一念으로 집중해서 재빨리 혼침을 잠재워야 한다. 또한 (지금까지) 관찰한 진실(진여)을 아주 꽉 붙들어야 한다. 만일 (불현듯) 이전에 웃겼던 일들과 즐거웠던 일들을 떠올리다가 (선정에 들어 있는) 도중에 마음이 들뜨거나 거칠어지는 것(도거)을 알아차리면, 이전처럼 (존재의) 무상함 등 싫어하는 대상들에 마음을 집중해서 산란함을 잠재우며, 다시금 진여에 자연스럽게 집중할 수 있도록 노력해야 한다.

이 대목은 궁극적 실재, 즉 진리에 대한 위빠사나 명상의 방법을 설명하고 있다. 선정에 들어 여여함에 오롯하게 집중하고, 부정해야 할 대상을 부정한 뒤에는 텅 빔밖에는 볼 수가 없다. 마음에는 그 텅 빔 이외에는 아무것도 관찰되지 않는다. 무아에 완전히 집중하고 있는 마음은 모든 망상분별의 기반을 버린다. 따라서 수행자는 망상분별과 분석적 사고로부터 자유로우며, '형언할 수 없는 삼매에 든 이'라고 불린다. 오직 여여함에 몰두하여 선정에 든 마음을 '여여함의 삼매' 또는 '여여함에 들어감'이라고 한다. 수행자가 오랜 기간의 수행을 통해 여여함에 대한 명료함을 성취했을 때, 그 명상은 반드시 방해받지 않으면서 지속되어야 한다. 참나 없음, 즉 무아를 보는 것은 한 번으로는 부족하다. 반드시 그 참나 없음에 대한 이해를 지속적으로 유지하려고 노력해야만 한다. 위빠사나 명상은 분석적인 지혜의 힘을 가지고 계발하는 것이며, 이러한 분석 결과의 힘으로 마음과 몸의 환희가 일어날 수 있다.

앞에서 사마타 명상을 논의할 때 말했듯이, 수행자는 반드시 도거와 혼침 같은 장애들을 경계해야 한다. 분석적 명상, 즉 위빠사나 수행을 하는 과정에서 대상이 명료하게 떠오르지 않을 때, 이것은 마음이 산란해져서 명상의 대상이 아닌 다른 대상에 가 있는 것이다. 분석의 예리함이나 집중의 강도가 약해질 때 혼침이 일어난다. 이러한 정신적 방해 작용이 명상을 가로막는다면, 올바른 상쇄 방법을 사용해야만 한다. 이에 대해서 아사리 까말라쉴라께서는 탐욕의 결과로 외부 대상에 대해 마음이 산란해지면, 탐욕이 집중하는 대상의 정떨어지는 추한 모습과 그 대상의 영원하지 않음(무상)에 대해서 명상하라고 분명하게 말씀하신다. 수행자의 마음이 정신적인 무기력함이나 잠 등 혼침 상태에 있어서 명상 대상에 대한 명료한 집중이 부족해지면 붓다의 모습 같은 수승한 환희의 대상에 대해서 명상하라고 권한다. 이러한 상쇄 방법을 적용함으로써 수행의 진보를 가로막는 힘들을 가라앉히고 명상의 힘을 강화할 수 있다.

만일 혼침과 도거에 들지 않고 평정에 들어 여여함에 마음이 저절로

집중한다면, 그때는 더 이상 노력을 밀어붙이지 않는다. 마음이 평정에 들었을 때에 더 노력한다면, 마음이 산란하게 될 것이다. 만일 마음이 무기력한 상태에 있는데도 노력을 하지 않는다면, 그 무기력 때문에 위빠사나의 힘이 없어져서 마음이 힘을 잃게 되고 말 것이다. 그러므로 마음이 무기력하게 된다면 정진해야 한다. 마음이 평정에 들었을 때는 더 이상 노력을 가하지 말라. 위빠사나를 수행하여 지혜의 힘이 지나치게 커지면 사마타의 힘이 약해지기 때문에 바람 앞에 놓인 버터 램프처럼 마음이 산란하게 될 것이다. 그리고 그 때문에 여여함을 뚜렷하게 보지 못하게 될 것이다. 그러므로 이런 때는 사마타를 수행한다. 사마타의 힘이 지나치게 되면, 이때는 또 반야지를 수행해야 한다.

여기서 아사리 까말라쉴라께서는 수행자가 혼침과 도거로부터 자유로우며 여여함에 마음을 일념으로 몰두할 수 있을 때, 수행을 지속해야 한다고 매우 분명하고 명확한 언어로 설명하신다. 반야의 지혜를 가지고 대상을 분석해서 대상의 자성 없음, 즉 여여함을 이해한 다음에 그 여여함에 마음을 오롯하게 집중할 수 있다면, 그 명상은 그다음 단계로 자연스럽게 나아갈 수 있을 것이다. 혼침과 도거로부터 자유롭게 명상할 수 있을 때에 상쇄 방법을 다시 적용하는 것은 오히려 역효과만 불러일으킬 뿐이다.

여여함에 대한 통찰의 혜안을 얻기까지 분석적인 명상과 집중적인 명상의 방법 사이에 균형을 유지하는 것이 중요하다. 분석적인 명상을 통해서는 무아에 대한 올바른 이해를 얻을 수 있고, 이 앎의 힘이 삼매를 보완해 줄 수 있다. 지나친 분석은 집중을 방해하고 지나친 집중은 분석적인 반야 지혜의 활동을 방해한다. 그러므로 두 유형의 명상 방법을 조화롭게 수행해야 한다. 이렇게 하면 차츰차츰 위빠사나와 사마타 명상의 합일에 다다를 수 있을 것이다.

제10장

반야와 방편의 합일

(사마타와 위빠사나) 이 둘에 평등하게 들어갈 때 몸과 마음에 해가 없게 되며, 그 가운데 (여여함)에 자연스럽게 머물게 된다. 육체적, 정신적으로 건강하지 않다면, 그때는 세상의 모든 것은 환영幻影이며 아지랑이고, 꿈이며 수면에 비친 달이고, 신기루와 같다고 보고 이러한 생각에 마음을 집중한다. '중생들은 이와 같은 심오한 진리를 믿고 받아 지니지 못하니, 윤회 속에서 항상 괴로워한다. 그러니 나는 갖은 방법을 다 써서라도 그들이 그 법성法性(진리)을 온전히 믿고 받아 지녀 (그들을 윤회에서 나오게) 하겠다.'고 생각하고 자비심과 보리심을 전념하여 일으킨다. 그리고 나서 휴식을 취하고 (몸과 마음이 건강해지면) 다시 모든 현상의 실체, 즉 자성의 분별상分別相을 여읜 삼매(일체법무상삼매─切法無相三昧)에 들어간다. 또한 마음이 지나치게 침울해지면 마찬가지로 휴식을 취한다. 이것이 사마타와 위빠사나를 합하여 들어가는 길이니, (사마타와 위빠사나의 수행 가운데 마음에 떠오르는) 분별과

무분별의 영상에 집중하는 것이다.

여기에서 아사리 까말라쉴라께서는 사마타 명상법을 성취한 이후 위빠사나 명상을 성취하는 방법을 설명하고 계신다. 위빠사나 명상을 성취한 그 시점부터 우리는 사마타와 위빠사나를 병행해서 수행할 수 있다. 즉, 집중의 명상(사마타)과 분석적 명상(위빠사나)을 모두 수행할 수 있다. 이 두 명상을 하는 동안에는 지나치게 흥분하지 않는 것이 현명한 일이다. 더불어 몸과 마음의 건강을 꼭 챙겨야 한다. 명상 시간도 욕심내서 늘리지 않는 것이 좋다.

수행을 위해 앉기 전에 견디기 힘든 추위나 더위로부터 몸을 보호할 수 있는 것들을 준비한다. 너무 오랫동안 명상해서 몸이 피로하다면 선정으로부터 일어나 쉬면서 모든 현상은 환영이나 신기루 등과 같다고 생각한다. 또한, 찰나와 자성이라는 전도몽상에 미혹되어 윤회의 사슬에 얽매인 중생들에 대한 연민의 마음을 일으키는 것도 좋다. 이러한 선한 생각은 중생들을 위해 깨달음을 성취하겠다는 서원을 북돋아 줄 것이다.

쉬고 난 다음에 무아의 수행인 '모든 현상에 자성의 모습이 없음(무상)'에 마음을 집중하는 수행에 다시 들어간다. 무아에 일념으로 집중했을 때 현상의 '세속적인 존재 방식의 소멸(무상)'♦이 수행자의 마음에 떠오른다. 만일 여러분의 마음이 이러한 명상을 하다가 지쳤다면 다시 휴식을 취해야 한다. 그렇게 하고 나서는 다시 사마타와 위빠사나를 함께 수행한다. 이것이 분석적으로, 그리고 비분석적으로 영상에 집중한다고 알려진 것이다.

이와 같이 수행자는 이러한 단계를 통해 한 시간 반 정도, 한밤중 야경꾼이 지키는 시간 동안, 정해 놓은 시간 동안, 원하는 만큼 진여에 (마음을 집중하여) 수행하며 머무른다. 이것이 관찰의선觀察義禪이라고 《입능가경入楞伽經》에서 가르친 것이다.

다음으로, 원할 때에 삼매로부터 일어나되 가부좌한 상태에서 다음과 같이 생각한다.

'이 모든 현상들은 구경의 진리의 차원에서는 무자성이다. 그러나 세속적인 차원에서는 존재하는 것이다. 그렇지 않다면 (육체적·정신적)

♦ 세속적인 존재 방식의 소멸이란, 중생이 자성을 가지고 존재한다고 착각하는 현상의 모습, 즉 독립적으로 존재하는 것처럼 보이는 모습(상相)이 사라지고 자성의 부재가 의식에 떠오르기 때문에 세속적인 존재 방식은 소멸한다고 하는 것이다. 217쪽의 "진리에 대한 위빠사나 명상의 방법을 설명하고 있다. 선정에 들어 여여함에 오롯하게 집중하고, 부정해야 할 대상을 부정한 뒤에는 텅 빔밖에는 볼 수가 없다. 마음에는 그 텅 빔 이외에는 아무것도 관찰되지 않는다." 참조.

행위(업)와 그 행위의 결과 등의 관계가 어떻게 있을 수 있겠는가? 스승께서는 또한 이렇게 말씀하셨다.

존재는 속제적인 차원에서는 발생하는 것이지만,
구경의 진리의 차원에서는 자성은 존재하지 않는다.

어린 중생들은 무자성한 존재들을 (자성이 있는) 존재 등으로 헛되이 투영하여 상상하기(망생증익妄生增益) 때문에 (현상이 자성을 가지고 존재한다고) 잘못 보고(전도몽상顚倒夢想) 오랫동안 윤회의 바퀴 위에서 방황하는 것이다. 그러므로 나는 중생들이 진리(진여)를 깨닫도록 해 주기 위하여 무슨 수를 써서라도 복덕과 지혜의 수승한 쌓임(자량)을 완성하여 일체지의 경지를 성취하리라.'
이렇게 생각하고 나서, 천천히 가부좌를 풀고 시방에 계시는 모든 부처님과 보살님께 귀의한다. 그다음 그들을 공양하고 찬탄하고 나서 《보현보살행원찬普賢菩薩行願讚》 등을 널리 공양한다. 그다음 공성과 대비심大悲心의 정수인 보시 등 (육바라밀)의 복덕과 지혜의 자량을 모두 완성하고 깊이 정근한다.

삼매로부터 일어난 다음에는 올바르게 회향한다. 수행자는 명상에서 일어난 다음에 보시를 비롯한 다른 바라밀들을 고르게 닦아야 한다. 명상에서 일어나 있는 동안 연기법과 공성이 서로 바꿔 쓸 수 있는 동등한 개념이라는 것을 이해해야 한다. 여기에서 공성이란 모든 현상은 현상만의 고유한 본원적인 자기동일성(진아)이 결여되었다는 뜻이다. 그렇지만 이것은 완전한 무無는 아니다. 그러므로 공성에 대한 이해가 극단적인 허무주의에 빠지도록 만들지 않는다. 중관학파의 중도를 제대로 파악한 사람은 저절로 양극단을 털어 낸다. 즉, 공성의 도리를 제대로 이해한다면, 세속적인 차원에서 인과법을 논해도 아무런 모순이 생기지 않을 것이다. 대신에 공성에 대한 앎이 깊어지면 깊어질수록 인과법의 작용에 대해서 더 많은 확신을 가질 수 있을 것이다. 공성은 '아무것도 없음(무無)'을 의미하지 않는다. 현상에는 본유적인 자성이 없다는 뜻이다. 그래서 명상에서 나와 있는 동안 수행자는 반드시 복덕의 자량을 쌓아야 한다. 이 복덕이 명상에 들어 있는 동안 행했던 위빠사나 명상을 뒷받침해 줄 것이다.

이렇게 한다면 이 선정, 즉 모든 것들 가운데 최고의 수승함을 갖춘 공성(제일의공성第一義空性)의 (선정을) 완벽하게 이룰 수 있다. 《보적경》에는 "그는 자애의 갑옷을 입고, 대비심에 머무르면서 모든 것들

가운데 최고의 수승함을 갖춘 공성을 완벽하게 이룬 선정(구일체묘상 공정具一切妙相空定)을 한다. 그 가운데 모든 묘한 상을 갖춘(구일체묘상) 공성은 무엇인가? 보시와 떨어지지 않고, 지계와 떨어지지 않고, 인욕과 떨어지지 않고, 정진과 떨어지지 않고, 선정과 떨어지지 않고, 반야와 떨어지지 않고, 방편과 떨어지지 않는 것이다."라고 상세히 말씀하신 것과 같다. 보살은 일체중생을 완전히 성숙하게 만들고, 국토와 몸과 많은 권속 등을 원만圓滿하게 하는 수승한 방법은 보시 등(의 육바라밀)의 공덕에 투철하게 의지하는 것이다.

제일의공성이란 즉각적으로 공성을 깨달은 반야지이며, 이는 방편의 수행이 뒷받침해 준다. 보시바라밀을 비롯한 다른 바라밀들을 수행하는 것이 필수적임을 명심해야 한다. 완전히 깨달은 붓다의 경지는 합당한 원인들과 조건들을 구현했을 때만 일어나기 때문이다. 원인 없이 일어나는 것은 없으며 어떠한 원인도 정반대의 결과를 일으키지는 않는다. 보살은 중생들의 복지를 증장시키기 위한 훌륭한 장점을 많이 가지고 있다. 즉, 보살들이 일구는 모든 복덕은 모두 매우 강력하며 효과적이다. 그러므로 보살들은 빠르게 붓다의 경지를 성취하기 위해서 육바라밀 등*을 포함한 '깨달음의 길'의 한 날개인 방편을 수행해야 한다.

그렇지 않다면 부처님께서 가르치셨던 완벽한 불국토 등의 원만(圓滿)
은 무엇의 결과이겠는가? 최상의 수승함을 갖춘 일체지의 지혜, 그것
은 보시(바라밀) 등(의 육바라밀)의 방편을 통해 완성하는 것이다. 그렇
기 때문에 세존께서는 일체지의 지혜는 방편에 의해 완성된다고 말
씀하셨다. 그러므로 보살은 보시 등(의 육바라밀)의 방편에 투철하게
의지해야 한다. 그렇지 않고 오직 공성에만 (의지해서는) 안 된다.

이와 같이 《일체법념광섭경一切法念廣攝經》은 "미륵이여, 보살의 육바라
밀을 올바르게 성취하는 것, 그것이 구경究竟의 보리심을 (성취하기 위
해서)이다. 그중 어리석은 자들은 '보살은 반야바라밀만 닦으면 되니
나머지 바라밀들은 무슨 필요인가?'라고 말하고, (보시, 지계, 인욕, 정
진, 선정의) 다른 바라밀들을 믿을 수 없는 것으로 여긴다. '아지따(미
륵)여! 어떻게 생각하는가? 내가 카시 왕이었을 때, 비둘기를 (매로부
터 살려 내기) 위해서 내 모든 피와 살을 주었던 것은 (내가) 어리석었
기 때문인가?' 미륵이 대답했다. '세존이시여! 그것은 절대로 그렇지
않습니다.' 세존께서 말씀하셨다. '미륵이여, 내가 보살의 행을 실천

◆ 《해심밀경》의 분류법에 따르면 육바라밀 가운데 보시, 지계, 인욕, 정진, 선정바라밀은
방편에 속하며, 반야바라밀은 지혜에 속한다. 따라서 육바라밀 모두가 방편의 측면에
속한다는 것은 옳지 않다. 원역자가 달라이 라마 존자의 티베트어 강연을 옮길 때 실수
한 것으로 보인다.

할 때, 육바라밀을 갖춘 복덕의 뿌리, 즉 복덕의 근원을 해친 것인가?'
미륵이 대답했다. '세존이시여! 참으로 그렇지 않습니다.' 세존께서
말씀하셨다. '아지따여, 그대는 육십 겁 내내 보시바라밀을 올바르게
닦았고, 육십 겁 동안 내내 지계바라밀을 닦았으며, 육십 겁 동안 내
내 인욕바라밀을 닦았으며, 육십 겁 동안 정진바라밀을 닦았으며, 육
십 겁 동안 선정바라밀을 닦고, 육십 겁 동안 내내 반야바라밀을 올
바르게 닦았다. 이에 대해 어리석은 자들은 이렇게 '오직 하나의 방
법으로 깨달을 수 있다. 즉, 공성에 의해.'라고 말한다. 그들은 그들의
행을 완벽하게 청정하게 할 수 없을 것이다."라고 말씀하셨다.

이 대목에서 아사리 까말라쉴라께서는 매우 분명한 어조로
방편과 반야를 같이 닦아야 한다고 말씀하신다. 공성에 대한 심
오한 이해를 성취한 뒤에는 공성에 대한 깊은 통찰의 혜안을 성
취하기 위해 명상해야 한다. 물론 공성의 혜안을 달성하기 위해
수행하면서도 육바라밀을 포함한 방편의 측면을 고르게 열심히
닦아야 한다. 보살에게 있어 최상의 목표는 윤회의 고통과 열반
의 편안함을 뛰어넘은 무상정등각 또는 무상정등보리심을 성취
하는 것이니, 이 최고의 목적을 이루기 위해서 보살들은 반드시
방편과 반야의 합일을 이루어야 한다.

만일 보살들이 방편과 병행하여 (수행하지 않고), 반야바라밀만 (수행한다면), 성문聲聞들과 마찬가지로 붓다의 행을 할 수 없지만, 방편과 함께 닦는다면 (붓다의 행을) 할 수 있을 것이다. 《보적경》에서 "가섭이여, 비유하자면 이와 같다. 장관들이 잘 보좌해 주는 왕들은 모든 목표하는 바를 다 이룰 수 있다. 마찬가지로 보살의 반야바라밀의 행을 방편에 의해 완벽하게 뒷받침하면, 그 보살 역시 붓다의 모든 행을 이룰 수 있을 것이다."라고 말씀하신 것과 같다. 보살의 수행도에 대한 견해는 또한 외도와 성문들의 수행도에 대한 견해와 다르다. 외도들은 자아 등에 대한 틀린 견해를 가지고 있기 때문에 모두 반야가 없는 길이다. 그러므로 그들은 윤회를 벗어날 수 없다.

성문들은 대비심이 없기 때문에 방편을 갖추고 있지 않다. 그러므로 그들은 오직 열반에만 열중한다. 보살들의 수행도는 반야와 방편이 함께하기를 원한다. 그래서 그들은 (윤회와 열반 어느 쪽에도 머무르지 않는) 무주처열반에 이르기 위해 노력한다. 보살의 수행도는 반야와 방편으로 이루어져 있다. 그래서 그들은 무주처열반을 성취하는 것이다. 반야지의 힘으로 윤회에 떨어지지 않고, 방편의 힘으로 열반에 떨어지지 않기 때문이다.

《가야산정경伽倻山頂經》은 "보살의 수행도는 간추려 말하면 이 두 가지이다. 그들은 어떤 것인가? 이와 같다. 방편과 반야이다."라고 말씀하신다. 《제일승길상경第一乘吉祥經》은 또한 "반야바라밀은 어머니이고 방편을 잘 실천하는 것(선방편善方便)은 아버지이다."라고 하셨다.

《유마힐소설경維摩詰所說經》은 또한 "보살의 속박은 무엇인가? 해탈이란 무엇인가? 방편 없이 윤회를 단단히 붙잡고 있는 것이 보살에게는 속박이다. 방편으로서 윤회의 길을 유전流轉하는 것이 해탈이다. 반야지 없이 윤회를 단단히 붙잡고 있는 것이 보살에게는 속박이다. 반야지로서 윤회의 길을 유전流轉하는 것이 해탈이다. 방편이 받쳐 주지 않는 반야는 속박이다. 방편이 받쳐 주는 반야는 해탈이다. 반야가 받쳐 주지 않는 방편은 속박이고, 반야가 받쳐 주는 방편은 해탈이다."라고 한다.

그러니 보살이 오직 반야에만 의지한다면 성문이 원하는 열반에 떨어질 것이기 때문에 속박과 같이 될 것이며, (이는 보살의 목표인) 무주처열반이 아니다. 그러므로 방편이 없는 반야는 보살에게 속박이라고 부르는 것이다. 칼바람에 고통받는 사람이 불에 의지하듯이 보살은 잘못된 이해의 칼바람을 제거하기 위해서 방편과 함께 반야로서 공성에 의지해야 하지, 성문처럼 행해서는 안 된다. 《십법경十法經》은 "선남자여! 이와 같이 보아라. 예를 들어 몇몇 사람들이 불을 섬긴다고 하자. 그들이 그 불을 존경하고 스승으로 섬긴다고 하더라도 그가 '나는 불을 존경하고 스승으로 섬기며 공경하니, 이 (불을) 양손으로

움켜쥐겠다.'고 생각하지는 않을 것이다. 왜 그런가 하면 그 (불을 손에 쥐는 것)이 몸의 고통과 마음의 불쾌함이 되기 때문이다. 이와 마찬가지로 보살 또한 열반의 마음을 가진 이이지만, 열반을 구현하려고 하지는 않는다. 왜냐하면 (열반에 드는 것) 때문에, 내가 보리^{菩提}로부터 등을 돌리는 것과 같다고 생각하기 때문이다."라고 상세히 설명하신 것과 같다.

방편에만 의존한다면 보살은 범부^{凡夫}의 수준을 넘어서지 못하고 (윤회에) 단단히 묶여 있을 뿐이다. 그러므로 반야지와 같이 하는 방편에 의존해야 한다. 딴뜨라가 독을 해독하는 것처럼, 보살들은 반야지가 받쳐 주는 힘을 가지고 수행한다면 번뇌마저도 감로로 바뀔 것인데, 하물며 저절로 최상의 다음 생이라는 과보를 지닌 보시 등의 (바라밀)이라면 더 말할 필요가 있겠는가?

보살들은 반야지를 가지고 있으며 사용하는 데 능숙하다. 이러한 특별한 자질들 때문에 성문이나 독각이 하면 선하지 않은, 즉 좋지 않은 것으로 여겨지는 행동들도 보살들이 했을 때는 다른 중생들의 행복에 아주 큰 도움이 될 수 있다. 중생들의 이익을 위해서라면, 보살들은 몸과 말과 행동(업)을 규제하는 규칙에 고집스럽게 매달리지 않아도 된다.

《보적경》은 "가섭이여, 이렇게 보아라. 예를 들어 만뜨라와 약이 완벽하게 받쳐 주는 (중생은) 독으로 죽일 수 없다. 그처럼 보살들 역시 번뇌를 반야로 완벽하게 제어하기 때문에 과오에 떨어지지 않는다."라고 하셨다. 보살이 방편의 힘으로 윤회를 버리지 않기 때문에 열반에 떨어지지 않는다. 반야의 힘으로 관찰하여 (자성과 자아의 전도몽상을) 남김없이 제거하기 때문에 윤회도에 떨어지지 않는다. 그러므로 보살들은 무주처열반, 즉 붓다의 지위를 증득한다. 《허공장경虛空藏經》은 또한 "그는 반야의 지혜로 모든 번뇌를 버린다. 방편의 지혜로 모든 중생을 저버리지 않는다."고 하셨다. 《해심밀경》도 역시 "중생들의 이익을 향하지 않고, 모든 행의 실천을 향하지 않는 것을 나는 '가장 수승하며 올바르게 완성한 보리심[아눅다라삼막삼보리심阿耨多羅三藐三菩提心(anuttarā-samyak-saṃbodhi-bodhicitta)]'이라고 가르치지 않는다."고 하셨다. 그러므로 붓다의 지위를 성취하기를 원한다면, 반야와 방편, 두 가지 모두에 의지해야 한다.

보살들은 큰 반야지를 지니고 있다. 그래서 번뇌는 그들이 더는 힘을 쓰지 못하며 원하지 않는 세계에 태어나도록 부추기는 짓을 하지 못한다. 이 고귀한 존재들은 방편과 반야를 동등하게 닦기 위해 애쓰기 때문에 윤회에 빠지지도 않고 열반의 안락함에 떨어지지도 않는다. 그들은 항상 중생들의 복지를 생각하며, 동시에 무상정등각을 성취하는 것을 목표로 한다.

출세간의 반야지를 수행하고 있을 때나 잘 안정된 마음(평정심)에 들었을 때 보시 등의 방편에 의지하지 않는다. 그러나 수행의 준비 단계와 수행 이후 반야지가 일어났을 때는 방편에 의지한다. 그러므로 반야와 방편, 둘 모두에 동시에 들어간다.

공성을 직접 통찰하는 반야의 지혜는 주체와 객체라는 이분법을 완전히 떠나 있으며, 그 마음은 물을 물에 섞은 것처럼 공성과 동화되어 있다. 이러한 상태에 들어갔다면 주체와 객체의 구분이 없기 때문에 방편을 실천할 대상이 없어진다. 따라서 주객의 이분법을 떠난 공성의 마음 상태에서는 방편의 수행을 한다는 것이 불가능하다. 그래도 반야의 측면과 방편의 측면을 통합해서 함께 닦는 중요성은 올바른 관점에서 이해해야만 한다. 주객의 이분법이 사라진 마음 상태의 명상 속에서는 방편을 실천할 수 없지만, 수행자는 명상에 들기 전이나 명상을 마치고 나서 연민, 보리심, 보시 등을 수행할 수 있다. 이것을 통해 반야의 지혜의 힘을 강화할 수 있다.

더불어 보살이 반야와 방편을 서로 합하여 들어가는 길이 바로 이것이니, 일체중생에게 초점을 맞춘 대비심에 의해 꼭 붙잡혀 있기 때문에 이 출세간의 길에 의지하는 것이며, 방편을 일으킬 때는 (자기가 만든 환영의 성질을 알기에 착각하지 않는) 마술사와 같이 (존재의 자성, 자아 등의 잘못된 견해에) 전도되지 않는 (즉, 올바른) 보시 등(의 바라밀)에 의지한다. 이는 《무진의보살경無盡義菩薩經》이 "보살의 방편이란 무엇인가. 반야를 구현하여 완성한다는 것은 무엇인가? 평정심에 들어서, 중생들을 보는 것으로 인해 대비심의 대상 (즉, 중생들에게) 마음을 모으는 것, 그것이 방편이다. 평정과 적정에서 평온하게 들어가는 것, 그것이 반야이다."라고 말씀하시는 것과 같다. 《항마품降魔品 (Māradamanaparivarta)》에서는 "더불어 보살의 최상의 수행은 이러하다. 반야의 지혜로 (지나치게) 정진하지 않지만, 방편의 지혜로 일체의 선법善法을 모아 계합하며, 반야의 지혜로 무아상無我相, 무중생상無衆生相, 무수자상無壽者相(nirjīva)◆, 무인상無人相(niṣpoṣa)◆◆과 무보특가라상

◆ 금강경에 나오는 자이나교의 자아인 jīva의 부재를 말한다.

◆◆ 여기서 인ᄉ의 산스크리트어는 poṣa로, 티베트어로는 gso ba로 번역된다. poṣa는 일반적으로 양육하다, 기르다, 양분을 주다 등으로 번역되며 한문으로는 무육無育으로 번역해야 하지만, puruṣa의 약어로 보는 것이 타당하기 때문에 무인無ᄉ으로 번역한다. 참고: Asao Iwamatsu, 『諸法無行経』梵本の第1群の偈頌の第1偈の特に第1詩句について, 印度學佛教學研究 67, no. 2 (2019): 79 – 82, https://doi.org/10.4259/ibk.67.2_966.

無補特伽羅相(niṣpudgala)을 또한 수행하고, 방편의 지혜로 모든 중생을 성숙시키는 것 역시 수행한다."고 말씀하신다.

또한 《일체법정집경一切法正集經》은 다음과 같이 말했다.

예를 들어 환술사는

환영에서 자유롭기 위해 노력한다.

그러므로, (환영의 진면목)을 미리 알고

그 환영에 집착하지 않으며,

삼계三界는 환영과 같고

구경究竟의 보리심을 지닌 지혜로운 이를 아시고,

윤회하는 (중생)들을 위해 (자애의) 갑옷을 입으신다.

윤회하는 (중생)들이 (환영과) 같음을 미리 아시지만.

또한 같은 경은 "보살들은 오직 반야와 방편의 방법을 이룰 힘을 행한 다음에 수행은 윤회 속에서 (하지만) 마음은 열반에 머무른다."고 한다.

마술사가 감옥에 있는 어떤 이의 영상을 만들어 내는 예를 들어 보자. 그 마술사는 그 죄수의 환영을 만들어 내고 그 사람을 감옥에서 꺼내려고 시도한다. 그러나 마술사는 그 죄수가 자신이 만들어 낸 환영에 불과하다는 것을 알고 있으므로 꺼내려고 노력은 하지만 집착하지는 않는다. 마찬가지로 붓다들께서는 삼계에 있는 모든 중생을 환영과 같이 본다. 그래서 현상들을 본 유적인 자성이 있는 것이라고 집착하지 않고, 현상들이 환영과 같이 텅 빈 것임을 깨달은 반야의 지혜를 가지고 계신다. 동시에 모든 중생의 복지를 성취하기 위해 열중한다.

그처럼 공성과 대비심의 마음을 가지고 가장 수승하며 올바르게 (완성한) 보리심(아뇩다라삼먁삼보리심)을 회향하는 보시 등의 방편을 수행한다. 그리고 승의의 보리심을 일으키기 위하여 앞에서 말한 것과 같이 정기적으로 끊임없이 사마타와 위빠사나 수행에 최선을 다해야 한다. 《행경청정경行境淸淨經》에서 어떠한 경우더라도 중생들의 복지를 위해 일하는 보살의 수승한 이익을 가르치신 것과 같이, (보살들) 가까이에 머무르면서 (보살들의 행을) 마음에 품고, 항상 방편을 현명하게 익힌다.

연민(대비심)과 방편과 보리심을 이와 같이 수행하는 이는 이번 생에서 반드시 빼어난 이가 될 것이다. 이로 인하여 꿈에서 항상 부처님과 보살들을 볼 수 있을 것이며, (불보살님의 알현이 아니라 하더라도) 다른 길상한 꿈들도 꾸게 되며, 신들도 기쁘게 수호할 것이고, 매 찰나 찰나 광대한 복덕과 지혜의 자량이 늘어나게 될 것이며, 번뇌장煩惱障 (kleśa-avaraṇa)과 (번뇌의) 거친 습기麤氣(dauṣṭhulya, 추중麤重)가 정화될 것이고, 언제나 (몸의) 안온과 마음의 안락이 많아질 것이며, 많은 중생에게 사랑받을 것이다. 몸에도 또한 병이 닿지 않게 될 것이며, 수승하며 고요하고 잘 다스려진 유연한 마음(karmaṇya-citta, 심조유心調柔 혹은 심감능心堪能)◆을 이룬다. 이에 따라 천안통 등의 특별한 공덕을 성취한다.

배운 것을 실천하려고 노력하고자 한다면 공성의 견해에 대한 지적인 이해를 성취하려고 노력하라. 앞에서 말했듯이, 현상에는 자성이 없다. 그 현상만의 본유적인 자성을 가지고 있지도 않다. 우리가 기도문을 외울 때나 절을 할 때는, 반드시 현상들이 환영과 같은 것이라는 느낌을 계발해야 한다. 회향 역시 무아의 도리 안에서 이루어져야 한다. 공성의 의미를 이해하고 기억하는 것은 딴뜨라 수행에서도 똑같이 강조하는 바이다. 공성의 지혜와 관련된 모든 덕행을 수행하는 것은 많은 진보를 이룰 수

◆ 이 마음의 상태는 번뇌의 거친 습기(추중麤重)를 제거했을 때만 성취할 수 있는 것이다.

있도록 해 준다. 동시에 연민, 보리심, 방편을 비롯한 다른 덕행들이 힘을 얻으면 번뇌를 비롯한 다른 모든 나쁜 것들이 줄어들고 점차로 없어질 것이다.

그리고 신통력으로 세상의 무량한 국토들에 나아가 여러 부처님께 공양을 올리고 법을 듣는다. 죽을 때는 틀림없이 부처님과 보살님들을 뵙게 될 것이며, 다른 생에서도 불보살님들로부터 떨어지지 않을 국토에 태어날 것이며, 특히 (그 국토에서도) 성인의 집안에 태어날 것이다. 따라서 애쓰지 않아도 복덕과 지혜의 자량을 완벽하게 성취하게 되며, 재산이 늘어나며, 권속들이 많아질 것이다. 예리한 반야지가 일어나 많은 중생을 완전히 성숙시킬 수 있을 것이다. 어디에 태어나더라도 모든 과거의 생을 기억하게 될 것이다. 그와 같이 다른 경전들이 가르치신 (이 대승 수행의) 무량한 이익을 이해하라.

이와 같이 연민(대비심)과 방편과 보리심을 늘 공경히 오랫동안 수행한다면 차츰차츰 (단계대로) 의식의 연속적 흐름(심상속)에 매우 청정한 순간들이 일어나 (수행자의 심상속을) 완전히 성숙하게 할 수 있다. (마른) 장작을 서로 비벼서 일어난 불(이 나무까지 남김없이 태우는 것)처럼, 구경※※의 진리(승의제)에 대해 수행을 해서 최상의 경지에 도달할 것이다. 그리고 나서 모든 망상분별을 벗어난 출세간의 지혜-(거짓)

240

희론으로부터 자유로운 법계法界에 대한 매우 명료한 깨달음이며, 바람 없는 곳에 있는 등불처럼 흔들리지 않는 부동不動의 진실이며, 모든 현상의 무자성인 진여를 뚜렷하게 증득하는, 견도에 속한 승의의 보리심의 정수인-(출세간의 지혜를) 일으킨다. (출세간의 지혜를) 일으키고 나서 (현상의 본질은 무자성인 것으로밖에는 발견할 수 없으며, 현상의 본질은 무자성으로밖에 볼 수 없다는) 현상 한계의 관찰, [즉, 사변제소연事邊際所緣 (vastvantālambana)]에 들어가니,◆ 여래의 고귀한 가계(여래성종如來聖種)에 태어나는 것이며, 보살의 무과실無誤失의 단계에◆◆ 들어간다. 세속의 모든 윤회도를 거부하며 보살의 법성과 법계를 이해하고 거기에 머무르며, 보살의 초지인 [환희지歡喜地(pramuditā-bhūmi)]를 성취한다. 《십지경十地經》등에서 그 이익을 상세히 가르치신 것이니 이를 통해 이해한다. 이것이 진여를 관찰하는 선정(연진여정緣眞如定)이니, 《입능가경》에서 이것을 가르치신다. 이것이 보살들이 희론 없는 무분별지에 들어가는 법이다.

◆　《대승아비달마집론大乘阿毘達磨集論(Abhidharmasamuccaya)》에 의하면 수행 중에 관찰하는 네 가지 대상인 소연所緣(ālambana) 가운데 첫 번째인 편만소연遍滿所緣(vyāpty-ālambana)의 하나이다.

◆◆　공성을 직접 지각하는 단계로, 이전 단계, 즉 자량위 보살이 가지고 있는 과오誤失인 자성에 대한 강한 집착을 넘어섰기 때문에 과실이 없다고 한다.

어떤 사람이 불행에 빠진 것을 볼 때 우리는 연민을 느낀다. 그러한 연민을 마음에 품는 태도가 매우 중요하다는 것을 반드시 이해하고, 다른 방편들의 도움을 통해 이 연민의 마음을 강화해야만 한다. 우리가 가지고 있는 옳고 그름을 판단할 수 있는 지성도 향상해 승의제를 분별할 수 있도록 발달시켜야 한다. 이러한 목표들을 성취하는 데 복덕을 쌓고 업을 정화하는 것이 필수적이다. 이러한 실천들이 승의제를 분별할 수 있는 지혜를 계발하는 데 결정적인 역할을 한다. 그러한 반야의 지혜를 가지고 승의제를 거듭해서 검토하고, 진여의 의미에 대한 올바른 지적 식별 능력을 개발해야 한다. 이것이 현상의 진실한 모습에 대한 심오한 느낌을 일으킬 것이다. 현상의 참모습에 대한 분석적 접근 방식은 삼매를 통해 증폭되어야만 한다. 연민의 수행과 공성에 대한 지식이 마음의 때(염오)는 제거할 수 있으며 일체지는 성취 가능한 것임을 수행자에게 일깨워 줄 것이다.

가르침을 오랫동안 실천한 뒤에 반야의 지혜를 보완해 주는 연민의 마음을 토대로 삼아, 수행자는 붓다의 지위를 성취하기를 강력하게 기원한다. 중생들의 행복을 위한 이러한 염원이 마음속 깊은 곳으로부터 진심으로 일어날 때, 그는 보살이 될 것이고, 대승 수행의 자량도^{資糧道} 또는 자량위^{資糧位}를 성취할 것이다.

이 자량도의 상, 중, 하 세 단계 가운데 하의 단계는 대지 같은 발보리심 또는 줄여서 발심이라고 부른다.* 발심發心에는 스물두 종류가 있다.** 수행자는 연민의 결과로 보리심을 증장시키며 자신의 공성도 역시 강하게 만든다. 사마타 명상은 공성과의 관계 속에서 수행하는 것이며, 이 사마타 명상을 통해 공성에 대한 반야의 지혜가 일어날 때 그 사람은 가행위加行位(prayogamārga)를 성취한 것이다.***

---

* 대지 같은 발심에서 '대지'라고 하는 이유는 모든 것들이 대지에 의지하는 것처럼, 모든 이후의 상위 단계들이 이 발심에 의지하기 때문이라고 한다. 참고: Jeffrey Hopkins, Jongbok Yi, *The Hidden Teaching of the Perfection of Wisdom Sūtras: Jam-yang-shya-pa's Seventy Topics and Kon-chog-jig-may-wang-po's 173 Aspects with Ngag-wang-pal-dan's Commentary on the Citations from Maitreya's Ornament for the Clear Realizations*, Elizabeth Napper ed. (Dyke, VA: UMA Institute for Tibetan Studies, 2015), 95, https://uma-tibet.org/pdf/greatbooks/JYS_70_Topics_June2015web.pdf.

** 원역자는 발심에 스물한 가지 종류가 있다고 하지만 오역으로 보인다.

*** 가행도加行道(prāyogamārga)는 공성을 대상으로 하여 사마타와 위빠사나 명상을 결합할 때 성취할 수 있다. 이 길은 공성을 명상으로 할 때만 성취되는 것으로, 다섯 단계(자량위, 가행위, 견도/통달위通達位, 수습위修習位, 무학위無學位/구경위究竟位)에서 두 번째 단계이다. 첫 번째 단계인 자량위(saṃbhāramārga, tshogs lam)는 깨달음을 위하여 오랫동안 수행을 통해 복덕과 지혜의 자량을 쌓기 때문에 붙여진 이름이다. 가행위는 공성을 대상으로 하여 사마타와 위빠사나의 합일을 성취하였을 때, 비로소 수행자는 직접지각인 현량現量(pratyakṣa)을 통해 공성을 인식할 자세를 처음으로 갖추기 때문이다. 가행위는 다음과 같은 네 단계를 거쳐 다음 단계인 견도/통달위로 나아간다.
① 난煖(uṣmagata): 이 단계는 '견도위의 무분별지' 불꽃의 징조가 일어나는 시기이다. 이 단계에서 수행자는 여여함에 대한 개념적 인식이 명확해지는 삼매를 새롭게 달

명상은 방편과 반야의 측면을 절대적으로 동등하게 닦는 것
이 중요하다는 것을 염두에 두면서 명상을 지속해야 한다. 이 사
마타와 위빠사나의 수행을 통해서 수행자는 마치 맑은 물에 맑
은 물을 붓듯이 망상분별로 일어난 이분법적 사고의 모든 더러
움을 벗어 버린 채 여여함에 완전히 몰두하게 된다. 공성에 대
한 직접 지각을 성취하는 첫 번째 찰나에, 수행자는 견도(또는
통달위)의 단계를* 성취한다. 이러한 공성에 대한 깨달음들은
보리심과의 합일을 통해서만 성취하는 것이기 때문에, 우리가
소승이 아니라 대승 수행의 길에 대해서 이야기하고 있는 것은
분명하다. 수행자가 통달위 또는 견도에 오르면 수행자는 보살

성한다. ② 정頂(mūrdhan): 선근善根은 성냄, 어리석음 등에 의해 쉽사리 사라질 수 있
다. 이 단계에서는 복덕의 뿌리가 굳건해져서 더 이상 사라지거나 상처받지 않게 된
다. 수행자는 선근이 사라질 것에 대한 걱정과 슬픔에서 해탈하게 되고, 여여함에 대
한 개념적 인식을 고양시키는 삼매를 새롭게 성취한다. ③ 인忍(kṣānti): 이 단계에서
수행자는 심오한 공성에 대해도 더는 두렵지 않고, 공성에 대해 인내할 수 있게 된
다. 또한 지옥, 아귀, 축생의 삼악도三惡道에 떨어지는 두려움에 대한 해탈을 성취한
다. 그는 여여함에 대한 개념적이고 명확한 인식을 완벽하게 성취하며 명상의 대상
인 공성이 더 이상 위빠사나를 행하는 마음과 모순되지 않게 된다. ④ 세제일世第一
(laukikāgryadharma): 이 단계에서 수행자는 신속하게 견도위로 나아갈 수 있는 삼매를
성취한다.

◆　가행위의 마지막 단계인 세간최승법을 지나면 관찰자와 대상이 모두 점차 공성 속으
로 사라져 마치 맑은 물에 맑은 물을 부은 것처럼 분별이 없게 된다. 이때에는 가행위
와는 달리 더 이상 명상 대상이 필요 없으며, 직접 도를 볼 수 있게 된다. 이 단계에서

십지 가운데 환희지라 불리는 초지를 성취한다. 이 단계는 무간도^{無間道} 와 해탈도^{解脫道}라는 두 부분으로 이루어져 있다.♦♦ 앞의 단계, 즉 무간도를 닦는 동안에 이 깨달음에 관련된 장애는 사라진다.

지속해서 명상함으로써 수행자는 번뇌와 지혜의 장애를 없애고 수행위^{修行位} 또는 수행도^{修行道}에 오른다. 여금강삼매^{如金剛三昧}라고 불리는 수행도의 삼매의 마지막 찰나에 가장 미세한 지혜의 장애가 그 뿌리부터 사라진다. 따라서 그 수행자는 출세간의 일체지를 얻고 붓다가 된다.

는 자아·자성이라는 인위적인 개념을 제거할 수 있다. 견도는 두 단계로 나뉘는데, 하나는 인위적인 번뇌를 버리는 '무간도^{無間道}(ānantaryamārga)'이고, 다른 하나는 '해탈도^{解脫道}(vimokṣamārga)'로 인위적인 번뇌를 버린 상태이다. 견도/통달위의 무간도는 여덟 가지 인내(팔인^{八忍}), 견도는 여덟 가지 반야(prajñā, shes rab)라고 부른다. 여덟 가지 인내를 행하는 동안에는 무자성성이 관찰자와 대상, 즉 사성제에 적용되며 관찰자, 즉 수행자는 사성제의 무자성성을 깨닫게 된다. 이들 대상에 대한 공성의 직접적인 자각을 통해 자성·자아라는 인위적인 존재는 동시에 사라진다. 다시 말해 공성에 대한 최초의 인식이 사성제의 자성이라는 인위적 개념을 동시에 사라지게 만든다.

♦♦ 자성이라는 분별의 견해를 소멸하는 단계로 무간^{無間}이라고 하는 이유는 이 단계를 통해 끊김 없이 견도의 다음 단계인 해탈도로 나아가기 때문이다. 해탈도에서는 부정의 대상인 자성에 대한 견해가 완전히 소멸하여 자성을 보지 못하는 상태가 안정된다. 참고: Jeffrey Hopkins, Jongbok Yi, op. cit., 94.

승해행지勝解行地(adhimukticāryabhūmi, 혹은 신행지信行地)에는♦ 수승한 이해(승해행勝解行)의 힘♦♦을 통해 들어가 머무는 것이지, 노력해서 (들어가는 것이) 아니다. (수승한 이해의 힘으로) 지혜가 일어날 때, (승해행지에) 확실히 들어간 것이다. 이와 같이, 초지初地 (즉, 환희지이며 견도)에 들어간 다음, 수행도修行道(bhāvanā-mārga)에서♦♦♦ 출세간의 지혜와 (출세간의 지혜 발현을 원인으로 한) 후에 성취한 지혜(후득지後得智)의 두 가지에 의해 반야와 방편의 수행을 한다. 그러므로 점차 (이 반야와 방편의 단계적 수행에 의하여) 수행도를 통해 제거해야 할 미세하게 쌓인 장애와 더욱더 미세한 (장애의 쌓임을) 정화하기 위해서, 더 높고 높은 빼어난 공덕을 성취하기 위해서, 낮은 (수행의) 경지들 (즉, 자량도와 가행도)를 철저히 정화한다. 그리고 이로 인해 여래의 지혜 안에 들어간 다음, 일체지의 바다에 들어가며, 목적을 완벽하게 이룰 수 있는 관찰의 대상 또한 성취한다. 오직 이러한 단계(적 수행)만이 의식의 흐름(심상속)을 철저하게 정화한다고 《입능가경》에서 상세히 설명한

♦   견도 직전, 보살십지의 환희지 직전의 단계로 자량도와 가행도.
♦♦   의식을 대상에 집중하여 그 대상에게서 떨어지지 않게 하는 힘으로 그 대상의 옳고 그름 등을 아는 수승한 이해.
♦♦♦ 보살오도菩薩五道의 네 번째인 수행도는 보살십지의 두 번째인 이구지離垢地부터 일곱 번째인 부동지不動地까지이다.

246

다. 《해심밀경》도 또한 "단계(적 수행)에 의해 점점 더 높은 경지들로 (나아가면서) 황금(을 닦는) 것처럼 마음을 닦아 수승하고 올바른 보리심(아뇩다라삼먁삼보리심 혹은 무상정등각)에 이를 때까지 완벽하게 하여 깨달음을 성취한다."고 하셨다.

일체지의 바다에 들어가면 여의주처럼 모든 중생을 (남김없이) 구제하는 공덕의 자량을 가지고, 숙세의 서원이 결실을 맺게 하며, 대비심이 (자신의) 본성이 될 것이며, 저절로 다양한 방편을 갖추고, 무수한 화신化身(을 일으켜) 윤회 중생의 복지를 남김없이 행하며, 수승한 공덕이 남김없이 가장 수승하게 될 것이며, (무시이래의) 습기習氣(vasana)의 잘못으로 인한 때(염오)를 모두 청정하게 만들 것이다. 그러고 나서 끝없는 모든 중생계에 나아가 머무를 것을 깨닫고, 세존을 모든 공덕의 원천으로 믿는 신심을 일으켜서 그 공덕을 완벽하게 이루기 위해서 전심전력으로 정진해야만 한다.

그러므로 세존께서는 이와 같이 "일체지의 지혜, 그것은 연민을 뿌리로 해서 일어나며, 보리심을 원인으로 해서 일어나며, 방편을 통해 완성한다."고 말씀하셨다.

이 고귀한 《수행의 단계·중편》의 가르침을 요약해 보자. 우리는 먼저 세속의 진리인 세속제와 승의 또는 구경의 진리인 승

의제의 두 층위의 진리, 즉 이제二諦를 반드시 제대로 확립해야
한다는 것을 배웠다. 이 이제가 기반이 되기 때문이다. 수행의
과정에서는 지혜와 복덕이라는 두 가지 자량을 쌓고, 완벽하게
조화를 이루어 깨달음의 두 날개인 방편과 반야를 실천해야 한
다. 그리하면 붓다의 법신法身과 화신化身이라는 두 가지 몸을 그
결과로 성취할 수 있다. 수행자가 붓다의 지위에 오르며 일체지
를 성취했을 때, 모든 번뇌와 장애들은 한꺼번에 그리고 영원히
사라진다. 그리하여 그는 완전한 지혜를 깨닫는 것이다. 이때부
터는 '깨달은 자'는 중생들이 괴로움으로부터의 자유와 윤회에
서의 해방을 맞이할 수 있도록 도울 수 있는 무한한 능력을 지
니게 된다.

질투 등의 과오를 멀리하며,

바다와 같이 공덕에 대해 만족할 줄 모르는 현자賢者들은

잘 분별하여 훌륭하게 설하신 (가르침들만) 취한다.

백조가 물에서 우유를 취하듯.

그러므로, 지혜로운 이들은

(영원과 단멸이라는) 극단의 견해와 동요하는 마음은 멀리 버리고,

홀륭한 가르침이라면 모두 받아들여야 한다.
설령 어린아이가 (말한 것이라 하더라도).

이와 같이 내가
중관의 길을 설명함으로써
쌓은 모든 복덕을 모든 중생에게 (회향하니)
(그들이 이 공덕으로 인해) 중관의 길을 완성할 수 있기를!

《수행의 단계》는 아사리 까말라쉴라께서 중편을 지어 완성하셨다.
인도의 아사리 쁘라즈냐와르마^{Prajñāvarma}와 역경사 반데(비구) 예쉐데
가 번역하고 교정한 뒤 확인했다.

이제 위대한 아사리 까말라쉴라께서 지으신 이 아름다운 가
르침에 대한 설법을 마쳤다. 까말라쉴라와 그의 위대한 스승 샨
따락쉬따는 우리 눈의 대지, 티베트와 아주 특별한 업의 관계를
맺고 있다. 그분들의 위대한 자비심은 헤아릴 수가 없을 정도이
다. 까말라쉴라의 《수행의 단계·중편》에 해설을 덧붙여 전수할
수 있게 되어 기쁘다. 우리 모두가 이 《수행의 단계·중편》을 공
부하기 위하여 지금까지 내가 한 설법을 읽고 듣기를 권하고 싶

다. 더불어 중도에 대한 이해를 깊고 넓게 하기 위해서는 중관학파 최고의 견해를 심화한 붓다빨리따(Buddhapālita, 불호佛護)와 짠드라끼르띠의 훌륭한 논서들도 공부하시기를 바란다.

경안輕安 : 열한 가지 선한 마음의 작용(십일선심소十一善心所) 가운데 하나로 몸과 마음이 복덕의 행을 실천할 준비가 되도록 해 주고 이에 방해가 되는 부정적인 마음의 상태를 제거하여 심신이 가볍고 편안한 것.

공空 : 독립적이거나 절대적인 존재의 부재를 말하며, 완전한 무無 또는 비존재非存在와는 전혀 다른 것이다.

구유인俱有因 : 불이 연기를 일으키듯, 다른 매개체를 통하지 않고 직접 그 결과를 일으키는 원인.

능작인能作因 : 한 결과가 일어나는 데 있어 가장 큰 역할을 하는 원인이다. 예를 들면 새싹의 능작인은 '씨앗'이라고 할 수 있다.

도거掉擧 : 마음이 집착에 의해 지나치게 흥분하고 산만해진 상태.

동류인同類因 : 모든 현상의 여섯 가지 원인 중 하나로, 원인과 비슷한 성질의 결과를 일으키고 계발한다. 예를 들면, 보리 씨앗에서 보리가 나오고, 복덕의 행으로부터 복덕의 결과가 나오는 것과 같다.

등무간연等無間緣 : 모든 현상의 네 가지 조건(연緣) 중의 하나로, 마음과 마음 작용(상응인相應因)에 의해 다음 찰나에 일어날 마음과 마음의 작용이 바로 전 찰나의 마음과 마음 작용을 이어받는다.

무주처열반無住處涅槃 : '붓다의 지위'의 열반. 붓다는 윤회에 오르지 않으며 자기 자신만을 위한 완전한 열반의 평화에 머물지도 않기 때문에 무주처無住處라고 한다. 윤회와 열반에 차이가 없음을 아는 지혜를 통해 도달할 수 있다.

방편과 지혜 : 방편은 보리심의 계발 같은 실천을 말하며, 공성을 분석하는 반야의 지혜로 이끄는 수행을 지혜라 한다.

변행인遍行因 : 모든 현상의 여섯 가지 원인의 하나로, 공존함으로써 결과를 일으키는 원인을 일컫는다. 예를 들어 마음과 마음의 요소들은 서로 지지하면서 같이 일어난다.

보리심菩提心 : 모든 중생을 위하여 붓다의 지위를 성취하겠다는 이타적인 염원.

본존本尊 : 본존요가 수행 시 자기 자신 앞에 현현하는 것으로 관상하는 수행 대상.

사대학파 : 인도의 주요 불교 학파인 대비바사부, 경량부, 유식부 그리고 중관부를 말한다.

사마타śamatha : 이론적으로 모든 유형의 삼매를 포함하는 용어로 명상의 대상에 일념으로 집중하는 것을 일컫는다. '고요히 머무름(Calm abiding)'으로 불리기도 한다.

사성제四聖諦 : 괴로움의 진리, 괴로움의 원인의 진리, 괴로움의 영원한 종식(소멸)의 진리, 그리고 괴로움의 영원한 종식으로 향하는 방법의 진리(각각 고제苦諦, 집제集諦, 멸제滅諦, 도제道諦). 석가모니 붓다께서 깨달은 이후 처음 불법을 설하신 초전법륜初轉法輪에 설해졌다.

산란 : 집착 등에 의해 일어나는 모든 종류의 주의 산만을 일컫는다.

상응인相應因 : 다른 요소 또는 대상을 매개로 해서 한 현상을 일으키는 원인. 연緣이라고도 한다.

소연연所緣緣 : 모든 현상의 네 가지 조건(연緣) 중의 하나로, 형상, 소리 등의 외부 대상을 관찰하는 의식이 일어나는 것과 같이 대상의 형상에 대한 의식이 일어나는 조건, 즉 외부 대상을 말한다.

십이처十二處 : 모든 마음 작용이 일어나는 원인이 되는 곳으로 눈, 귀, 코, 혀, 몸, 마음의 여섯 가지 내부 원인과 그것에서 비롯한 형태, 소리, 냄새, 맛, 감촉, 물질의 여섯 가지 외부 원인을 함께 이르는 말이다.

십팔계十八界 : 인간 및 모든 존재를 '인식 관계'로 파악한 열여덟 가지의 범주로 눈, 귀, 코, 혀, 몸, 마음의 여섯 감각기관(안이비설신의眼耳鼻舌身意)과 그에 따른 형태, 소리, 냄새, 맛, 감촉, 다르마/물질(색성향미촉법色聲香味觸法)의 여섯 가지 기능을 조건으로 발생하는 여섯 가지 의식을 말한다.

여래如來 : 붓다의 열 가지 칭호 가운데 하나로, 진여의 길을 따라서 윤회의 괴로움과 열반의 안락함으로부터 자유로운 분, 큰 깨달음의 상태를 이루신 분을 일컫는다.

열 가지 힘(십력^{十力}, 여래십력^{如來十力}) : 도리에 맞는 것과 도리에 맞지 않는 것을 변별하는 힘, 업의 원인과 그 과보와의 관계를 올바로 아는 힘, 사선이나 팔해탈 등의 선정을 아는 힘, 중생의 근기의 높고 낮음을 제대로 아는 힘, 중생이 원하는 것을 아는 힘, 중생이나 모든 현상의 본성을 아는 힘, 중생이 여러 곳(지옥이나 열반 등)으로 향하여 가는 것을 아는 힘, 나와 남의 과거세의 일을 기억하는 힘, 중생이 나고 죽는 것을 아는 힘, 번뇌를 끊은 경지와 그 경지에 도달하는 방법을 아는 힘.

염리심^{厭離心} : 일반적으로는 감옥과도 같은 삼계의 삶을 벗어나고 고통을 넘어서겠다고 하는 결연한 마음을 일컫는다. 따라서 육도윤회의 세계에서 완전하게 벗어나겠다는 염원을 말한다.

오온^{五蘊} : 중생의 몸과 마음을 이루는 물질, 느낌, 지각, 의지, 의식(색수상행식^{色受想行識})의 다섯 가지 요소.

원인과 조건 : 원인은 한 현상의 성질을 일으키고 조건은 그 존재의 특징을 일으킨다.

위빠사나^{vipaśyana} : '꿰뚫는 통찰(Special insight)'로 불리기도 하며, 선택한 명상 대상, 현상의 궁극적인 참모습을 보는 특별한 지혜이자, 분석적

256

인 명상 상태다. 사마타를 기반으로 일어난다.

육도윤회^{六道輪廻} : 선악의 응보에 따라 지옥, 아귀, 축생, 인간, 수라, 천인의 여섯 가지의 존재로 윤회하는 것.

이제^{二諦} : 세간의 진리인 속제^{俗諦}와 궁극의 진리인 승의제^{勝義諦} 또는 진제^{眞諦}를 함께 이르는 말.

지혜존^{智慧尊} : 본존요가 수행 시 자기 자신 앞에 현현하는 것으로 관상하는, 본존의 실제 모습인 불보살.

칠지공양^{七支供養} : 절, 공양, 참회, 다른 이들의 선업을 기뻐함(찬탄), 붓다께서 계속해서 법륜을 굴려 주시기를 간청함(청법), 붓다께서 열반에 들지 않으시기를 간청함, 회향을 말한다.

혼침^{惛沈} : 스무 가지 지말번뇌^{枝末煩惱} 또는 수번뇌^{隨煩惱}의 하나로 집착 또는 증오에 의해 대상에 대해 마음이 산란해져서 안에 머무르지 않는 상태.

수트라 ^{Sutras} ───────────────────────────

Bodhisattva Section Sutra

Bodhisattvapiṭakasūtra

Byang-chub-sems-dpa'i-sde-snod-kyi-mdo

Chapter on Controlling Evil Forces Sutra

Māradamanaparichchhedasūtra

bDud-btul-ba'i-le'u

Cloud of Jewels Sutra

Ratnameghasūtra

dKon-mchog-sprin-gyi-mdo

Compendium of Perfect Dharma Sutra

Dharmasaṃgītisūtra

Chos-yang-dag-par-sdud-pa'i-mdo

Descent into Lanka Sutra

Laṅkāvatārasūtra

Lang-kar-gshegs-pa'i-mdo

Extensive Collection of All Qualities Sutra

Sarvadharmasaṃgrahavaipulyasūtra

Chos-thams-chad-shin-tu-rgyas-pa-bsdus-pa'i-mdo

First Among the Supreme and Glorious

Shrīparamādya

dPal-mchog-dang-po

Heap of Jewels Sutra

Mahāratnakūṭadharmaparyāyashatasāhasrikagranthasūtra

dKon-mchog-brtsegs-pa-chen-po'i-chos-kyi-rnam-grangs-le'u-stong-phrag-brgya-pa'i-mdo

Hill of the Gaya Head Sutra

Gayāshīrṣhasūtra

Ga-ya-mgo'i-ri'i-mdo

Jewel in the Crown Sutra

Ratnachūḍasūtra

gTsug-na-rin-po-che'i-mdo

King of Meditative Stabilization Sutra

Samādhirājasūtra

Ting-nge-'dzin-rgyal-po'i-mdo

Meditation on Faith in the Mahayana Sutra

Mahāyānaprasādaprabhāvanāsūtra

Theg-pa-chen-po-la-dad-pa-sgom-pa'i-mdo

Moon Lamp Sutra

Chandrapradīpasūtra

Zla-ba-sgron-me'i-mdo

Perfection of Wisdom Sutra

Prajñāpāramitāsūtra

Shes-rab-kyi-pha-rol-tu-phyin-pa'i-mdo

Prayer of Noble Conduct

Bhadracharī

bZang-po-spyod-pa'i-smon-lam

Pure Field of Engagement Sutra

Gocharaparishuddhasūtra

sPyod-yul-yongs-su-dag-pa'i-l'eu

Questions of Narayana

Nārāyāṇapariprchchhasūtra

Sred-med-kyi-bus-zhus-pa

Space Treasure Sutra

Gaganagañjasūtra

Nam-mkha'-mdzod

Sutra on the Elimination of Ajatashatru's Regret

Ajātashatrukaukṛtyavinodanasūtra

Ma-skyes-dgra'i-'gyod-pa-bsal-ba'i-mdo

Sutra of the Great and Complete Transcendence of Suffering

Mahāparinirvāṇasūtra

Yongs-su-mya-ngan-las-'das-pa-chen-po'i-mdo

Teaching of Vimalakirti Sutra

Vimalakīrtinirdeshasūtra

Dri-ma-med-par-grags-pas-bstan-pa

Teaching of Akshayamati Sutra

Akṣhayamatinirdeshasūtra

Blo-gros-mi-zad-pas-bstan-pa'i-mdo

Ten Qualities Sutra

Dashadharmakasūtra

Chos-bcu-pa'i-mdo

Ten Spiritual Levels Sutra

Dashabhūmikasūtra

mDo sde sa bcu pa

Unraveling of the Thought Sutra

Saṃdhinirmochanasūtra

dGongs-pa-nges-par-'grel-pa'i-mdo

논문 Treatises ──────────────────────────────

Commentary on (Dignaga's) "Compendium of Valid Cognition"

Pramāṇavarttikakārikā

Tshad-ma-rnam-'grel-gyi-tshig-le'ur-byas-pa by Dharmakīrti

Compendium of Knowledge

Abhidharmasamuchchaya

mNgon-pa-kun-btus by Asaṅga

Guide to the Bodhisattva's Way of Life

Bodhisattvacharyāvatāra

Byang-chub-sems-dpa'i-spyod-pa-la-'jug-pa by Shāntideva

Essence of Madhyamaka

Madhyamakahṛdayakārikā

dBu-ma-snying-po'i-tshig-le'ur-byas-pa by Bhāvaviveka

Illumination of the Middle Way

Madhyamakāloka

dBu-ma-snang-ba by Kamalashīla

Nagarjuna's Fundamental Treatise on the Middle Way, called "Wisdom"

Prajñānāmamūlamadhyamakakārikā

dBu-ma-rtsa-ba'i-tshig-le'ur-byas-pa-shes-rab-ces-bya-ba by Nāgārjuna

• • •

《수행의 단계 · 중편》 전문

까말라쉴라 저 | 이종복 역

제목을 해석함

인도말로는 파와나끄라마^{Bhavānākrama}, 티베트말로는 곰뻬림빠^{Goms pa'i rims pa}. 문수동자께 귀의한다. 대승경전의 체계를 따르는 이들을 위해 수행의 단계를 간략하게 설명하고자 한다. 일체지^{一切智}를 가장 빨리 성취하고자 하는 지혜로운 이는 일체지의 모든 인^因과 연^緣을 성취하는 데 모든 노력을 쏟아야 한다.

제1장 마음이란?

일체지는 원인 없이 일어날 수 없다. 만일 (원인 없이 일체지가 일어날 수 있다면,) 모든 중생은 항상 이미 일체지를 성취하고 있어야 한다는 불합리한 결론으로 귀결되기 때문이다. 만일 (현상이) 어떠한 것에도 의존하지 않고 발생하는 것이라면, 그 현상이 일어나는 것을 방해할 수 있는 것은 아무것도 없을 것이다. 그렇다면 모든 것들이 일체지자가 되어야 하지 않겠는가? 모든 현상은 특정한 시간과 공간의 몇몇에게 일어나니, (결과로서 일어나는) 모든 현상은 반드시 그들의 원인에 의존한다. 일체지 역시 특정한 시간과 특정한 공간에서 일어난다. 언제나, 어디서나 일어나는 것이 아니며, 모든 (현상) 역시 (일체지자)가 아니니, 일체지는 반드시 (특정한) 원인들과 조건들에 의지하여 일어난다.

제2장 마음 닦기

또한 이 원인들과 조건들 중에서도 반드시 올바르고 완벽한 원인들을 닦아야 한다. 만일 올바르지 않은 원인들을 닦는다면, 그대가 아무리 열심히, 오랫동안 수행한다 하더라도 원하는 목표(인 일체지)를 달성할 수 없을 것이다. 마치 (소의) 뿔을 짜서 젖을 얻으려는 것처럼. 마찬가지로 모든 (올바른) 원인들을 닦지 않는다면, 결과가 일어날 리 없다. 예를 들어 씨앗 등의 마땅한 원인이 없다면, 결과인 싹은 발생하지 않는 것과 같다. 그러므로 원하는 결과(인 일체지)를 얻고자 하는 이는 반드시 그 (일체지를 이룰 수 있는) 올바르고 완벽한 원인들과 조건들을 닦아야만 한다.

만일 일체지라는 (최상의) 결과를 (얻기 위한) 원인들과 조건들은 무엇인가 하고 그대가 묻는다면, 나 따위는 앞이 보이지 않는 사람처럼 그 (일체지의 완전무결한 원인들과 결과들을) 설명할 수 없다. 그렇지만 세존世尊께서 완벽한 깨달음(正覺)을 이루신 뒤 제자들에게 가르치셨던 것처럼, 내가 세존의 말씀을 설명할 수는 있으리라. "비밀주시여! 일체지는 연민을 뿌리로 하여 일어나며, 보리심을 원인으로 일어나며, 방편으로 완성된다."라고 하셨다. 그러므로 만일 일체지를 성취하고자 한다면, 그대는 연민, 보리심, 그리고 방편 이 세 가지를 수행해야만 한다.

제3장 연민

연민에 의해 마음을 일으킨 보살들은 모든 중생을 (윤회에서) 완전히 건져 내기 위해서 (노력)할 것을 굳건히 서원한다.

그리고 나서 찰나(자성)의 소견을 없앤 뒤, 매우 힘들고, 부단히, 오랜 시간이 걸려야 완성할 수 있는 복덕과 지혜의 자량資糧을 간구한다.

이 수행에 들어간 이들은 반드시 지혜와 복덕의 자량을 완성해야 한다. 지혜와 복덕의 자량을 성취하면, 일체지는 손안에 쥐고 있는 것과 마찬가지이다. 따라서 오직 연민만이 일체지의 뿌리이므로 그대는 처음부터 오로지 (연민을) 수행해야 한다.

《대보적경大寶積經》에서도 말씀하시길 "세존이시여! 예를 들어 보살은 여러 가지 법을 수행하지 않습니다. 세존이시여! 만일 보살이 올바르게 하나의 법을 단단히 붙들고 그 법을 완벽하게 이해한다면, 그는 붓다의 모든 법을 그의 손에 쥐고 있는 것입니다. 그 하나의 법이 무엇이냐고 묻는다면, 그것은 큰 연민입니다."라고 한다.

붓다들께서는 이미 모든 수승한 목적을 두루 성취하셨음에도 큰 연민을 견고히 품고 계시기 때문에 중생의 세계(윤회)가 끝날 때까지 행을 한다. (붓다들께서는) 성문들과는 달리 열반이라는, 안식의 성城이라는 최상의 안식에도 들어가지 않으신다. 중생들(의 괴로움을) 굽어보시고, 열반의 성이라는 안식을 불로 달군 쇠 집인 것처럼 (보시고) 버리신다. 그러므로 붓다의 '열반에 머물지 않는 경지(무주처열반無住處涅槃, apratiṣṭhita-nirvāṇa)'의 원인은 반드시 큰 연민이다.

제4장 자애의 뿌리 평등심 기르기 ────────

연민을 수행하는 순서를 처음으로 설명한다. 우선 평등심의 수행을 통해서 모든 중생에 대한 화와 집착을 없앨 수 있으니, 평등심을 수행해야 한다.

모든 중생은 안락을 바라며 괴로움을 바라지 않는다. 이 시작 없는 윤회 속에서 모든 중생은 수백 번도 더, 나와 가까운 이가 아니었던 적이 없었으리라는 점을 깊이 생각하라. 이 중생들 사이에 어떤 차별이 있어서 누구에게는 집착하고, 누구에게는 화를 내야 하겠는가? 따라서 나는 모든 중생을 향한 평등한 마음을 닦을 것이라 생각하고 아무런 감정이 (또는 관계가) 없는 사람에 대해서부터 시작한다. 다음에는 친구들과 적에 대해서 평등심을 수행한다.

모든 중생에 대한 평등심을 수행한 다음 자애를 수행한다. 자애의 물로 마음(심상속)을 적셔 금이 묻혀 있는 땅처럼 (소중히) 여겨 연민의 씨앗을 심으면 금방 풍성해질 수 있도록 한다. 그러고 나서 자애로 마음을 닦은 뒤, 연민의 수행을 한다.

제5장 괴로움의 본성 알기 ─────────────

연민은 모든 중생이 그 괴로움으로부터 자유로워지기를 바라는 마음을 근본으로 한다. 삼계三界의 모든 중생은 태어난 곳에 따라 세 가지 종류의 괴로움을 겪고 있다. 그러므로 일체중생에 대해 연민을 수행해야 한다. 이처럼 지옥중생들은 오랫동안 끊임없이 불 등의 갖가지 괴로움의 강에서 고통을 겪고 있다고 부처님께서 말씀하셨다. 마찬가지로 대부분의 아귀 또한 극도의 배고픔과 갈증의 불에 의해 메마른 몸으로 가지가지 괴로움을 겪는다고 말씀하셨다. 축생들 역시 서로서로 잡아먹고 성내며 죽이고 해치는 등의 갖가지 괴로움을 겪는다. 사람들 역시 욕망을 좇기 때문에 궁핍해져서 서로서로 미워하고 해치며 좋아하는 것에서 멀어지고 싫어하는 것을 만나며 궁핍을 겪는 등 셀 수 없는 고통을 겪는다.

어떤 사람들은 애착 등의 다양한 번뇌 [특히, 수행을 능동적으로 가로막는 현행번뇌現行煩惱(paryavasthāna)]에 마음이 얽혀 있으며, 또 어떤 이들은 잡다한 사견邪見에 의해 좌불안석하는 이들이 있다. 이 모든 것이 또한 괴로움의 원인이기 때문에, 벼랑 끝에 매달려 있는 것처럼 오직 극심한 괴로움을 겪을 뿐이다.

천신들은 변화의 괴로움(괴고)을 겪는다. 욕계에 있는 신들은 늘 죽음과 윤회, (불행한 상태로의) 추락 등의 공포가 끔찍하게 (그들의) 마음을 괴롭히는데 어찌 (편안할) 수 있겠는가?

보편적인 괴로움(행고)은 업과 번뇌가 특정인 원인의 힘에 의지하는 것을 성품으로 하며, 매 순간 무너지는 것(찰나멸)을 특징으로 하니, 윤회하는 모든 중생이 가지고 있는 보편적인 (괴로움)이다.

그러므로 모든 중생은 괴로움의 불길 속에 있다고 보고, 내가 괴로움을 원하지 않는 것과 마찬가지로 다른 모든 중생 역시 그러하다고 생각하고, '맙소사! 내가 아끼는 중생들이 괴로워하고 있구나. 어떻게 하면 그들이 그 괴로움으로부터 빠져나올 수 있을까?'라고 생각하여, 나 자신의 괴로움을 보듯 여긴다. 그들이 (괴로움에서) 벗어날 수 있기를 바라는 것을 특징으로 하는 연민을 통해 삼매에 들어가는 것 역시 합당하다. 모든 보살의 행들 역시 좋다. 언제나 모든 중생에 대하여 (연민의) 수행을 해야 한다. 처음에는 자신과 가까운 이들이 지금까지 설명한 가지가지 괴로움을 겪고 있음을 보는 것에 의지해 수행한다.

그러고 나서 중생을 평등심으로 차별 없이 본 다음, '모든 중생이 나의 친척이다.'라는 생각을 진심을 다해 마음속에 간직하고, 나와 관계가 없는 중생들에 대한 수행(으로 넓혀 간다). 가까운 사람들에 대한 연민이 (관계없는 사람들에 대한 연민)과 동등해질 때, 시방十方의 모든 중생에 대한 (연민을) 수행해야 한다.

작고 귀여운 어린아이가 고통을 겪을 때 괴로워하는 어머니의 마음처럼, 내가 아끼는 이들이 괴로움에서 벗어나기를 바랄 때 저절로 일어나는 연민이 모든 중생에 대해 동등할 때 연민을 성취할 수 있다고 하며, 이렇게 해서 크디큰 연민(대비심)을 성취한다.

자애의 수행은 친한 사람 편에서 시작하여 그들이 안락을 만나기를 바라는 것이 그 특징이다. 단계적으로 (관계가 없는) 보통 사람과 적들까지도 수행(의 대상으로 삼아야) 한다. 그와 같이 연민 수행을 하면, 차츰차츰 모든 중생을 (윤회의 괴로움에서) 완전히 구제할 수 있기를 바라는 마음이 저절로 일어날 것이다. 따라서 연민이라는 뿌리를 수행한 다음 보리심을 수행한다. 보리심에는 세속제世俗諦(saṃvṛttisatya 혹은 속제俗諦)의 (보리심)과 승의제勝義諦(paramārthasatya 혹은 진제眞諦)의 (보리심)이라는 두 가지 측면이 있다. 속제(의 보리심)은 연민으로서 중생을 구제하겠다고 서원한 뒤 윤회하는 존재의 이익을 위하여 붓다가 되겠노라는 생각을, 발아뇩다라삼먁삼보리심發阿耨多羅三藐三菩提心(anuttarā-samyak-saṃbodhi또는 무상정변보리심無上正遍菩提心)을 염원하는 측면을 통해 첫 마음을 일으키는 것이다(초발심初発心).《보살지菩薩地(Bodhisattvabhūmi)》의 〈계품戒品〉 의궤에서 가르친 것처럼 보살계菩薩戒(bodhisattva-saṃvara)에 머물며 (보살계를 이미 온전하게 지키는) 현자에 의지하여 보리심을 일으킨다.

이와 같이 세속제의 보리심을 일으키고 나서 승의제의 보리심을 일으키기 위하여 노력해야 한다. 승의제의 보리심, 그것은 출세간出世間의 것이고, 모든 희론戱論(prapañca)이 적멸하며 극히 청정하고 승의의 행의 대상이며 무결하고 흔들림 없다. 마치 바람에 방해받지 않는 버터 램프처럼 흔들림 없다.

(승의제의 보리심)의 성취는 항상 사마타와 위빠사나의 수행을 소중히 오랜 시간에 걸쳐 닦음으로써 이루어지는 것이다. 《해심밀경解深密經(saṃdhinirmocana-sūtra)》에서 "미륵이여! 성문들, 보살들, 여래들의 모든 선법善法은 세간이든 출세간이든 모두 사마타와 위빠사나를 수행한 결과라고 알아야 한다."고 말씀하신 것처럼. 일체의 삼매는 이(사마타와 위빠사나)에 들어 있기에 모든 수행자는 언제나 결단코 사마타와 위빠사나를 (닦아야 한다고) 말씀하셨다. 《해심밀경》에서 "성문, 보살, 여래께서 가르치신 일체의 많은 삼매, 이 모두가 사마타와 위빠사나에 포함된다는 것을 알아야 한다."라고 말씀하셨다.

오로지 사마타만을 익혀서는 수행자의 (번뇌의 장애와 지혜의 장애라는 두 가지) 장애를 없애는 것이 아니라 잠시 번뇌를 눌러 놓을 수 있을 뿐이다. 반야의 빛이 일어나지 않는다면 (사마타의 수행에 눌려) 휴지 상태에 있는 (두 가지) 장애를 완전히 소멸시킬 수 없다. 이 때문에 《해심밀경》에서는 "선정에 의해서는 번뇌들을 올바르게 억제하고 반야에 의해서 휴지되어 있는 (두 가지 장애를) 완전하게 소멸시킨다."고 말씀하신다.

《삼매왕경三昧王經(Samādhirāja-sūtra 또는 월등삼매경月燈三昧經)》에서는 이렇게 말씀하셨다.

오로지 선정만을 닦는다 하더라도 끊임없는 분별의 상想은 제거할 수 없을 것이다.

그 (분별의 상想이) 번뇌이기 때문에 (그 번뇌가 그대를 여전히) 심히 괴롭힐 것이다.

우드라까 라마뿌뜨라Udraka Rāmaputra가 이 [비상비비상처정非想非非想處定(naiva-sam. jñānāsaṃjñâyatanaṃ samādhi)의] 사마타를 수행(했지만 성불하지 못한) 것처럼.

(위빠사나를 통해) 만일 (모든) 현상에 자성의 부재함을
관찰觀察한다면, 그 관찰하여 수행하는 것,
바로 그것이 열반이라는 결과를 일으키는 원인이니
어떠한 다른 원인으로도 적정寂靜을 일으키지 못한다.

《보살장菩薩藏(bodhisattvapiṭaka)》에서는 "《보살장》에 대한 법문을 배우지 않고서, 성스러운 법과 계율을 배우지 않고서 오직 삼매만 수승한 것이라고 만족하는 자는 아만我慢(māna)의 힘에 의해 증상만增上慢(ādhimāna)에 떨어진다. 이러한 사람들은 생·노·병·사·불행·슬픔·고난·마음의 불안 그리고 우환으로부터 완전히 자유로울 수 없다. 그리고 육도윤회의 굴레에서 완전히 자유로울 수도 없다. 고통의 덩어리(즉, 오취온 또는 괴로움을 받는 현재의 몸과 마음을 이루는 다섯 가지 요소의 쌓임인 오온)로부터도 역시 완전히 자유로울 수 없다. 그러한 이들을 생각

하시고 여래께서는 가르침을 듣는 것(진리)이 늙음과 죽음으로부터 너희를 자유롭게 하리라고 말씀하셨다."라고 한다.

그러므로 모든 장애를 제거한 뒤에 청정한 지혜를 일으키고자 원하는 이는 사마타에 머물며 반야를 수행해야 한다.

제6장 지혜

《대보적경》에서 "계戒(śila)에 머무름으로써 삼매를 확고하게 성취한다. 삼매를 성취하고 나서 또한 반야를 수행한다. 반야에 의해 청정한 지혜를 성취한다. 청정한 지혜에 의해 계율을 완전하게 구족할 수 있다."라고 하신다.

《대승경신사유경大乘敬信思惟經(Mahāyānaprasādaprabhāvana-sūtra)》에서도 "선남자 선여인이여! 반야에 머무르지 않고서 대승에 대한 믿음을 낸 보살이 어떻게든 대승에 나아갈 수 있다고 나는 말하지 않는다. 선남자 선여인이여! 이렇듯 대승에 믿음을 내고 대승에 나아가는 보살이 (반야에 머무르지 않으면서) 대승으로 나아가는 것이 어떻게 가능하겠는가? 이 모든 것이 전혀 산란함이 없는 마음으로 (대승의) 뜻과 법에 대해 올바르게 생각하는 것으로부터 말미암는다고 잘 알고 있어야 한다."고 말씀하신다.

사마타의 수행이 없는 위빠사나 수행만으로 어떻게 요가 수행자의 마음이 대상들에 대해 산란해지지 않을 수 있겠는가? 이는 마치 바람이 부는 가운데에 있는 등불처럼 요동칠 수밖에 없다. 그러므로 (반야에만 의지하는 요가 수행자에게) 지혜의 빛이 찬란하게 일어날 수 없다. 따라서 (사마타와 위빠사나) 이 두 가지 모두에 동등하게 의지해야 한다. 그렇기 때문에 《대반열반경大般涅槃經(Mahaaparinibbaana-sutta)》에서 또한 "성문들은 여래의 성품(여래승종성如來乘種性)을 보지 못한다. 삼매(의 힘)이 지나치게 강하고 반야(의 힘)이 약하기 때문이다. 보살들은 여래의 성품을 보기는 하지만, 명료하게 보지는 못한다. 그들의 반야(의 힘)은 강하지만, 삼매(의 힘)이 약하기 때문이다. 그러나 여래께서는 이 모든 것을 명징하게 보실 수 있으니, 이는 사마타와 위빠사나 두 가지를 모두 동등하게 닦으셨기 때문이다."라고 말씀하셨다.

사마타의 힘이 바람이 불어도 등불이 꺼지지 않게 해 주듯 (사마타의 힘으로) 분별의 바람이 불어도 마음이 산란하지 않게 된다. 위빠사나는 모든 잘못된 견해(사견邪見)의 더러운 때를 말끔히 정화할 수 있지만, 다른 견해에 의해 흔들리지 않을 것이다. 따라서, 《월등삼매경月燈三昧經(Candrapradīpa-(śamatha)-sūtra)》에서 "사마타의 힘으로 (마음의) 산란함이 없게 되며, 위빠사나에 의해서는 산과 같이 될 것이다."라고 한다. 그러므로 (사마타와 위빠사나) 두 가지 모두를 수행하여 머물러야 한다.

제7장 사마타·위빠사나 수행의 전제 조건 ─────────

(사마타와 위빠사나)를 수행하기 전, 요가 수행자는 쉽고 빠르게 사마타

와 위빠사나를 확립시킬 수 있는 사마타와 위빠사나의 선결 조건에 의지해야 한다.

무엇이 사마타 수행의 선결 조건인가? 1) 수행에 적합한 (환경이 갖추어진) 곳에 머물고, 2) 욕심을 줄이며, 3) 만족할 줄 알아야 하며, 4) 잡다한 행동을 삼가하고, 5) 계를 항상 청정하게 하고, 6) 욕심 등의 망상분별을 완전히 버려야 한다.

여기서 (다음과 같은) 다섯 가지 청정한 좋은 특징을 갖춘 곳이 1) 수행에 적합한 환경이라고 알아야 한다. ① 의복과 음식을 어렵지 않게 구할 수 있어야 하니, 구하는 데 어려움 없음, ② 악인과 적 등이 살지 않는 곳이어야 하니, 머무는 곳의 선함, ③ 질병이 없는 곳이어야 하니, 머무는 곳의 청결함, ④ 같은 계율을 수지^{受持}하고 같은 견해를 가진 좋은 벗(선우善友)이 있는 곳이어야 하니, 좋은 벗이 있음, ⑤ 낮 동안 많은 사람이 붐비지 않고 밤에는 소음이 적은 곳이어야 하니, 선하고 원만함이다.

2) 욕심을 줄인다는 것은 무엇인가? 승복 등이 좋거나 많은 것에 특별히 집착하지 않는 것과 같은 것이다. 3) 만족한다는 것은 무엇인가? 법복 등의 양이 적거나 질이 나쁜 것을 얻더라도 항상 만족하는 것이다. 4) 잡다한 행동을 삼가한다는 것은 무엇인가? 장사 등에 매이지 않는 것과 같은 것이다. 그리고 재가신도와 승려들과 너무 가까이 지내지 않고, 의술이나 점을 보는 등의 행동을 멀리하는 것이다.

5) 계율을 청정하게 한다는 것은 무엇인가? (성계性戒와 차계遮戒, 성문의 별해탈계別解脫戒와 대승의 보살계菩薩戒라는) 두 가지 계율들에 대해서도, 즉 (살생, 도둑질, 삿된 음행, 그리고 거짓말과 같이) 성질 자체가 악한 행동들(성죄性罪)과 (음주와 같이 붓다께서) 계율로 금한 악한 행동들(차죄遮罪)에 대한 수행의 바탕(이 되는 계율, 즉 학처學處)를 범하지 않는 것이며, (이 두 계율을) 제대로 살피지 못하고 어겼다면, 재빨리 (그 과오를) 참회하고 여법하게 행동하며, 앞으로는 범하지 않겠다고 결심하는 것이며, (두 계율 가운데) 성문의 별해탈계에서 바라이죄波羅夷罪(pārājika)로 정해서 (붓다께서 행하는 것이) 부적절하다고 말씀하신 것을 (어겼다면 재빨리) 참회하는 (마음을) 갖는 것이며, 앞으로 다시 범하지 않겠다는 마음을 갖는 것이다. 또한, 행위를 행하는 그 마음의 무자성無自性을 잘 분별하여 이해하기 때문에, 혹은 모든 현상에 자성이 없음을 수행하기 때문에 계율이 청정할 뿐이라고 가르치신다. 이는《불설아사세왕경佛說阿闍世王經(Ajātaṣatrukāukrityavinodana-sūtra)》을 통해 잘 이해할 수 있다는 것을 알아야 한다. 그러므로 더 이상 참회할 것이 없을 때, 수행을 가행정진해야 한다.

욕망들에 대해서는 또한, 이번 삶과 다음 삶에서 (지금) 저지르고 있고 (앞으로) 저지를 (수 있는) 많은 잘못에 대해서 생각하고, 이들에 대한 망상분별을 제거함으로써 (끊을 수 있)다. 다른 한편으로, 윤회하는 존재는 아름답건 추하건 간에 그 모두는 (언젠가는) 무너지는 성질을 가진 불안정한 것이다. '이 모든 것들과 내가 오래지 않아 헤어지게 된다는 것은 의심할 바 없는 사실이다. 어떻게 이러한 것들 (즉, 모든 아름답거나 추한 현상들과 나)에 탐착해야 하겠는가?'라고 깊이 사유하고, 이를 통해 모든 망상분별을 없애야 한다.

위빠사나의 예비 단계는 무엇인가? 1) 지혜로운 분에게 의지하는 것이며, 2) 많이 배우신 분을 잘 따르는 것이며, 3) 배운 바를 따라 (올바르게) 생각하는 것이다.

여기서 1) 의지할 수 있는 지혜로운 분은 누구를 말하는가? ① 많은 가르침을 배우시고, ② 명료하게 가르치시며, ③ 연민의 마음을 가지고 계시며, ④ 역경을 인내할 줄 아시는 분이다.

2) 이 중에 많은 가르침을 배우신 분이란 누구인가? 세존의 십이부경十二部經의 요의와 불요의를 공경하고 잘 배우신 분(을 따르는 것)이다. 《해심밀경》에서는 이와 같이 "성인의 가르침을 원하면서도 배우지 않는 것이 위빠사나를 가로막는다."라고 한다. 또한 "위빠사나는 (성인의 가르침을) 배우고 사색하는 데서 일어나는 청정한 견해를 원인으로 하여 일어나는 것이다."라고도 말씀하신다. 《나라연소문경那羅延所問經 (Nārāyaṇaparipṛcchā-sūtra)》은 또한 "(성인에게서) 배운 것을 간직하고 있는 이에게 반야가 일어난다. 반야를 지닌 이가 번뇌를 말끔히 잠재울 수 있다."라고 말씀하신다.

3) 배운 바를 따라 (올바르게) 사유하는 것이란 무엇인가? 요의의 경전과 불요의의 경전 등을 잘 판단하는 것이다. 이 (요의경과 불요의경에

대한 올바른 판단)에 따라 보살에게 의혹이 없다면, 그는 수행에 오롯이 들어갈 수 있다. 그렇지 않고 만일 의혹의 밧줄에 묶여 있다면, 갈림길에 서서 어쩔 줄 모르는 사람처럼 어떠한 것에도 확신을 가질 수 없게 될 것이다.

수행자는 항상 물고기, 고기 등을 먹지 말아야 하며, (건강 또는 계율에) 맞지 않는 것을 먹지 말며, 적당한 양을 먹어야 한다.

이와 같이, 보살은 수행을 할 때 사마타와 위빠사나의 예비 단계를 모두 갖추고 나서 수행에 들어가야 한다.

수행자가 수행을 할 때는 우선 미리 해야 할 일들을 모두 마쳐야 한다. 그리고 나서 용변을 보고, 조용하고 편안한 곳에서 '내가 모든 중생을 보리심의 정수에 앉힐 수 있기를!'이라고 생각한다. 모든 중생을 (윤회의 괴로움으로부터) 구하려는 이는 자비의 마음을 구체화하며, 시방에 계시는 모든 여래와 보살들께 오체투지를 한다.

모든 불보살의 탱화는 그의 앞이나 다른 (가까운) 곳에 놓아도 괜찮다. 그리고 그분들께 최선의 공양을 올리고 찬탄하고, 자신의 잘못을 참회하고 나서 일체중생의 공덕을 기뻐한다.

편안하고 부드러운 좌복에서 비로자나 부처님의 결가부좌(연화좌)와 같이 앉지만, 반가부좌도 괜찮다. 눈은 지나치게 부릅뜨거나 지나치게 꼭 감지 않으며, 코끝을 응시하듯 한다. 몸은 너무 웅크리지 않고 너무 구부리지 않으며 꼿꼿하게 바로 펴고 앉아 내면에 주의를 집중하여 머문다. 그리고 나서 어깨를 평평하게 하고, 머리를 (지나치게) 세워 들거나 떨어뜨리지 않고 (측면으로) 기울어지지도 않게 한다. 코에서 배꼽의 중심이 일직선이 되게 유지한다. 이와 입술은 자연스럽게 다문다. 혀는 윗잇몸 (뒤쪽)에 놓는다. 호흡을 할 때 (호흡하는) 소리가 나거나, 격하게 하거나, 가쁘게 하지 않으며, 알아차리지 못할 정도로 천천히 자연스럽게 들이쉬고 밖으로 내쉰다.

제8장 사마타 수행

우선 사마타 수행을 확립해야 한다. 사마타란 외부의 대상에 대한 (마음의) 산란함을 가라앉히고 나서 안으로 (마음을) 관찰하여 항상 자연스럽게 명상의 대상을 향하여 환희歡喜(ānanda)와 경안을 지닌 마음에 머무르는 것이다.

　사마타에 (머물면서) 진리를 관찰하는 것이 위빠사나이다. 《보운경寶雲經(Ratnamegha-sūtra)》은 "사마타는 마음을 한곳에 오롯이 하는 것이다. 위빠사나는 (진리에 대한) 올바른 관찰이다."라고 한다.

　《해심밀경》은 "(미륵보살이) '붓다시여, 사마타는 어떻게 해야 제대로 구하며, 위빠사나는 어떻게 배워야 합니까?'라고 물으시자, '미륵이여! 나는 이와 같은 가르침을 보살에게 주었다. 게경契經(sūtra)과 응송應誦(geya)과 수기授記(vyākaraṇa)와 풍송諷誦(śuloka), 자설自說(udana), 인연因緣(nidāna), 비유譬喩(avadāna), 본사本事(itivṛttaka), 본생本生(jātaka), 방광方廣

(vaipulya), 미증유未曾有(adbhūtadharma), 논의論議(upadeśa)들이 그것이다. 그들에게 설한 이 가르침들을 보살들은 잘 듣고, 잘 파악하며, (들어서 배우고 파악한 바를) 잘 (반복하여) 암송하고, 마음으로 잘 분석하고 관찰해서 철저히 이해한 다음, 보살들은 홀로 조용한 곳에 앉아서 올바른 사색을 통해 (일어난) 가르침(불법)에 대해서 사유하며, 사유하는 그 마음 안에서 지속적으로 사유하기 때문에, 사유한다(고 하는 것이다). 이러한 방법을 통해 보살은 사마타를 완전히 구하는 것이다. 이와 같이 머무르며, 그 상태에 사마타에 들어가 자주 머무를 수 있으며, 몸의 가볍고 편안함과 마음의 가볍고 편안함(경안)을 성취했을 때, 그것을 사마타라고 이른다. 보살이 사마타를 간구한다고 하는 것이다. 몸의 가볍고 편안함과 마음의 가볍고 편안함(경안)을 성취한 다음, 그 (몸과 마음의 편안함)에 머무른다. 마음의 산란함을 없애고 나서 삼매에서 일어난 그 현상의 영상影像을 (대상으로 삼아) 철저히 분석하여 관찰(개별 관찰 또는 사택思擇)하고 확실하게 이해한다(adhimokṣa, 승해勝解). 이와 같이 삼매에서 일어나는 영상을 의식 대상으로 삼아 정확히 판별하는 것과 철저하게 구별하는 것, 잘 이해하는 것, 면밀히 검토하는 것, (그 분석 대상을) 인내하고 받아들이는 것, 올바르게 분석하는 것, 관찰하고 이해하는 것을 위빠사나라고 부른다. 이렇게 보살이 위빠사나를 통달한다고 하는 것이다.'"라고 한다.

사마타를 완성하고자 하는 수행자는 처음에 경과 응송 등 (십이부 경전의) 모든 가르침이 진여라는 진리를 향한 것이며, (진리에) 도달한 것이고, (나를) 진여의 진리에 도달(하게 해 줄) 것이라고 (생각하여) 모든 (십이부 경전을) 정리하고, 이에 (의식을) 면밀히 집중해야 한다.

다른 한 가지 방법은 (다섯) 종류로 모든 현상을 정리하는 오온 등에 면밀히 집중하는 것이다. 또 다른 방법은 보고 들은 그대로 불상에 마음을 집중하는 것이다. 《삼매왕경》은 이렇게 말씀하셨다.

> 금빛 몸을 지니신 세상의 수호자 세존께서는
> 모든 면에서 아름다우시네.
> 그 불신(佛身)에 마음을 집중하는 보살은
> 삼매에 든 것이라고 말하네.

이와 같이 그대가 바라는 관찰 대상에 마음을 집중한 뒤, 반복적으로 그리고 지속적으로 마음을 집중한다. 이렇게 그 대상에 마음을 집중하고 나서 그 마음을 다음과 같이 분석한다. '(삼매 가운데 일어나는) 관찰 대상을 잘 파악하고 있는가? 혼침에 빠지지는 않았는가? 외부의 대상에 휘둘려 산란해지지는 않았는가?'를 생각하고 점검한다.

만일 혼침과 잠이 덮쳐서 마음이 무기력해지는 것을 알아차리거나, 마음이 무기력해질까 봐 두려워하는 것을 알아차린다면, 그때 최고로 환희로운 대상인 불상(佛像) 등이나 혹은 빛의 모습(ālokasaṃjñā, 광명상光明想)에 의식을 집중한다. 이렇게 해서 혼침을 평안하게 하고 나면 언제나 관찰 대상 그 자체에 대한 마음의 관찰을 매우 명징하게 볼 수 있을 것이다.

이렇게 될 때까지 (수련을) 해야 한다. 즉, 장님이 보는 것 같거나, 깜깜한 곳에 있는 사람이 보는 것처럼, 눈을 꼭 감고 보는 것처럼 명상의 대상이 매우 명징하게 보이지 않는다면, 이를 혼침이라고 알아야 한다. 외부 대상인 물질 등에 대해서 그들의 자질을 분별 인식함으로써 (그쪽으로 마음이) 이끌리기 때문에, 혹은 (삼매에서 일어나는 관찰 대상이 아닌) 다른 것에 마음이 뺏겨서, 이전에 경험했던 대상을 원하여 마음이 지나치게 산란한 것(도거)을 (알아차리거나), 마음이 지나치게 산란해지는 것을 두려워하는 것을 (알아차릴) 때는 모든 것은 끊임없이 변한다는 사실(제행무상諸行無常)과 모든 것은 필경에는 괴로움이라는 사실(일체개고 一切皆苦) 등에 집중하라. 이러한 주제가 지나치게 산란한 마음을 잠재울 것이다.

산란함을 잠재우고 바르게 기억함(정념)과 명확한 앎(정지)이라는 밧줄로 미친 코끼리와 같이 날뛰는 마음을 (삼매에서 일어나는) 관찰의 대상(상념想念)이라는 나무에 단단히 묶어야 한다. 혼침과 도거가 없고, 그 관찰 대상에 마음이 자연스럽게 몰입할 때, 그때는 정진의 힘을 느슨히 하여 평온(upekṣa, 사捨)에 들어가서 (이 상태를) 원하는 만큼 유지한다.

이와 같이 사마타에 익숙해져서 몸과 마음이 가볍고 편안하게 되고(경안), 관찰의 대상에 원하는 만큼 스스로의 힘으로 집중할 수 있을 때, 사마타가 이루어진 것이라고 알아야 한다.

제9장 위빠사나 수행

사마타를 이루고 나서 위빠사나 수행을 한다. '세존의 모든 말씀은 뛰어난 가르침이다. 직접적으로 혹은 간접적으로 (실상實相의) 진여를 명료하게 밝혀 주시고, (실상의) 진여로 이끌어 주신다. 이 여여함을 이해한다면, 빛이 일어나서 어둠을 밝히듯, 모든 (삿된) 견해의 그물에서 빠져나올 수 있게 된다. 사마타만으로는 올바르고 청정한 지혜를 얻을 수 없으며, (번뇌의 장애와 지혜의 장애라는 두 가지) 장애들의 어둠 역시도 제거할 수 없다. 반야지로 진여를 잘 닦으면, 지혜가 청정하게 될 것이다. 오직 반야지를 통해서만 (실상의) 여여함을 깨달을 수 있다. 오직 반야지만이 (번뇌의 장애와 지혜의 장애라는 두 가지) 장애를 올바르게 없앨 수 있다. 그러므로 사마타에 기반하여 반야지를 가지고 실상의 진리를 간구할 것이다. 그러나, 사마타만으로는 만족하면 안 된다.'라고 생각한다.

그렇다면 (실상의) 진여란 무엇인가? 진여란 모든 실체, 즉 사람과 현상의 자성이 궁극적(진제眞諦)으로는 공空하다는 것이다. 그리고 이 (사람과 현상의 자성의 공함이라는 진여는) 완벽한 반야지(반야바라밀)로 깨달을 수 있다. 그러나 (반야바라밀이 아닌) 다른 (바라밀로는 진여를 깨닫는 것은) 불가능하다. 《해심밀경》은 "'대웅大雄이시여! 보살은 어떠한 바라밀로 현상의 무자성성(법무아)이라는 수승함(피안)을 성취합니까?' '관세음이여, 반야바라밀로 (무자성성을) 이해할 수 있다.'"라고 한다. 그러므로 사마타에 머물면서 반야지를 수행해야 한다.

여기서 수행자는 다음과 같이 분석하여야 한다. (중생의 몸과 마음을 구성하는 다섯 종류의 쌓임인) 온蘊과 (여섯 가지 인식 기관, 여섯 가지 대상, 그리고 상호작용에 의해 일어나는 여섯 가지 의식인) 계界, 그리고 (여섯 가지 인식 기관과 여섯 가지 대상인) 처處 밖에서 자아 (또는 참나)는 찾을 수 없다. 자아는 온, (계, 처) 등이 (가지고 있는) 자성 또한 아니다. 오온 등은 무상하며 다수의 현상(의 인과에 따른 집합)이기 때문이며, (불교 이외의) 다른 종파는 사람은 영원하고 하나의 실체라는 (허깨비를) 덮어씌운 것이기 때문이다. 이렇게 혹은 저렇게 존재한다고 주장할 수 없는 참나에게 실체가 있을 수 없다. (앞서 말한 방식 이외에 참나라는) 실체가 존재할 수 있는 다른 방식이 없기 때문이다. 그러므로 세상에서 '나'와 '내 것'이라고 주장하는 것은 전적으로 착각일 뿐이라고 결론 내릴 수 있다.

현상의 무자성성 역시 이와 같은 방식으로 수행해야 한다. 현상이라고 말하는 것은 간추리면 오온과 십이처와 십팔계이다. 여기서 온과 처와 계의 물질적 형태, 그것은 궁극적으로는 마음에서 일어난 형상일 뿐이다. 그것들은 극미極微로 나눌 수 있지만, 극미들을 또한 각 부분의 자성으로 각각 분석한다면, (어디에서도) 자성을 확실하게 찾을 수 없기 때문이다.

그러므로 무시이래로 물질(색色) 등은 (즉, 오온은) 궁극적인 진리(진제)가 아니다. 그러나 꿈에 보이는 물질 등을 (마음이) 인식하는 것과 마찬가지이지만, 집착의 힘은 (진여를 모르는) 범부들에게 물질 등이 마음 밖에 따로 떨어져 있는 것처럼 인식하게 만든다. 그러나 궁극적인 진리(진제)의 측면에서 물질 등은 마음의 형상과 동떨어진 것이 아니라고 분석(을 통해 결론짓는)다. 이와 같이 생각하고 (다시) '이 삼계는 오직 마음일 뿐이다.'라고 생각하며, 이러한 생각을 통해 (마음에서 독립적인 것처럼 보일 뿐 그렇지 않다는) 생각으로 (독립적으로 존재하는 것처럼) 거짓으로 설정(가설假設)된 일체의 모든 현상은 오직 마음일 뿐이라는 것을 이해한다. 그러고 나서 이를 면밀히 분석하는 것이 모든 현상의 자성을 면밀히 관찰한 것이라고 생각하는, 그 마음의 자성을 면밀히 분석한다. 이 마음을 이러한 방식으로 분석한다.

궁극적 진리의 관점에서는 이 마음 역시 진실로 존재할 수 없다. (단일한 듯하지만) 거짓인 자성이 물질 등을 개념 분별하는 마음에 (하나가 아닌) 여러 가지 형상으로 인식될 때, 어떻게 (단일한 존재를 다수의 형상으로 인식하는) 그 마음이 참존재일 수 있겠는가? 이처럼 물질 등이 거짓 존재인 것과 마찬가지로, 마음 역시 물질 등과 다를 바 없이 거짓 존재이다. 따라서 (단일한 자성으로 인식되어야 할) 물질 등에 다수의 형상이 있다면, 이들은 단일한 자성을 가진 것이 아니다. 마찬가지로 마음도 (물질 등과) 다르지 않기 때문에 마음은 단일의 혹은 다수의 자성을 가지지 않은 것이다. 그러므로 마음은 허깨비 등과 같이 자성을 가지고 있다. 마음이 그러하듯이 모든 현상 역시 허깨비 등과 같은 자성을 가지고 있을 뿐이라고 분석하여 (결론짓는다.)

마음이 이와 같은 것처럼 모든 현상도 환영 등의 자성을 볼 뿐이라고 분석한다. 이렇게 해서 반야에 의해 마음의 자성을 관찰한다면 승의적으로 마음은 안에서 찾을 수 없다. 밖에서도 찾을 수 없다. 둘 다 아닌 것에서도 찾을 수 없다. 과거에서도 찾을 수 없다. 미래에서도 찾을 수 없다. 현재 발생하고 있는 것에서도 찾을 수 없다. 마음이 생하고 있는 모든 때에도 어디로부터도 일어나지 않는다. 멸하는 모든 때에도 어디로 가는 것이 아니다. 마음은 증명할 수도 없고 파악할 수도 없고 물질적 형태도 아니기 때문이다. "물질이 아닌 것, 파악하거나 증명할 수도 없는 것, 그것의 자성은 무엇인가?"라고 묻는다면, 마음의 정체를 논했던 《보적경》은 "가섭이여, 마음을 살살이 찾아보아도 그것은 찾을 수 없다. 찾을 수 없는 것, 그것은 볼 수 없다. 볼 수 없는 것, 그것은 과거에도 없다. 미래에도 없다. 현재에도 일어나는 것이 아니다."라고 상세히 설명했다. 그와 같이 분석한다면, 승의적인 마음의 발생은 관찰할 수 없다. 소멸도 관찰할 수 없다. 중간도 관찰할 수 없다.

그와 같이 마음에 소멸과 중간이 없는 것처럼, 모든 현상 역시 소멸과 중간이 없다는 것을 이해해야 한다. (마음의 실체 없음을) 이해하기 때문에, 마음에 의해 (거짓으로) 이루어진 물질 등의 자성 역시도 실제로는 찾아볼 수 없다. 모든 마음에 대한 망상분별 역시 공한 것으로 이해해야 한다. 그것을 깨달음으로써, 마음의 형상이 만들어 낸 자성과 색 등은 또한 승의적으로 볼 수 없다. 그렇게 반야에 의한 모든 현상의 자성을 승의적으로 볼 수 없기 때문에 물질이 영원하다거나 영원하지 않다거나, 공空한 것이라거나 공空하지 않은 것이라거나, (진리에 대한 어두움, 즉, 무명에 근거한 번뇌와 업에) 더럽혀진 것(유루有漏)이라거나, 더럽혀지지 않은 것(무루無漏)이라거나, 발생한 것이라거나, 발생하지 않은 것이라거나, 존재하는 것이라거나, 존재하지 않는 것이라는 등의 망상분별을 하지 않는다. 물질에 대한 망상분별을 하지 않는 것처럼 상想(saṃjñā), 행行(saṃskāra), 식識(vijñāna)들 역시 망상분별하지 않는다. 주체(마음)가 (자성을 가진 것으로) 성립되지 않는다면, (마음이 인식한) 각 부분 역시 (자성을 가진 것으로) 성립될 수 없다. 그러므로 (성립되지 않는 마음이 인식한 각 부분들)에 대해 망상분별을 하는 것이 가능하겠는가?

이렇게 해서 그와 같이 수행자가 현상의 실체를 승의적으로 파악할 수 없다는 것을 분명히 알 때, 반야에 의해서 개별 관찰하고, 무분별정無分別定의 삼매에 들어간다. 그리하여 모든 현상의 자성이 없는 것도 이해한다.

반야지로 현상의 무자성을 개별 분별하고 나서 수행을 하지 않고, 오직 마음의 사고 작용만 완전히 없애는 수행을 하는 것은 망상분별을 (제대로) 없앨 수 없을뿐더러 (일체 현상의) 무자성성을 깨닫는 것 역시 불가능하다. 반야의 빛이 없기 때문이다. 이처럼 세존께서는 "올바른 개별 관찰을 통해 진리를 여실히 아는 지혜(yathā-bhūta-jñānadarśana, 여실지견如實知見)의 불길이 일어난다면 마른 장작을 (서로) 비벼서 일어나는 불길이 (장작들을 태워 버리는 것)처럼 망상분별의 나무가 타 버릴 것이다."라고 말씀하셨다.

《보운경》은 또한 그와 같이 "과오過誤(doṣa)를 제대로 아는 이는 모든 희론을 떠나기 위해서 공성의 수행을 닦는다. 그는 공성을 오랫동안 수행하기 때문에 들뜬 마음과 산란한 마음의 상태, 이들의 자성을 살살이 찾아보아 (그 마음의 상태와 그 상태의 자성이) 공함을 깨닫는다. 그리고 바로 그 마음이란 무엇인지를 역시 검토해서 그 (마음의 자성) 역시도 공하다는 것을 깨닫는다. 그 깨닫는 마음 역시도 그것의 자성을 찾아본다면 공성을 깨닫게 된다. 이와 같은 깨달음을 통해 무상 요가에 들어갈 수 있다."고 하셨다.

(세존께서는) 오로지 마음의 활동만을 제거할 뿐 반야지로 존재의 자성을 분석하지 않는다면, 무분별정 삼매에 들어가는 것은 불가능하다고 분명하게 가르치셨다. 이와 같이 반야지로 물질 등 현상의 자성을 올바르게 있는 그대로 (즉, 진여를) 깨달은 다음 선정에 든다. 그러나 물

질 등에 (의식을) 머무는 선정에 들지 않고, 이 세상(차안)과 열반(피안)의 사이에 머물면서는 선정에 들지 않는다. (물질 등에 대한 분석과 개별 관찰을 통해 이미) 물질 등을 (대상으로서) 관찰할 수 없기 때문이다. (반야지로 물질 등 현상의 자성을 올바르게 있는 그대로 깨닫고 나서 물질 등의 자성을 보지 않는 선정을) 머무름 없는(무주無住) 선정의 수행자라고 한다.

반야지를 통해 모든 대상의 자성을 낱낱이 분석 관찰하여, (그 대상들의 자성이) 관찰되지 않는 선정에 들었기 때문에, 수승한 반야지선정般若智禪定의 수행자라고 한다. 이는 《허공장경虛空藏經》, 《보만경寶鬘經》 등에서 가르치신 것과 같은 것이다.

이처럼 사람과 현상의 무자성이라는 진실(진여)에만 들어간 그는 검토하고 관찰해야 할 것이 더 이상 없기에 개념과 분석으로부터 자유로워진다. 자연스럽게 언어 분별이 없는 (일관된 정신 활동인) 일심용사一心用事에 저절로 들어간 그는 특별히 노력하지 않아도 진여에 대해 매우 명료하게 명상하며 거기에 머무를 수 있다. 그래서 이 (무주선정無住禪定 혹은 수승한 반야지선정)에 머무를 수 있다. 그 명상에 머무르는 동안 (마음 혹은) 심상속이 산란해져서는 안 된다. (이 선정에) 머무르는 동안 탐욕(rāga) 등 외부 대상에 의해 마음이 산란해지면, 산란함을 알아차리고 재빨리 (그 대상의) 역겨움(부정不淨함)에 대한 명상(부정관不淨觀) 등으로 잠재우고, 신속히 마음을 다시 진여에 (집중해서) 머무르게 해야 한다.

마음이 만족스럽지 않은 것을 알아차렸다면, 삼매의 이익들(guṇa)

에 대한 만족을 기른다. 산란함의 오점을 관찰함으로써 불만족스러움을 완전히 잠재운다. 만일 혼침과 수면에 장악당한다면, 그 움직임이 (미세해서) 뚜렷하게 (알아차리기 힘들어), 마음이 무감각해지거나 무감각해지는 것을 두려워하는 것을 알아차리면, 그때는 이전과 같이 최고의 환희의 (대상인 부처님의 몸, 빛 등)에 일념 一念으로 집중해서 재빨리 혼침을 잠재워야 한다. 또한 (지금까지) 관찰한 진실(진여)을 아주 꽉 붙들어야 한다. 만일 (불현듯) 이전에 웃겼던 일들과 즐거웠던 일들을 떠올리다가 (선정에 들어 있는) 도중에 마음이 들뜨거나 거칠어지는 것(도거)을 알아차리면, 이전처럼 (존재의) 무상함 등 싫어하는 대상들에 마음을 집중해서 산란함을 잠재우며, 다시금 진여에 자연스럽게 집중할 수 있도록 노력해야 한다.

만일 혼침과 도거에 들지 않고 평정에 들어 여여함에 마음이 저절로 집중한다면, 그때는 더 이상 노력을 밀어붙이지 않는다. 마음이 평정에 들었을 때에 더 노력한다면, 마음이 산란하게 될 것이다. 만일 마음이 무기력한 상태에 있는데도 노력을 하지 않는다면, 그 무기력 때문에 위빠사나의 힘이 없어져서 마음이 힘을 잃게 되고 말 것이다. 그러므로 마음이 무기력하게 된다면 정진해야 한다. 마음이 평정에 들었을 때는 더 이상 노력을 가하지 말라. 위빠사나를 수행하여 지혜의 힘이 지나치게 커지면 사마타의 힘이 약해지기 때문에 바람 앞에 놓인 버터 램프처럼 마음이 산란하게 될 것이다. 그리고 그 때문에 여여함을 뚜렷하게 보지 못하게 될 것이다. 그러므로 이런 때는 사마타를 수행한다. 사마타의 힘이 지나치게 되면, 이때는 또 반야지를 수행해야 한다.

제10장 반야와 방편의 합일

(사마타와 위빠사나) 이 둘에 평등하게 들어갈 때 몸과 마음에 해가 없게 되며, 그 가운데 (여여함)에 자연스럽게 머물게 된다. 육체적, 정신적으로 건강하지 않다면, 그때는 세상의 모든 것은 환영幻影이며 아지랑이이고, 꿈이며 수면에 비친 달이고, 신기루와 같다고 보고 이러한 생각에 마음을 집중한다. '중생들은 이와 같은 심오한 진리를 믿고 받아 지니지 못하니, 윤회 속에서 항상 괴로워한다. 그러니 나는 갖은 방법을 다 써서라도 그들이 그 법성法性(진리)을 온전히 믿고 받아 지녀 (그들을 윤회에서 나오게) 하겠다.'고 생각하고 자비심과 보리심을 전념하여 일으킨다. 그러고 나서 휴식을 취하고 (몸과 마음이 건강해지면) 다시 모든 현상의 실체, 즉 자성의 분별상分別相을 여읜 삼매(일체법무상삼매—切法無相三昧)에 들어간다. 또한 마음이 지나치게 침울해지면 마찬가지로 휴식을 취한다. 이것이 사마타와 위빠사나를 합하여 들어가는 길이니, (사마타와 위빠사나의 수행 가운데 마음에 떠오르는) 분별과 무분별의 영상에 집중하는 것이다.

이와 같이 수행자는 이러한 단계를 통해 한 시간 반 정도, 한밤중

야경꾼이 지키는 시간 동안, 정해 놓은 시간 동안, 원하는 만큼 진여에 (마음을 집중하여) 수행하며 머무른다. 이것이 관찰의선觀察義禪이라고《입능가경入楞伽經》에서 가르친 것이다.

다음으로, 원할 때에 삼매로부터 일어나되 가부좌한 상태에서 다음과 같이 생각한다.

'이 모든 현상들은 구경의 진리의 차원에서는 무자성이다. 그러나 세속적인 차원에서는 존재하는 것이다. 그렇지 않다면 (육체적·정신적) 행위(업)와 그 행위의 결과 등의 관계가 어떻게 있을 수 있겠는가? 스승께서는 또한 이렇게 말씀하셨다.

존재는 속제적인 차원에서는 발생하는 것이지만,
구경의 진리의 차원에서는 자성은 존재하지 않는다.

어린 중생들은 무자성한 존재들을 (자성이 있는) 존재 등으로 헛되이 투영하여 상상하기(망생증익妄生增益) 때문에 (현상이 자성을 가지고 존재한다고) 잘못 보고(전도몽상顚倒夢想) 오랫동안 윤회의 바퀴 위에서 방황하는 것이다. 그러므로 나는 중생들이 진리(진여)를 깨닫도록 해 주기 위하여 무슨 수를 써서라도 복덕과 지혜의 수승한 쌓임(자량)을 완성하여 일체지의 경지를 성취하리라.'

이렇게 생각하고 나서, 천천히 가부좌를 풀고 시방에 계시는 모든 부처님과 보살님께 귀의한다. 그다음 그들을 공양하고 찬탄하고 나서 《보현보살행원찬普賢菩薩行願讚》 등을 널리 공양한다. 그다음 공성과 대비심大悲心의 정수인 보시 등 (육바라밀)의 복덕과 지혜의 자량을 모두 완성하고 깊이 정근한다.

이렇게 한다면 이 선정, 즉 모든 것들 가운데 최고의 수승함을 갖춘 공성(제일의공성第一義空性)의 (선정을) 완벽하게 이룰 수 있다.《보적경》에는 "그는 자애의 갑옷을 입고, 대비심에 머무르면서 모든 것들 가운데 최고의 수승함을 갖춘 공성을 완벽하게 이룬 선정(구일체묘상공정具一切妙相空定)을 한다. 그 가운데 모든 묘한 상을 갖춘(구일체묘상) 공성은 무엇인가? 보시와 떨어지지 않고, 지계와 떨어지지 않고, 인욕과 떨어지지 않고, 정진과 떨어지지 않고, 선정과 떨어지지 않고, 반야와 떨어지지 않고, 방편과 떨어지지 않는 것이다."라고 상세히 말씀하신 것과 같다. 보살은 일체중생을 완전히 성숙하게 만들고, 국토와 몸과 많은 권속 등을 원만圓滿하게 하는 수승한 방법은 보시 등(의 육바라밀)의 공덕에 투철하게 의지하는 것이다.

그렇지 않다면 부처님께서 가르치셨던 완벽한 불국토 등의 원만圓滿은 무엇의 결과이겠는가? 최상의 수승함을 갖춘 일체지의 지혜, 그것은 보시(바라밀) 등(의 육바라밀)의 방편을 통해 완성하는 것이다. 그렇기 때문에 세존께서는 일체지의 지혜는 방편에 의해 완성된다고 말씀하셨다. 그러므로 보살은 보시 등(의 육바라밀)의 방편에 투철하게 의지해야 한다. 그렇지 않고 오직 공성에만 (의지해서는) 안 된다.

이와 같이 《일체법념광섭경一切法念廣攝經》은 "미륵이여, 보살의 육바라밀을 올바르게 성취하는 것, 그것이 구경究竟의 보리심을 (성취하기 위해서)이다. 그중 어리석은 자들은 '보살은 반야바라밀만 닦으면 되니 나머지 바라밀들은 무슨 필요인가?'라고 말하고, (보시, 지계, 인욕, 정진, 선정의) 다른 바라밀들을 믿을 수 없는 것으로 여긴다. '아지따(미륵)여! 어떻게 생각하는가? 내가 카시 왕이었을 때, 비둘기를 (매로부터 살려 내기) 위해서 내 모든 피와 살을 주었던 것은 (내가) 어리석었기 때문인가?' 미륵이 대답했다. '세존이시여! 그것은 절대로 그렇지 않습니다.' 세존께서 말씀하셨다. '미륵이여, 내가 보살의 행을 실천할 때, 육바라밀을 갖춘 복덕의 뿌리, 즉 복덕의 근원을 해친 것인가?' 미륵이 대답했다. '세존이시여! 참으로 그렇지 않습니다.' 세존께서 말씀하셨다. '아지따여, 그대는 육십 겁 내내 보시바라밀을 올바르게 닦았고, 육십 겁 동안 내내 지계바라밀을 닦았으며, 육십 겁 동안 내내 인욕바라밀을 닦았으며, 육십 겁 동안 정진바라밀을 닦았으며, 육십 겁 동안 선정바라밀을 닦고, 육십 겁 동안 내내 반야바라밀을 올바르게 닦았다. 이에 대해 어리석은 자들은 이렇게 '오직 하나의 방법으로 깨달을 수 있다. 즉, 공성에 의해.'라고 말한다. 그들은 그들의 행을 완벽하게 청정하게 할 수 없을 것이다."라고 말씀하셨다.

만일 보살들이 방편과 병행하여 (수행하지 않고), 반야바라밀만 (수행한다면), 성문聲聞들과 마찬가지로 붓다의 행을 할 수 없지만, 방편과 함께 닦는다면 (붓다의 행을) 할 수 있을 것이다.《보적경》에서 "가섭이여, 비유하자면 이와 같다. 장관들이 잘 보좌해 주는 왕들은 모든 목표하는 바를 다 이룰 수 있다. 마찬가지로 보살의 반야바라밀의 행을 방편에 의해 완벽하게 뒷받침하면, 그 보살 역시 붓다의 모든 행을 이룰 수 있을 것이다."라고 말씀하신 것과 같다. 보살의 수행도에 대한 견해는 또한 외도와 성문들의 수행도에 대한 견해와 다르다. 외도들은 자아 등에 대한 틀린 견해를 가지고 있기 때문에 모두 반야가 없는 길이다. 그러므로 그들은 윤회를 벗어날 수 없다.

성문들은 대비심이 없기 때문에 방편을 갖추고 있지 않다. 그러므로 그들은 오직 열반에만 열중한다. 보살들의 수행도는 반야와 방편이 함께하기를 원한다. 그래서 그들은 (윤회와 열반 어느 쪽에도 머무르지 않는) 무주처열반에 이르기 위해 노력한다. 보살의 수행도는 반야와 방편으로 이루어져 있다. 그래서 그들은 무주처열반을 성취하는 것이다. 반야지의 힘으로 윤회에 떨어지지 않고, 방편의 힘으로 열반에 떨어지지 않기 때문이다.

《가야산정경伽倻山頂經》은 "보살의 수행도는 간추려 말하면 이 두 가지이다. 그들은 어떤 것인가? 이와 같다. 방편과 반야이다."라고 말씀하신다. 《제일승길상경第一乘吉祥經》은 또한 "반야바라밀은 어머니이고 방편을 잘 실천하는 것(선방편善方便)은 아버지이다."라고 하셨다.

《유마힐소설경維摩詰所說經》은 또한 "보살의 속박은 무엇인가? 해탈이란 무엇인가? 방편 없이 윤회를 단단히 붙잡고 있는 것이 보살에게는 속박이다. 방편으로서 윤회의 길을 유전流轉하는 것이 해탈이다. 반야지 없이 윤회를 단단히 붙잡고 있는 것이 보살에게는 속박이다. 반야지로서 윤회의 길을 유전流轉하는 것이 해탈이다. 방편이 받쳐 주지 않는 반야는 속박이다. 방편이 받쳐 주는 반야는 해탈이다. 반야가 받쳐 주지 않는 방편은 속박이고, 반야가 받쳐 주는 방편은 해탈이다."라고 한다.

그러니 보살이 오직 반야에만 의지한다면 성문이 원하는 열반에 떨어질 것이기 때문에 속박과 같이 될 것이며, (이는 보살의 목표인) 무주처 열반이 아니다. 그러므로 방편이 없는 반야는 보살에게 속박이라고 부르는 것이다. 칼바람에 고통받는 사람이 불에 의지하듯이 보살은 잘못된 이해의 칼바람을 제거하기 위해서 방편과 함께 반야로서 공성에 의지해야 하지, 성문처럼 행해서는 안 된다. 《십법경十法經》은 "선남자여! 이와 같이 보아라. 예를 들어 몇몇 사람들이 불을 섬긴다고 하자. 그들이 그 불을 존경하고 스승으로 섬긴다고 하더라도 그가 '나는 불을 존경하고 스승으로 섬기며 공경하니, 이 (불을) 양손으로 움켜쥐겠다.'고 생각하지는 않을 것이다. 왜 그런가 하면 그 (불을 손에 쥐는 것)이 몸의 고통과 마음의 불쾌함이 되기 때문이다. 이와 마찬가지로 보살 또한 열반의 마음을 가진 이이지만, 열반을 구현하려고 하지는 않는다. 왜냐하면 (열반에 드는 것) 때문에, 내가 보리菩提로부터 등을 돌리는 것과 같다고 생각하기 때문이다."라고 상세히 설명하신 것과 같다.

방편에만 의존한다면 보살은 범부凡夫의 수준을 넘어서지 못하고 (윤회에) 단단히 묶여 있을 뿐이다. 그러므로 반야지와 같이 하는 방편에 의존해야 한다. 딴뜨라가 독을 해독하는 것처럼, 보살들은 반야지가 받쳐 주는 힘을 가지고 수행한다면 번뇌마저도 감로로 바뀔 것인데, 하물며 저절로 최상의 다음 생이라는 과보를 지닌 보시 등의 (바라밀)이라면 더 말할 필요가 있겠는가?

《보적경》은 "가섭이여, 이렇게 보아라. 예를 들어 딴뜨라와 약이 완벽하게 받쳐 주는 (중생은) 독으로 죽일 수 없다. 그처럼 보살들 역시 번뇌를 반야로 완벽하게 제어하기 때문에 과오에 떨어지지 않는다."라고 하셨다. 보살이 방편의 힘으로 윤회를 버리지 않기 때문에 열반에 떨어지지 않는다. 반야의 힘으로 관찰하여 (자성과 자아의 전도몽상을) 남김 없이 제거하기 때문에 윤회도에 떨어지지 않는다. 그러므로 보살들은 무주처열반, 즉 붓다의 지위를 증득한다. 《허공장경虛空藏經》은 또한 "그는 반야의 지혜로 모든 번뇌를 버린다. 방편의 지혜로 모든 중생을 저버리지 않는다."고 하셨다. 《해심밀경》도 역시 "중생들의 이익을 향하지 않고, 모든 행의 실천을 향하지 않는 것을 나는 '가장 수승하며 올바르게 완성한 보리심[아뇩다라삼먁삼보리심阿耨多羅三藐三菩提心(anuttarā-samyak-saṃbodhi-bodhicitta)]'이라고 가르치지 않는다."고 하셨다. 그러므로 붓다의 지위를 성취하기를 원한다면, 반야와 방편, 두 가지 모두에 의지해야 한다.

출세간의 반야지를 수행하고 있을 때나 잘 안정된 마음(평정심)에 들었을 때 보시 등의 방편에 의지하지 않는다. 그러나 수행의 준비 단계와 수행 이후 반야지가 일어났을 때는 방편에 의지한다. 그러므로 반야와 방편, 둘 모두에 동시에 들어간다.

더불어 보살이 반야와 방편을 서로 합하여 들어가는 길이 바로 이 것이니, 일체중생에게 초점을 맞춘 대비심에 의해 꼭 붙잡혀 있기 때 문에 이 출세간의 길에 의지하는 것이며, 방편을 일으킬 때는 (자기가 만든 환영의 성질을 알기에 착각하지 않는) 마술사와 같이 (존재의 자성, 자아 등의 잘못된 견해에) 전도되지 않는 (즉, 올바른) 보시 등(의 바라밀)에 의지 한다. 이는 《무진의보살경無盡義菩薩經》이 "보살의 방편이란 무엇인가. 반 야를 구현하여 완성한다는 것은 무엇인가? 평정심에 들어서, 중생들 을 보는 것으로 인해 대비심의 대상 (즉, 중생들에게) 마음을 모으는 것, 그것이 방편이다. 평정과 적정에서 평온하게 들어가는 것, 그것이 반 야이다."라고 말씀하시는 것과 같다. 《항마품降魔品(Māradamanaparivarta)》 에서는 "더불어 보살의 최상의 수행은 이러하다. 반야의 지혜로 (지나 치게) 정진하지 않지만, 방편의 지혜로 일체의 선법善法을 모아 계합하 며, 반야의 지혜로 무아상無我相, 무중생상無衆生相, 무수자상無壽者相(nirjīva), 무인상無人相(niṣpoṣa)과 무보특가라상無補特伽羅相(niṣpudgala)을 또한 수행하고, 방편의 지혜로 모든 중생을 성숙시키는 것 역시 수행한다."고 말씀하신다.

또한《일체법정집경一切法正集經》은 다음과 같이 말했다.

예를 들어 환술사는
환영에서 자유롭기 위해 노력한다.
그러므로, (환영의 진면목)을 미리 알고
그 환영에 집착하지 않으며,
삼계三界는 환영과 같고
구경究竟의 보리심을 지닌 지혜로운 이를 아시고,
윤회하는 (중생)들을 위해 (자애의) 갑옷을 입으신다.
윤회하는 (중생)들이 (환영과) 같음을 미리 아시지만.

또한 같은 경은 "보살들은 오직 반야와 방편의 방법을 이룰 힘을 행한 다음에 수행은 윤회 속에서 (하지만) 마음은 열반에 머무른다."고 한다.

그처럼 공성과 대비심의 마음을 가지고 가장 수승하며 올바르게 (완성한) 보리심(아뇩다라삼먁삼보리심)을 회향하는 보시 등의 방편을 수행한다. 그리고 승의의 보리심을 일으키기 위하여 앞에서 말한 것과 같이 정기적으로 끊임없이 사마타와 위빠사나 수행에 최선을 다해야 한다. 《행경청정경行境淸淨經》에서 어떠한 경우더라도 중생들의 복지를 위해 일하는 보살의 수승한 이익을 가르치신 것과 같이, (보살들) 가까이에 머무르면서 (보살들의 행을) 마음에 품고, 항상 방편을 현명하게 익힌다.

연민(대비심)과 방편과 보리심을 이와 같이 수행하는 이는 이번 생에서 반드시 빼어난 이가 될 것이다. 이로 인하여 꿈에서 항상 부처님과 보살들을 볼 수 있을 것이며, (불보살님의 알현이 아니라 하더라도) 다른 길상한 꿈들도 꾸게 되며, 신들도 기쁘게 수호할 것이고, 매 찰나찰나 광대한 복덕과 지혜의 자량이 늘어나게 될 것이며, 번뇌장煩惱障(kleśa-avaraṇa)과 (번뇌의) 거친 습기麤氣(dauṣṭhulya, 추중麤重)가 정화될 것이고, 언제나 (몸의) 안온과 마음의 안락이 많아질 것이며, 많은 중생에게 사랑받을 것이다. 몸에도 또한 병이 닿지 않게 될 것이며, 수승하며 고요하고 잘 다스려진 유연한 마음(karmaṇya-citta, 심조유心調柔 혹은 심감능心堪能)을 이룬다. 이에 따라 천안통 등의 특별한 공덕을 성취한다.

그리고 신통력으로 세상의 무량한 국토들에 나아가 여러 부처님께 공양을 올리고 법을 듣는다. 죽을 때는 틀림없이 부처님과 보살님들을 뵙게 될 것이며, 다른 생에서도 불보살님들로부터 떨어지지 않을 국토에 태어날 것이며, 특히 (그 국토에서도) 성인의 집안에 태어날 것이다. 따라서 애쓰지 않아도 복덕과 지혜의 자량을 완벽하게 성취하게 되며, 재산이 늘어나며, 권속들이 많아질 것이다. 예리한 반야지가 일어나 많은 중생을 완전히 성숙시킬 수 있을 것이다. 어디에 태어나더라도 모든 과거의 생을 기억하게 될 것이다. 그와 같이 다른 경전들이 가르치신 (이 대승 수행의) 무량한 이익을 이해하라.

이와 같이 연민(대비심)과 방편과 보리심을 늘 공경히 오랫동안 수행한다면 차츰차츰 (단계대로) 의식의 연속적 흐름(심상속)에 매우 청정한 순간들이 일어나 (수행자의 심상속을) 완전히 성숙하게 할 수 있다. (마른) 장작을 서로 비벼서 일어난 불(이 나무까지 남김없이 태우는 것)처럼, 구경究竟의 진리(승의제)에 대해 수행을 해서 최상의 경지에 도달할 것이다. 그러고 나서 모든 망상분별을 벗어난 출세간의 지혜-(거짓) 희론으로부터 자유로운 법계法界에 대한 매우 명료한 깨달음이며, 바람 없는 곳에 있는 등불처럼 흔들리지 않는 부동不動의 진실이며, 모든 현상의 무자성인 진여를 뚜렷하게 증득하는, 견도에 속한 승의의 보리심의 정수인-(출세간의 지혜를) 일으킨다. (출세간의 지혜를) 일으키고 나서 (현상의 본질은 무자성인 것으로밖에는 발견할 수 없으며, 현상의 본질은 무자성으로밖에 볼 수 없다는) 현상 한계의 관찰, [즉, 사변제소연事邊際所緣(vastvantālambana)]에 들어가니, 여래의 고귀한 가계(여래성종如來聖種)에 태어나는 것이며, 보살의 무과실無誤失의 단계에 들어간다. 세속의 모든 윤회도를 거부하며 보살의 법성과 법계를 이해하고 거기에 머무르며, 보살의 초지인 [환희지歡喜地(pramuditā-bhūmi)]를 성취한다.《십지경十地經》 등에서 그 이익을 상세히 가르치신 것이니 이를 통해 이해한다. 이것이 진여를 관찰하는 선정(연진여정緣眞如定)이니, 《입능가경》에서 이것을 가르치신다. 이것이 보살들이 희론 없는 무분별지에 들어가는 법이다.

승해행지勝解行地(adhimukticāryabhūmi, 혹은 신행지信行地)에는 수승한 이해(승해행勝解行)의 힘을 통해 들어가 머무는 것이지, 노력해서 (들어가는 것이) 아니다. (수승한 이해의 힘으로) 지혜가 일어날 때, (승해행지에) 확실히 들어간 것이다. 이와 같이, 초지初地 (즉, 환희지이며 견도)에 들어간 다음, 수행도修行道(bhāvanā-mārga)에서 출세간의 지혜와 (출세간의 지혜 발현을 원인으로 한) 후에 성취한 지혜(후득지後得智)의 두 가지에 의해 반야와 방편의 수행을 한다. 그러므로 점차 (이 반야와 방편의 단계적 수행에 의하여) 수행도를 통해 제거해야 할 미세하게 쌓인 장애와 더욱더 미세한 (장애의 쌓임을) 정화하기 위해서, 더 높고 높은 빼어난 공덕을 성취하기 위해서, 낮은 (수행의) 경지들 (즉, 자량도와 가행도)를 철저히 정화한다. 그리고 이로 인해 여래의 지혜 안에 들어간 다음, 일체지의 바다에 들어가며, 목적을 완벽하게 이룰 수 있는 관찰의 대상 또한 성취한다. 오직 이러한 단계(적 수행)만이 의식의 흐름(심상속)을 철저하게 정화한다고 《입능가경》에서 상세히 설명한다. 《해심밀경》도 또한 "단계(적 수행)에 의해 점점 더 높은 경지들로 (나아가면서) 황금(을 닦는) 것처럼 마음을 닦아 수승하고 올바른 보리심(아뇩다라삼막삼보리심 혹은 무상정등각)에 이를 때까지 완벽하게 하여 깨달음을 성취한다."고 하셨다.

일체지의 바다에 들어가면 여의주처럼 모든 중생을 (남김없이) 구제하는 공덕의 자량을 가지고, 숙세의 서원이 결실을 맺게 하며, 대비심이 (자신의) 본성이 될 것이며, 저절로 다양한 방편을 갖추고, 무수한 화신化身(을 일으켜) 윤회 중생의 복지를 남김없이 행하며, 수승한 공덕이 남김없이 가장 수승하게 될 것이며, (무시이래의) 습기習氣(vasana)의 잘못으로 인한 때(염오)를 모두 청정하게 만들 것이다. 그러고 나서 끝없는 모든 중생계에 나아가 머무를 것을 깨닫고, 세존을 모든 공덕의 원천으로 믿는 신심을 일으켜서 그 공덕을 완벽하게 이루기 위해서 전심전력으로 정진해야만 한다.

그러므로 세존께서는 이와 같이 "일체지의 지혜, 그것은 연민을 뿌리로 해서 일어나며, 보리심을 원인으로 해서 일어나며, 방편을 통해 완성한다."고 말씀하셨다.

질투 등의 과오를 멀리하며,
바다와 같이 공덕에 대해 만족할 줄 모르는 현자▨▨들은
잘 분별하여 훌륭하게 설하신 (가르침들만) 취한다.
백조가 물에서 우유를 취하듯.

그러므로, 지혜로운 이들은
(영원과 단멸이라는) 극단의 견해와 동요하는 마음은 멀리 버리고,
훌륭한 가르침이라면 모두 받아들여야 한다.

설령 어린아이가 (말한 것이라 하더라도).

이와 같이 내가

중관의 길을 설명함으로써

쌓은 모든 복덕을 모든 중생에게 (회향하니)

(그들이 이 공덕으로 인해) 중관의 길을 완성할 수 있기를!

《수행의 단계》는 아사리 까말라쉴라께서 중편을 지어 완성하셨다.

인도의 아사리 쁘라즈냐와르마^{Prajñāvarma}와 역경사 반데(비구) 예쉐데가 번역하고 교정한 뒤 확인했다.

《수행의 단계》에 대하여 ─────────────

아사리 까말라쉴라께서 저술하시고 달라이 라마께서 주석을 다신《수
행의 단계·중편》은 불교 수행의 근간을 이루는 요체를 상세하게 설명
하고 있는 불교 수행의 기본적인 지침서라고 할 수 있다. 이 책은 달라
이 라마께서도 말씀하시듯 수행을 중심으로 설명하고 있지만, 이론적
인 면 역시 달라이 라마께서 폭넓고 심오한 설명으로 붓다의 지위까
지의, 수행의 큰 그림을 보여 주셔서 수행과 이론의 두 날개가 잘 조화
를 이루었다고 할 수 있다. 그렇기 때문에 이 책은 달라이 라마께서도
말씀하시듯, 보다 깊고 정교한 수행으로 들어가는 열쇠가 되는 중요한
책이다.

중국의 티베트 무력 점령 이후, 티베트불교는 전 세계로 퍼져 나갔
으며, 전 세계적으로 많은 사람이 티베트불교의 가르침을 듣고 있다.
그동안 많은 불교 이론서들과 매우 정교하고 심도 있는 수행 관련 서
적들이 출간됐다. 그러나 근래에 들어 달라이 라마께서는 이처럼 스님

들도 이해하기 힘든 책들을 일반인들이 이해하고 생활 속에서 직접 실천할 수 있는지 알아보신 결과, 이해의 수준이나 수행의 체계가 제대로 잡혀 있지 않은 경우가 많은 것을 알게 되셨다고 한다. 그 뒤로는 달라이 라마의 대중 강연과 그 설법을 담은 책들은 보다 쉽고 이해 가능한 주제를 대상으로 삼고 있다. 《달라이 라마, 수행을 말하다》는 이러한 달라이 라마의 자비심에서 비롯된 책이라고 할 수 있다. 그러나 쉽게 설명한다고 해서 실천하기 쉽다는 말은 아니라는 점을 염두에 두었으면 한다. 책은 하루나 이틀이면 읽을 수 있을지 몰라도, 수행을 직접 하는 분이라면 알겠지만, 내용 한 줄을 실천에 옮기고 성취하는 바가 있어 그다음 줄로 나가기까지 얼마나 오랜 시간이 걸릴지 모르기 때문이다. 《달라이 라마, 죽음을 말하다》와 같이 이 책은 오래 두고 한 자 한 자 새겨 가며 실천에 옮기면서 읽으시기를 바라는 마음이 크다.

《수행의 단계》는 8세기 인도 승려인 까말라쉴라가 지은 수행 안내서이다. 달라이 라마께서도 말씀하시듯, 《수행의 단계》는 세 권으로 이루어져 있는데 상편은 티송데첸 왕과의 수행에 대한 문답을, 중편은 수행의 요체에 대하여, 하편은 보다 깊은 이론과 설명으로 이루어져 있으며, 중국의 승려 마하연으로 추측할 수 있는 상대와의 대론을 수록하고 있다. 달라이 라마께서는 이 가운데 쉽고 기초적이지만 불교 수행론의 요체를 간략하게 설명하고 있는 중편을 주석하셨다. 이 《수행의 단계·중편》은 분량이 적으면서도 중요한 내용들을 빼놓지 않고

담았기 때문에 달라이 라마께서 수행에 대해서 설법하실 때 종종 기본 교재로 삼는 책이기도 하다.

문제는 그 오류가 있는 번역이 여러 법회에서 마치 표준 번역인 것처럼 사용되고 있다는 점이다. 그런 면에서 보면, 한국의 독자들은 복이 많다고 생각한다. 역자가 2003년에 출간했던 오류투성이의 엉성한 번역본 후에 좋은 번역이 몇 권 나왔다고 박영빈 님께 들었기 때문이다. 그런 훌륭한 번역들이 있는데 다시 번역할 이유가 있을까 하는 의문이 있을 수도 있다. 티베트불교에서는 전통을 중요하게 생각한다. 그리고 전통을 통해 전수받지 않은 논서 등의 강론을 가르치기 저어하는 경향이 있다. 행여나 훌륭한 가르침에 자신들이 흠집을 낼까 하는 걱정이 있기 때문이라고 생각한다. 이 책은 달라이 라마께서 앞에서 밝히듯, 라마께서 직접 전수받으신 전통적인 해석 방식을 담고 있다는 데에 큰 의미가 있다고 할 수 있다.

까말라쉴라와 라싸 종의회의 인도-중국불교의 대론 ──────

《수행의 단계》의 저자 까말라쉴라는 인도 날란다[Nālanda] 사원 대학 출신으로 비정립적 귀류논증 중관학파의 태두 샨따락쉬따의 제자이다. 그의 중요한 저서로는 8세기 중관학파의 사상을 잘 드러내고 있는《중관명》과《수행의 단계》가 대표적이다. 까말라쉴라의 생애에 대해서는 자세하게 알려진 것은 없지만, 그가 티베트불교 유입 초기에 삼예사에서 벌인 돈점논쟁은 널리 알려져 있다. 그는 돈점논쟁 이후 티베트에 머물다가 티송데첸 왕이 승하한 뒤 암살당했다고 한다.

라싸 종의회는 보는 시각에 따라 여러 가지 각도에서 접근이 가능하다. 인도와 중국이라는 거대한 두 문명이 티베트에서 충돌한 것으로 볼 수 있으며, 정치 세력 간의 알력 다툼으로도 볼 수 있다. 이것은 티베트 토착 종교인 뵌교를 물리치고 불교가 종교적 우위를 차지하는 데 큰 공헌을 했던 그의 스승인 샨따락쉬따 역시 의문의 죽음을 맞이했다는 점에서도 추측 가능한 일이다. 여기에서는 까말라쉴라의 논쟁에 중점을 두어 간략하게 소개하도록 하겠다.

티베트에서 일어났던 라싸 종의회의 중국불교와 인도불교의 대론은 '돈점논쟁'으로도 불린다. 티베트 제국이 성립된 지 얼마 되지 않아서 일어난 일이다. 767년경 티베트의 2대 황제인 티송데첸 황제는 불교의 홍포를 위해 까말라쉴라의 스승 샨따락쉬따를 초대했다. 그러나 토착 종교인 뵌교와 호족 세력의 등쌀, 역병, 기후 이상 등에 의해 그를 네팔로 돌려보내야만 했다. 6년 뒤, 샨따락쉬따는 위대한 밀교 수행자인 빠드마삼바바와 함께 다시 티베트로 와 뵌교를 물리치고 날란다 사원의 전통을 따르는 최초의 티베트 상가를 건립한다. 그리고 왕에게 건의하여 삼예사桑耶寺(Bsam yas)를 세웠다.

마하연摩訶衍이 저술한 것으로 추정되는 《돈오대승정리결頓悟大乘正理決》에는 티송데첸의 중국 출신 황후 몰려沒廬가 왕자를 잃고 한탄하다가 마하연의 설법을 듣고 홀연히 깨달아 출가하였다고 한다. 그 뒤로 중국불교가 성행하였는데, 중국의 마하연은 삶 그 자체가 자연스러운 완전한 깨달음의 현현이어서 정진할 필요도 없고, 깨달음은 수행의 과정과 단계 등 시간의 구애를 받지 않는다는 돈오頓悟 사상을 기치로 내세웠다.

마하연은 중국 초기 선종 가운데, 후대에 격하되어 북종선北宗禪으로 불린 신수神秀의 제자였다고 한다. 그가 스승으로 내세우는 사람들에는 북종 사람이 많았지만, 방편을 중요하게 여기는 신수의 저서《대승오방편문大乘五方便門》의 내용과 마하연이 주장에는 다른 면이 많았다. 마하연은 신수 계열의 승려이지만 남종선南宗禪에 가깝거나 아니면, 북종선이 마하연 대에 이르러서는 남종선에 가까운 주장을 한 것이라고 볼 수 있다. 마하연의 돈오관은 깨달음과 무명, 승과 속을 구분하지 않는 불이不二와 사려와 관찰, 육바라밀의 수행을 부정하는 불사불관不思不觀을 담은 상당히 과격한 것으로, 기존 불교의 전통을 무시하였을 뿐 아니라 사회적으로도 문제를 일으켰다. 이에 반발한 인도 승려들은 티송데첸 왕에게 상소를 올렸고, 마하연이 어전 논쟁을 제안했다고 한다.

몇 번에 걸쳐 인도 측 승려들이 논쟁에서 패배하자 왕은 어명으로 중국 선종을 홍포하는 것을 금지했고, 이에 반대한 몇몇 승려들은 머리에 불을 지르고 자살하는 등 강력히 항의했다고 한다. 왕은 이처럼 극심한 반대에 부딪히자 794년 다시 포교를 허락했다. 샨따락쉬따는 사망하기 전에 이러한 일이 있을 것을 예견하고 자신의 제자 까말라쉴라를 초청할 것을 유언했다고 한다. 왕은 까말라쉴라를 초대하여 마하연과의 대론을 통해 승자 측 불교를 받아들이기로 했다.

대론에서 마하연은 "업業은 선업이든 악업이든 어느 쪽으로든 윤회속에 인간을 유전시키며 정각正覺을 얻는 데에 방해밖에 안 된다. 구름이 흰구름이나 먹구름에 관계없이 빛을 차단하여 어둡게 만드는 것과 똑같다. 따라서 인간은 어떤 일에든 사념해서는 안 된다. 무사無思, 무념無念하게 되면 윤회를 벗어날 수가 있다. 무사, 무분별無分別, 무행無行이야말로 무상無相이기 때문에 돈오하여 십지十地의 보살위菩薩位에 도달하는 것과 같게 된다."고 주장했다.

이에 대하여 까말라쉴라는 마하연이 주장하는 무념이 기절했을 때의 무의식과 불사불관과 어떤 차이가 있는지 물어 마하연을 침묵하게 만들어 대론에서 승리하였고 마하연은 둔황으로 쫓겨 갔다고 한다.

《수행의 단계·중편》내용에 대한 소개 ————————
《수행의 단계·중편》은 "일체지一切智를 가장 빨리 성취하고자 하는 지혜로운 이는 일체지의 모든 인因과 연緣을 성취하는 데 모든 노력을 쏟아야 한다."라고 말하며, 《수행의 단계·중편》이 일체지의 성취와 일체지 성취의 원인과 조건을 성취하는 것을 그 목적으로 한다고 이야기하고 있다. 그리고 일체지를 성취할 수 있는 세 가지를 다음과 같이 말한다.

일체지를 성취하고자 한다면, 그대는 연민, 보리심, 그리고 방편 이 세
가지를 수행해야만 한다.

까말라쉴라는 자비 수행이 최우선 조건이라고 말한다. 이는 달라
이 라마께서 불교의 수행은 처음도, 중간도 그리고 그 마지막 결과도
자비라고 말씀하신 것과 일맥상통하는 것이다. 다시 말하자면, 자비의
수행이야말로 대승 수행의 처음과 끝인 것이다. 까말라쉴라는 살아 있
는 존재의 고통을 공유해야만 수행의 목적을 올바로 성취할 수 있다고
말한다. 수행의 출발점이 다른 것은 사소하게 보일지 모르지만, 수행
이 진행되는 과정에서 그 출발점은 점점 큰 격차를 일으킨다. 까말라
쉴라는 개인이 고통에서 벗어나고자 하는 이기적인 것이 아니라 다른
생명의 고통을 자기 것처럼 느끼고 아파할 줄 아는 것이 올바른 수행
의 첫걸음이라고 말하고 있는데, 이러한 대비심의 획득을 통해 윤회의
괴로움에 얽매이지 않고, 열반의 평화와 안락에 머물지 않으며 모든
중생을 괴로움의 바다에서 건져 내기 위해서 성취하는 열반을 '무주처
열반'이라고 말씀하신다.

까말라쉴라는 자비를 두 가지 수행, 즉 연민과 자애의 수행으로 나
누고 있다. 연민은 중생의 고통을 관찰하고 그들을 구제해 주고 싶어
하는 마음이며, 자애는 중생을 어머니의 마음으로 사랑하는 태도를 말
한다. 연민의 수행은 평등심平等心(upekṣa, btang snyom)의 계발을 그 첫 단

계로 한다. 평등심은 중생에 대한 집착과 증오를 버리는 것이다. 한 예를 들면, 일반적으로 우리는 타인에게 무엇을 해 줄 때 무의식적으로 일정 정도의 결과, 즉 보상을 기대한다. 그리고 그 결과가 이루어지지 않았을 때, 상대방에 대해 분노하거나 실망하는 경우가 많다. 까말라 쉴라께서는 이러한 분노 등의 좋지 않은 감정은 수행에 있어 적이라고 본다.

평등심의 수행은 우리에게 더욱 넓은 시각으로 세상을 바라볼 것을 간접적으로 권하고 있다. 우리의 시야는 '나'라고 하는 사람의 개인사를 중심으로 이루어진 주변 사람들, 그리고 더 나아가면 자신이 속한 사회에서 그치기 쉽다. 까말라쉴라는 평등심의 수행이 친한 사람에서부터 적에게까지 나아가야 한다고 하면서, 우리의 시야가 '나'와 '현재'에 그치는 것이 아니라 세세생생으로 확장해야 한다고 말씀하신다.

모든 중생은 안락을 바라며 괴로움을 바라지 않는다. 이 시작 없는 윤회 속에서 모든 중생은 수백 번도 더, 나와 가까운 이가 아니었던 적이 없었으리라는 점을 깊이 생각하라. 이 중생들 사이에 어떤 차별이 있어서 누구에게는 집착하고, 누구에게는 화를 내야 하겠는가? 따라서 나는 모든 중생을 향한 평등한 마음을 닦을 것이라 생각하고 아무런 감정이 (또는 관계가) 없는 사람에 대해서부터 시작한다. 다음에는 친구들과 적에 대해서 평등심을 수행한다.

나의 원수이건 친구이건, 존재의 근간은 괴로움이다. 어떻게든 괴로움에서 벗어나 보겠다고 허우적대다가 다시 괴로움의 바다에 들어간다는 면에서는 모두 동등하다. 더불어 모든 살아 있는 존재들은 괴로움을 피하려 하고 즐거움을 찾으려 한다. 이러한 살아 있는 존재의 가장 기본적인 바탕을 직시하는 것이 평등심 수행에서 중요하다. 이와 더불어 삶을 하나의 생이 아니라 윤회라는 시간의 틀 안에서 셀 수 없이 환생했다고 생각해 본다면, 가까이 있는 사람은 원수이건 친구이건 간에 모두 과거의 여러 생에 걸쳐 업이 이어져 있는 것이라고 생각할 수 있다. 삶을 하나의 삶에서 무수한 삶으로 확장하면 자신에게 기쁨을 주는 강아지나 고양이가 전생에 부모였을 가능성도 충분히 있는 것이다. 이처럼 중생들의 근본적인 행동 방식과 나와의 관계 등을 관찰하면서 평등심을 일으킨다. 그리고 이를 통해 연민을 수행한다. 이러한 면에서 연민의 수행은 현실에 대한 사무치는 관찰을 그 출발점으로 한다고 할 수 있다. 더불어 연민의 수행은 자신의 괴로움의 경험에서 출발하여 타인의 경험으로 확대하는 과정이라고 할 수 있다. 이 연민의 수행을 어머니가 자식을 대하는 간절함과 사랑에 빗대어 말하고 있으며, 그 대상이 마치 불 속에 들어 있는 것처럼, 그리고 그 고통을 마치 자신의 것처럼 확연하게 느껴야 한다고 설명한다.

　연민의 수행이 완성되면 자애慈愛의 수행을 하게 되는데, 이것은 중생들이 그러한 고통에서 벗어나 행복해지기를 바라는 마음이라고 한다. 그리고 이 수행 역시 자신과 가까운 사람에서부터 자신이 증오하는 사람들의 행복까지 바라는 것인데, 이것은 연민의 수행이 완성되었을 때 저절로 일어나는 것이라고 까말라쉴라는 다음과 같이 말한다.

자애의 수행은 친한 사람 편에서 시작하여 그들이 안락을 만나기를 바라는 것이 그 특징이다. 단계적으로 (관계가 없는) 보통 사람과 적들까지도 수행(의 대상으로 삼아야) 한다. 그와 같이 연민 수행을 하면, 차츰차츰 모든 중생을 (윤회의 괴로움에서) 완전히 구제할 수 있기를 바라는 마음이 저절로 일어날 것이다. 따라서 연민이라는 뿌리를 수행한 다음 보리심을 수행한다.

연민의 수행은 자신을 포함한 중생의 삶에서 모든 형태의 삶은 괴로움이라는 가르침의 진실을 보고, 고통에는 만인이 평등하다는 것을 관찰하고, 그들을 괴로움에서 구제해 줄 수 있기를 바라는 안타까움에서 시작하는 수행이라고 할 수 있다. 그리고 이러한 자애와 연민이 대승의 깨달음의 뿌리라고 까말라쉴라는 말한다. 다시 말하자면, 자애와 연민, 즉 자비의 마음이 없다면 소승의 깨달음은 얻을 수 있을지 몰라도 대승의 깨달음은 요원한 것이다.

이러한 연민과 자애의 수행이 완성되면, 다음으로 해야 할 것은 보리심의 수행이라고 한다. 까말라쉴라는 보리심의 수행을 진제眞諦의 보리심과 속제(俗諦)의 보리심 두 가지로 나누신다.

보리심의 수행, 지관(止觀, śamatha-vipaśyanā)

● 계를 지킴

보리심의 수행은 속제 수행과 진제 수행으로 나뉜다. 속제 수행은 연민에 의해 서원을 세우고 나서 계(戒, śīa)를 받는 것을 말한다. 까말라쉴라는 이렇게 말한다.

> 속제(의 보리심)은 연민으로서 중생을 구제하겠다고 서원한 뒤 윤회하는 존재의 이익을 위하여 붓다가 되겠노라는 생각을, 발아뇩다라삼먁삼보리심阿耨多羅三藐三菩提心(anuttarā-samyak-sambodhi 또는 무상정변보리심無上正遍菩提心)을 염원하는 측면을 통해 첫 마음을 일으키는 것이다(초발심初發心).《보살지菩薩地(Bodhisattvabhūmi)》의 〈계품戒品〉 의궤에서 가르친 것처럼 보살계菩薩戒(bodhisattva-saṃvara)에 머물며 (보살계를 이미 온전하게 지키는) 현자에 의지하여 보리심을 일으킨다.

여기서도 볼 수 있듯이 까말라쉴라는 연민의 수행 역시 보리심의 성취를 위한 한 범주로서 배치하고 있다. 또한 그는 계를 받고 지킬 것을 말하고 있는데, 이것은 불교 수행을 위한 하나의 틀을 짜 주는 것이면서도 대 사회적인 윤리의 역할을 한다고 할 수 있다. 보리심의 수행은 계를 시작으로 선정과 지혜의 삼학三學을 따라 이어지게 된다.

● 정定과 혜慧, 또는 사마타와 위빠사나의 상호 보완

승의의 보리심은 사마타-위빠사나를 닦으면서 이루어진다. 이것은 삼학 가운데 정定과 혜慧에 해당하는 것이다. 사마타 수행에 의하여 몸과 마음의 환희歡喜(rasa)와 경안輕安(praśrabdhi)을 얻을 수 있으며, 위빠사나 수행에 의해서는 번뇌를 소멸시킬 수 있고, 올바른 방편을 행하기 위한 지혜를 얻을 수 있다. 까말라쉴라는 계, 정, 혜 삼학 가운데 어느 것이 제일 중요하고 어느 것은 부차적이라고 말하지 않는다. 이것은 마하연을 비롯한 중국 쪽에서 주장하는 반야般若 제일주의와는 다른 모습을 보인다.

까말라쉴라는 지관止觀, 즉 사마타-위빠사나의 수행을 시작하기 전에 두 수행 중 어느 한쪽만 닦았을 때 일어나는 문제점, 그리고 조건을 먼저 제시하고 있다. 이것은 수행서로서《수행의 단계·중편》이 초심자가 수행의 순서에 따라 읽도록 배려했다는 것을 잘 보여 주는 것이라고 할 수 있다. 그는 지관 수행의 시작에 있어 간단하게 사마타만을 수행하는 것은 번뇌를 잠시 눌러 놓는 것이어서 위빠사나로 그 눌러 놓은 번뇌를 없앨 필요가 있다고 말씀하신다.

계속해서 그는 사마타와 위빠사나의 수행 조건을 말하는데, 이것은 사마타-위빠사나 수행의 특징을 잘 보여 준다. 사마타 수행의 경우는 장소나 자기 행동 그리고 마음의 안온에 방해가 되지 않는 것을 조건으로 하지만, 위빠사나의 경우 많이 듣고, 많이 생각하며, 몸을 해치지 않도록 음식을 조심하는 것, 이 세 가지를 들고 있다. 이처럼 사마타 수행은 선정禪定을 목표로 이루어지는 것이며, 위빠사나 수행은 반야般若를 목표로 하는 것이라고 할 수 있을 것이다. 여기에서 볼 수 있듯이 위빠사나 수행은 정신적 분석 활동을 그 방법으로 하고 있으며 이것을 까말라쉴라는 개별관찰지個別觀察智라고 하고 있다. 그리고 이 위빠사나 수행은 사마타에 기초하지 않으면 제대로 성취할 수 없는 것이다.

그것은 위빠사나의 대상이 사마타로부터 일어나는 영상影像(pratibhāsa)이라는 점에서도 알 수 있다.

마음의 산란함을 없애고 나서 삼매에서 일어난 그 현상의 영상事像을 (대상으로 삼아) 철저히 분석하여 관찰(개별 관찰 또는 사택思擇)하고 확실하게 이해한다(adhimokṣa, 승해勝解). 이와 같이 삼매에서 일어나는 영상을 의식 대상으로 삼아 정확히 판별하는 것과 철저하게 구별하는 것, 잘 이해하는 것, 면밀히 검토하는 것, (그 분석 대상을) 인내하고 받아들이는 것, 올바르게 분석하는 것, 관찰하고 이해하는 것을 위빠사나라고 부른다. 이렇게 보살이 위빠사나를 통달한다고 하는 것이다.

이 점 역시 아무것도 사색하지 않고 아무것도 생각하지 않는다는 마하연의 돈오관과는 다른 모습이다. 사마타를 제대로 수행하기 위해서는 불교의 열두 가지 형식의 경전들을 제대로 알고 이해해야 한다고 한다. 경전은 수행이 올바르게 나아가고 있는지를 점검해 줄 또 하나의 스승이기 때문이다. 그는 사마타와 위빠사나의 장애를 말하면서, 장애가 있는 경우에는 계율에 의지하여 반조하라고 조언한다. 따라서 계戒, 정定, 혜慧는 까말라쉴라의 수행 체계에 있어서 성취의 순서이기도 하지만, 동시에 서로를 지탱해 주는 세 개의 기둥과 같은 구실을 하는 것으로 볼 수 있다.

위빠사나 수행은 앞에서 말했듯이 개별관찰지를 그 특징으로 하고 있다. 이것은 안으로부터 밖으로 의식의 시선을 이동하면서 이루어진다. 우선 자신의 내면세계를 분석하면서는 '나'의 실체를 찾을 수 없다는 것을 이해하고 개인에게 있다고 착각하고 있는 절대불변의 자아가 공함을 성취한다. 그다음으로 외부의 대상으로 의식을 옮겨 현상 역시 공함을 성취하는 것이다. 이때 그는 선정 가운데 일어나는 영상들이 모두 마음일 뿐이라고 하여 유식파의 수행 방법을 계승하고 있다. 그러나 그는 하나인 마음이 여럿의 형상을 포함하는 것은 이치에 맞지 않고, 다수의 현상을 파악하는 다수의 마음이 한 사람에게 존재한다는 것도 이치에 부합하지 않기 때문에, 그것 역시 승의적으로는 무자성이라고 말씀하신다. 이 일다논증多論證은 후기중관에서 전통적으로 사용하는 분석 방법으로, 대론과 수행 양자에 모두 사용하는 방법이다.

궁극적 진리의 관점에서는 이 마음 역시 진실로 존재할 수 없다. (단일한 듯 하지만) 거짓인 자성이 물질 등을 개념 분별하는 마음에 (하나가 아닌) 여러 가지 형상으로 인식될 때, 어떻게 (단일한 존재를 다수의 형상으로 인식하는) 그 마음이 참존재일 수 있겠는가? 이처럼 물질 등이 거짓 존재인 것과 마찬가지로, 마음 역시 물질 등과 다를 바 없이 거짓 존재이다. 따라서 (단일한 자성으로 인식되어야 할) 물질 등에 다수의 형상이 있다면, 이들은 단일한 자성을 가진 것이 아니다. 마찬가지로 마음도 (물질 등과) 다르지 않기 때문에 마음은 단일의 혹은 다수의 자성을 가지지 않은 것이다. 그러므로 마음은 허깨비 등과 같이 자성을 가지고 있다. 마음이 그러하듯이 모든 현상 역시 허깨비 등과 같은 자성을 가지고 있을 뿐이라고 분석하여 (결론짓는다.)

이러한 위빠사나 수행을 통해 반야지般若智를 성취할 수 있다고 한다. 이 반야지는 선종禪宗에 있어서 최고의 목표이며, 한국불교에서는 깨달음이라 하여 수행의 목표로 삼는 것이다. 그러나 까말라쉴라는 그것이 수행의 완성이라고 보지는 않는다. 이 사마타-위빠사나를 통한 반야지의 획득은 다시 방편의 수행을 통하지 않으면 완전한 것이 아니라고 하기 때문이다.

● 방편의 수행

《보적경》에는 "그는 자애의 갑옷을 입고, 대비심에 머무르면서 모든 것들 가운데 최고의 수승함을 갖춘 공성을 완벽하게 이룬 선정(구일체묘상공정^{具一切}^{妙相空定})을 한다. 그 가운데 모든 묘한 상을 갖춘(구일체묘상) 공성은 무엇인가? 보시와 떨어지지 않고, 지계와 떨어지지 않고, 인욕과 떨어지지 않고, 정진 과 떨어지지 않고, 선정과 떨어지지 않고, 반야와 떨어지지 않고, 방편과 떨 어지지 않는 것이다."라고 상세히 말씀하신 것과 같다.

까말라쉴라는 "최상의 수승함을 갖춘 일체지의 지혜, 그것은 보시 (바라밀) 등(의 육바라밀)의 방편을 통해 완성하는 것이다. 그렇기 때문 에 세존께서는 일체지의 지혜는 방편에 의해 완성된다고 말씀하셨다. 그러므로 보살은 보시 등(의 육바라밀)의 방편에 투철하게 의지해야 한 다. 그렇지 않고 오직 공성에만 (의지해서는) 안 된다."고 말한다. 반야 는 방편이 받쳐 주지 않으면 소승의 열반과 같은 것이 되고, 방편은 반 야로 보완하지 않는다면 윤회에만 맴돌게 되므로, 반야와 방편을 겸수 해야 한다고 주장한다. 까말라쉴라는 반야와 방편을 겸할 것을 상당히 많은 부분을 할애하면서 거듭해서 강조하고 있는데, 그것은 오직 반야 지만을 최고로 여기는 것 역시 하나의 유혹이라는 태도로 볼 수 있을 것이다.

일반적으로 방편은 아버지로, 반야는 어머니로 은유하는데, 이것은 방편과 반야가 가지는 특성과도 관련이 있다. 방편은 직접적으로 행동하는 것이므로 동적인 상징을, 반야는 그것을 보완해 주며 기반이 되기 때문에 어머니로 볼 수 있다. 또한 반야를 통해 최상의 깨달음인 무상정등각^{無上正等覺}에 오를 수 있는 것이기 때문에, 반야의 지혜를 통해 붓다가 태어난다는 면에서 어머니와 같다고도 할 수 있을 것이다.

방편은 직접 몸으로 실천하는 것이기 때문에 삼매에 들어 있을 때 행할 수 있는 것이 아니다. 그렇다면 방편은 수행의 어느 과정에서 실천할 수 있는 것일까? 까말라씰라는 다음과 같이 반야와 방편의 조화를 말한다.

출세간의 반야지를 수행하고 있을 때나 잘 안정된 마음(평정심)에 들었을 때 보시 등의 방편에 의지하지 않는다. 그러나 수행의 준비 단계와 수행 이후 반야지가 일어났을 때는 방편에 의지한다. 그러므로 반야와 방편, 둘 모두에 동시에 들어간다.

더불어 보살이 반야와 방편을 서로 합하여 들어가는 길이 바로 이것이니, 일체중생에게 초점을 맞춘 대비심에 의해 꼭 붙잡혀 있기 때문에 이 출세간의 길에 의지하는 것이며, 방편을 일으킬 때는 (자기가 만든 환영의 성질을 알기에 착각하지 않는) 마술사와 같이 (존재의 자성, 자아 등의 잘못된 견해에) 전도되지 않는 (즉, 올바른) 보시 등(의 바라밀)에 의지한다.

그리고 이것을 실천하고 수행하는 이상적인 인간인 보살은 윤회에 머무르지만 생각은 열반에 머무르는 그러한 존재이며, 이것이 까말라쉴라가 말하는 수행의 목적인 대자대비한 깨달은 이가 머무는 무주처열반을 달성한 단계라고 할 수 있다.

이러한 자비의 수행 결과를 까말라쉴라는 다음과 같이 말씀하신다.

> 일체지의 바다에 들어가면 여의주처럼 모든 중생을 (남김없이) 구제하는 공덕의 자량을 가지고, 숙세의 서원이 결실을 맺게 하며, 대비심이 (자신의) 본성이 될 것이며, 저절로 다양한 방편을 갖추고, 무수한 화신化身(을 일으켜) 윤회 중생의 복지를 남김없이 행하며, 수승한 공덕이 남김없이 가장 수승하게 될 것이며, (무시이래의) 습기習氣(vasana)의 잘못으로 인한 때(염오)를 모두 청정하게 만들 것이다. 그리고 나서 끝없는 모든 중생계에 나아가 머무를 것을 깨닫고, 세존을 모든 공덕의 원천으로 믿는 신심을 일으켜서 그 공덕을 완벽하게 이루기 위해서 전심전력으로 정진해야만 한다.

대승 수행의 목적은 보리심의 성취이다. 《해심밀경》을 인용하면서 달라이 라마께서는 반야의 지혜만을 추구하는 이는 소승과 다를 바 없다고 말씀하신다. 즉, 진정한 대승의 길은 나와 남의 행복을 추구하는 것이며, 그를 위해서는 무한한 이타심을 길러야 하고, 반야의 지혜 성취는 자신의 행복이 아니라 다른 이들의 행복을 위해 성취해야 한다.

이러한 면에서 대승불교의 깨달음, 즉 일체지의 제일 목표는 중생의 행복이며, 이를 위해서는 반야와 방편을 고르게 닦아야 하는 것이다.

*

돌이켜 보면 나의 수행은 이기적인 동기에서 출발했던 것 같다. 이 삶의 고통을 벗어나는 것이 최고의 목표였고, 자비란 말은 그 단어를 알고 입으로 되뇌면서도 그것을 진심으로 실천하고 있느냐고 물으면 아무런 대답도 할 수 없는 것이 사실이다. 그것은 수단에 불과했었다. 그러나 요즈음 들어서는 불교 수행의 최고 목표가 고통스러운 중생의 몸을 벗고 윤회에서 해방되는 것이 아니며, 깨달은 이가 되어 자신만의 답답함을 풀어 보겠다고 하는 것도 아니라, 중생의 행복을 위한 자비의 성취라고 생각한다.

그리고 그 목적을 위해서는 복덕의 자량을 쌓는 것이 매우 중요하다. 한국에 있을 때 이른바 선사들로부터 간화선은 최상근기가 하는 것이라며 긍지를 가지라는 법문을 많이 들었다. 그때는 그 말씀이 어떤 말씀인지 몰랐던 것 같다. 지금 와서 생각해 보면, 최상근기만 간화선을 해야 하며 나머지 중하근기는 절대 섣불리 간화선을 하면 안 된다는 경고였던 것 같다. 물론, 그분들은 지금 내가 이해하는 식으로는 절대 말씀하지 않으셨지만…… 최소한 나는 간화선을 하지 않을 이유가 생긴 것 같다. 내 경우는 절대 최상근기가 아니며, 중근기도 아닌 하근기라는 것은 아주 분명한 사실이다. 그렇기 때문에 보시, 지계, 인욕, 정진 등으로 복덕을 쌓고 계를 지켜 몸과 환경을 이룩하는 데 진력해야 한다.

　요즘 들어서 수행을 하면서 절실하게 느끼는 것은 복덕의 부족이다. 몸도 정신도 그리고 환경도 수행하기에 적당하지 않다는 것을 절실히 느끼기 때문이다. 서양의 해석인 마음챙김Mindfulness 덕분에 많은 장점이 있지만, 그에 맞먹는 단점도 있다. 명상이 마치 모든 병을 해결해 줄 수 있는 것처럼 선전하는 것이다. 나는 이 안일한 생각이 너무 위험하다고 생각한다. 물론 시작하고 어느 정도까지야 스트레스를 줄여주고 면역력을 향상시키는 등의 효과가 있겠지만, 수행의 단계를 일정 이상 지나면 수행자는 삶과 죽음의 기로에 서 있는 자신을 발견하게 된다. 다시 말하면, 그렇게 만만하지 않다는 말이다. 혹시라도 우울증 등의 기저 질환이 있다면, 복덕을 쌓고 그 질병을 치료하는 것이 명상보다 더 급한 일이다. 예를 들어 2017년 1월 기사에 따르면, 메건 복트Megan Vogt는 2016년 3월 필라델피아시의 고엔카 센터에서 하루에 열 시간씩 열흘 동안 안거한 10주 후에 자살했다. 명상을 하는 동안 자신의 잘못을 기억해 내었다면서 절벽에서 뛰어내린 것이다. 그녀는 현실과 비현실을 구분하지 못하는 괴로움을 겪었다고 한다. 심지어 그녀는 우울증과 같은 기저 질환을 앓고 있지도 않았다고 한다.

역자의 경험으로는 복을 쌓지 않는 수행의 진보는 매우 위험하다. 결정적인 순간에 한 걸음 나아가는 것을 못 하게 된다. 이러한 과정을 잘 살피고 길을 알려 줄 스승이 절실하다. 그러나 그러한 스승을 만날 수 있는 것도 선연善緣, 즉 복福이 있어야 가능한 것이다. 그러니 까말라쉴라와 달라이 라마께서 강조하시듯 늘 복덕을 쌓는 수행을 잊지 말아야 한다. 중생들의 행복을 위해 깨달음을 얻겠다는 생각을 일으키고 서원을 세운다 하더라도, 앞에서 말한 것처럼 자기가 복이 없으면 모두 도루묵이 된다. 아무리 처음에는 그 발심이 굳세다 하더라도, 환경이 뒷받침해 주지 않으면 결국에는 흔들리기 쉽기 때문이다.

이와 더불어 이번에《달라이 라마, 수행을 말하다》를 다시 번역하면서 느끼는 것은 서원의 중요성이다. 모든 중생을 위해 얻는 깨달음인 보리심의 서원이 없다면 대승이란 있을 수 없었을 것이라고 생각하게 되었다. 은사 스님의 가르침을 따라 늘 읽는《지장보살본원경》에는 바라문의 딸이 이와 같은 서원을 세우는 대목이 나온다. "원컨대 저는 미래 겁이 다하도록 죄고중생罪苦衆生을 위하여 널리 방편을 펴서 그들을 해탈하도록 할 것입니다." 붓다께서는 당신이 계시든 계시지 않든 설하든 설하지 않든 인과는 있다고 말씀하신다. 즉, 인과는 만고불변의 진리인 것이다. 이러한 인과법의 입장에서 보자면, 대승의 결과인 무주처열반에 머무르는 깨달은 이가 되기 위해서는 지장보살님처럼 그에 맞는 대승의 서원을 세워야 한다고 생각한다.

아주 오래전 오대산 적멸보궁을 참배하고 등산을 하는 동안 1미터 앞도 보이지 않는 안개에 휩싸인 적이 있었다. 주변의 아무것도 보이지 않고 어디로 가야 할지 모를 때, 내가 발 디디고 서 있는 땅과 내가 가지고 있는 신념만큼 힘을 주는 것은 없었던 것 같다. 내가 의지할 대지가 되어 주는 한국에 계신 어머니 그리고 돌아가신 아버지에게 늘 그렇듯 감사를 드리고 싶다. 지나온 길이 평탄해서가 아니라, 자비롭고 올바른 인간으로 살 수 있도록 몸소 보여 주셨기 때문이다. 그리고 아내 아사미, 대희, 수희, 제희에게도 내 곁에 있어 주어서 감사하다고 말하고 싶다. 더불어 존경하는 스승이신 안심정사의 법안 큰스님과 혜신 법사님, 친형 같은 한양대학교 의료인문학교실의 유상호 교수, 서울대학교 종교학과 윤원철 선생님과 동국대학교 경주캠퍼스 불교학과 김성철 선생님, 왕실도자기 명장 신현철 선생님 내외분, 친누나 같은 은주 누나에게도 감사를 드린다. 비록 하근기이지만 이런 분들이 주변에 계시는 것은 내 인생의 복이라고 생각한다.

2021년 신증信證

달라이 라마, 수행을 말하다
Stages of Meditation: The Buddhist Classic on Training the Mind

초판 1쇄 발행 2021년 3월 31일

가르침 달라이 라마
편역자 게쉐 롭상 졸땐, 로쌍 최펠 간첸빠, 제러미 러셀
옮긴이 이종복

펴낸이 오세룡
기획·편집 유나리 김영미 박성화 손미숙 김정은
취재·기획 최은영 곽은영 김희재
디자인 [★]규
       고혜정 김효선 장혜정
홍보·마케팅 이주하

펴낸곳 담앤북스
출판등록 제300-2011-115호
주소 서울특별시 종로구 새문안로3길 23 경희궁의 아침 4단지 805호
대표전화 02)765-1251 **전송** 02)764-1251 **전자우편** damnbooks@hanmail.net

ISBN 979-11-6201-285-7 (03220)

정가 17,000원